SHEILA JEFFREYS
KETZERINNEN

Sheila Jeffreys

Ketzerinnen

Lesbischer Feminismus und die lesbisch-sexuelle Revolution

Aus dem Englischen von
Hilke Schlaeger

Frauenoffensive

Für Sandy Horn,
in herzlicher lesbischer Freundschaft.

1. Auflage, 1994
© Spinifex Press, Melbourne 1993
Originaltitel: The Lesbian Heresy. A Feminist Perspective
on the Lesbian Sexual Revolution
© deutsche Übersetzung: Verlag Frauenoffensive, München 1993
(Knollerstr. 3, 80802 München)

ISBN 3-88104-245-8

Druck: Clausen & Bosse, Leck
Umschlaggestaltung: Frauke Bergemann, München

Dies Buch ist gedruckt auf Papier aus chlorfrei gebleichtem Zellstoff.

INHALTSVERZEICHNIS

EINLEITUNG

Die politische Theorie des lesbischen Feminismus machte in den siebziger Jahren aus einer stigmatisierten Sexualität eine politische Praxis. Die lesbischen Feministinnen, die der männlichen Vorherrschaft und der ihr zugrundeliegenden Institution „Heterosexualität" den Kampf ansagten, waren *Ketzerinnen*. Wichtigste Grundlage lesbisch feministischer Praxis war die Ablehnung des sexualwissenschaftlichen Konstrukts „Lesbianismus". Die Behauptungen des medizinischen Establishments – Lesbischsein sei eine angeborene Anomalie, Lesbischsein sei psychologisch im Penisneid begründet, Lesbischsein sei eine sexuelle Abweichung, die wie Kindesmißbrauch oder Fetischismus zu behandeln sei – wurden über den Haufen geworfen.

Wir entwarfen eine neue, eine feministische Welt. Ausgehend von unserer Selbsterfahrung erklärten wir in grenzenlosem Optimismus Lesbischsein zu einer gesunden Alternative für Frauen. Ihre Entscheidung basierte auf der Liebe zu sich selbst, der Liebe zu anderen Frauen und der Zurückweisung männlicher Unterdrückung. Jede Frau konnte lesbisch sein. Das war eine politische Alternative von revolutionärer Sprengkraft, denn wenn Millionen Frauen sie übernehmen würden, brächte sie die männliche Vorherrschaft ins Wanken. Die Grundlage männlicher Macht – die selbstlose und unbezahlte häusliche, sexuelle, reproduktive, wirtschaftliche und emotionale Versorgung durch die Frauen – würde ins Wanken geraten. Von diesem Punkt aus könnten wir die Männerherrschaft niederreißen. Von hier aus könnten wir eine neue Sexualität, eine neue Ethik, eine neue, der herrschenden Männerkultur entgegengesetzte Kultur entwerfen. Aus dieser Kraft könnten neue feministische und lesbische Werte die Welt für Frauen verändern und die Sado-Gesellschaft beenden.

Lesbische Feministinnen legten das Fundament der lesbischen Gemeinschaft, die heute von jungen Frauen für selbstverständlich gehalten wird. Sie gründeten lesbische Verlage und Archive, Zentren und Coming-out-Gruppen, sie entwickelten in Zeitschriften und Büchern eine Unmenge von Ideen. Einige, die damals bei der Entwicklung einer lesbischen Kultur mithalfen, stehen dem lesbischen Feminismus heute kritisch gegenüber, distanzieren sich von ihm. Aber ich behaupte immer noch, daß die meisten an einigen allgemeinen lesbisch-feministischen Werten aus jener Zeit, die so lang noch nicht her ist, festgehalten haben, daß die Kraft einer revolutionären Bewegung jene Entwicklungen angetrieben hat. Lesben aus der Arbeiterklasse, schwarze Lesben, Lesben aus ethnischen Minderheiten und indigene Lesben waren überall in der westlichen Welt von Anfang an am lesbischen Feminismus beteiligt, auch wenn sie nicht viele waren und ihre Stimmen erst gegen Ende der siebziger Jahre gehört wurden.

Ich habe dies Buch geschrieben, um mir und anderen Frauen den Backlash gegen diese Politik begreiflich zu machen, der in den achtziger und neunziger Jahren eingesetzt hat. Den allgemeinen Backlash gegen den Feminismus haben Naomi Woolf und Susan Faludi eindrucksvoll beschrieben; der Backlash gegen feministische Analysen von Sexualität und Pornographie ist überzeugend dargestellt in der Aufsatzsammlung: *The Sexual Liberals and the Attack on Feminism*.[1] Der Backlash gegen den Feminismus wird allgemein als Reaktion der Männer, der männlichen Vorherrschaft außerhalb der Frauenbewegung verstanden. Eine solche Attacke hat sicherlich stattgefunden – als Ergebnis konservativer Politik in den neunziger Jahren. Aber wir müssen zur Kenntnis nehmen, daß im gleichen Maß, wie der Druck von außen zugenommen hat, innerhalb der Bewegung die Maßstäbe ins Wanken geraten sind. Das Buch *Sexual Liberals* hat aufgezeigt, daß zu denen, die in den Achtzigern Pornographie rechtfertigten, nicht nur die Pornoindustrie gehörte, sondern auch gestandene Feministinnen.

Parallel dazu hat es in der lesbischen Gemeinschaft einen Backlash gegeben. Die konservativen Entwicklungen der Männerwelt in den achtziger Jahre waren für Lesben und Schwule besonders bedrohlich. Konservative Gruppen und Regierungen versuchten Lesben und Schwule zu Sündenböcken zu machen, um von den sozialen Spannungen abzulenken, die ihre Wirtschaftspolitik zunehmend hervorrief. 1988 verbot in Großbritannien ein Zusatz zum *Local Government Act* die „Befürwortung der Homosexualität";

vergleichbare Versuche in den USA und Australien blieben erfolglos. Die AIDS-Hysterie, die sich gegen schwule Männer wie gegen lesbische Frauen richtete, tat ein Übriges – obwohl es höchst unwahrscheinlich ist, daß der Virus durch lesbische Sexualpraktiken übertragen werden kann. Ressentiments gegen Homosexuelle entluden sich zunehmend in physischen Angriffen. Die Zeiten für Lesben hatten sich geändert. Und damit veränderte sich auch die lesbische Gemeinschaft – hin zu einer größeren Akzeptanz der Interessen und Prioritäten schwuler Männer. Interessanterweise griffen dabei einige lesbische Theoretikerinnen auf das alte sexualwissenschaftliche Modell zurück. Die Politik des Außenseitertums und sexueller Abweichung, von schwulen Männern formuliert, steht in direktem Widerspruch zur lesbisch feministischen Philosophie.

Dies Buch handelt von der Zersplitterung der lesbischen Gemeinschaft, seit feministische Politik unter Beschuß steht. In den siebziger Jahren bestimmten feministische Ideen die lesbische Politik, in den Achtzigern änderte sich das gründlich. Das sexualwissenschaftliche Erklärungsmodell, von dem lesbische Feministinnen annahmen, sie hätten es aus der Welt geschafft, feierte sein Comeback, und wir wurden als idealistische, fundamentalistische, „politisch korrekte" Sexfeindinnen angegriffen. Viele lesbische Feministinnen, die sich in der lesbischen Gemeinschaft zu Hause gefühlt hatten, mußten erfahren, daß andere Lesben in ihnen eine extremistische und ziemlich unpopuläre Minderheit sahen. Zu Beginn der siebziger Jahre hatten lesbische Feministinnen den Grundstein für eine lesbische Gemeinschaft gelegt, in der heute lesbischer Feminismus an den Rand gedrängt wird.

Ich vermute, daß manche lesbischen Leserinnen mit Empörung auf meine Ansicht reagieren werden, Pornographie, Sadomasochismus und sexuelles Rollenspiel seien gefährlich für das lesbisch feministische Projekt. Nicht alle, die diesen Praktiken positiv gegenüberstehen oder sie selbst betreiben, lehnen den Feminismus ab. Es ist verständlich, daß sie es übelnehmen, wenn etwas anderes behauptet wird. Deshalb halte ich es für sinnvoll, zwischen lesbischen Feministinnen und Lesben, die außerdem Feministinnen sind, zu unterscheiden. In der lesbisch feministischen Philosophie bedingen die Wörter „lesbisch" und „feministisch" sich gegenseitig,

Lesbischsein ist feministisch und Feminismus lesbisch. Es gibt aber auch Lesben, die sich einerseits in einer Weise für die Gleichstellung von Lesben einsetzen, die keineswegs feministisch ist, sich im Gegenteil von der Gleichberechtigungspolitik schwuler Männer nicht unterscheidet, und andererseits in Fragen wie gleicher Lohn, Abtreibung, sexuelle Belästigung durchaus feministische Standpunkte vertreten. Lesbischsein und Feminismus sind für sie in hermetisch abgeschlossenen Abteilungen streng voneinander getrennt.

In der lesbisch feministischen Philosophie werden lesbische Theorie und Praxis durch den Feminismus bestimmt. Die feministische Überzeugung, daß das Private das Politische ist, heißt, alle Aspekte lesbischer Lebensweise daraufhin zu prüfen, wie sie mit dem feministischen Lebensentwurf übereinstimmen. Zu den grundlegenden Einsichten des Feminismus gehört die Bedeutung von Ganzheitlichkeit und Zusammengehörigkeit. Alles hängt mit allem zusammen, beeinflußt sich gegenseitig. Niemand lebt in einem Vakuum, und kein Teil unseres Lebens ist wirklich getrennt von allen anderen. In den siebziger Jahren gab es eine kompromißlose Entschlossenheit, unser Leben zu verändern, damit es sich in unsere Vision einer feministischen Zukunft einpaßte. Für viele gilt das noch immer, obwohl die Anforderungen der Achtziger, die Notwendigkeit, einen Job zu finden, der Druck konservativer Regierungen sie veranlaßt hat, weniger radikal zu sein.

Die Ernsthaftigkeit des lesbischen Feminismus in den siebziger Jahren läßt sich an den Diskussionen ablesen, die z.B. über die Anziehung, die allein auf körperlicher Attraktivität beruht, *fancying*, geführt wurden. *Fancying* galt und gilt vielen als Objektifizierung einer Beziehung, gegründet auf den diskriminierenden, oft rassistischen und behindertenfeindlichen Regeln körperlicher Vollkommenheit, die eine frauenfeindliche Definition von Sexualität widerspiegeln. Der bloß körperliche Trieb angesichts einer fremden Person galt nicht als besonders guter Beginn einer Beziehung. Nicht alle Lesben hatten das Gefühl, daß sie die anerzogene sexuelle Praxis der Verführung überwunden hätten oder überwinden wollten; aber die Bereitschaft und das Engagement, solche Ideen zu diskutieren, waren groß. Auch wenn es heutzutage bizarr erscheint: Diese Ideen stießen auf großes Verständnis in der Bewegung schwuler Männer, die von feministischen Prinzipien stark beeinflußt war.[2] Der schwulen Kultur von heute, die genau auf dem Prinzip der Verführung basiert und in der die Sexindustrie Medien und Unterhaltungsöffentlichkeit sponsert, läßt sich das nicht nachsagen.

Heftig wurde über das Für und Wider der Monogamie debattiert. Die Ethik privater Beziehungen, die nicht als unwichtig, sondern als Spiegelbild der politischen Beziehungen und der männlichen Vorherrschaft verstanden wurden, stand im Rampenlicht. Nicht daß überall Einigkeit geherrscht hätte – das wäre für keine Lesbengruppe typisch gewesen – aber alle waren überzeugt, daß in der Art, wie wir uns gegenseitig behandelten, unsere feministische Vision, unser Ziel sichtbar werden sollten. Kein Bereich des Privaten war ausgenommen. Privatbesitz wurde zum Gegenstand der Kritik, Wohn- und Lebensgemeinschaften und die Umverteilung des Einkommens wurden ausprobiert. Aus der Zeit stammt die immer noch geübte Praxis, Veranstaltungspreise zu staffeln und für alle die individuell möglichen Mittel und Wege zu suchen. In einer Zeit, in der lesbische und schwule Unternehmen wieder mit Hilfe der Marktgesetze zu überleben versuchen, mag das merkwürdig scheinen. Damals lebten wir so weit wie möglich in Übereinstimmung mit einer feministischen und damit auch antirassistischen und sozialistischen Perspektive.

Das Feministische am lesbischen Feminismus unterscheidet sich von dem, was lesbisch feministische Theoretikerinnen „Heterofeminismus" genannt haben. Heterofeminismus setzt voraus, daß Lesben überall und zu allen Zeiten in der Minderheit sind und Heterosexualität auf wundersame Weise die sexuelle Wahl der Mehrheit ist. Lesbischer Feminismus stellt die Naturgegebenheit der Heterosexualität in Frage, weist nach, daß es sich dabei um eine politische Institution handelt, will im Interesse der Frauen, ihrer Freiheit und Selbstbestimmung diese Institution abschaffen und verändert damit das feministische Konzept. Und was das Wichtigste ist: Lesbischer Feminismus betrachtet eine Welt, in der Lesben frei leben können, als eine, in der alle Frauen frei sind.

Einige lesbische Feministinnen, müde und desillusioniert vom ständigen Kampf um die Anerkennung lesbischer Identität durch heterosexuelle Feministinnen, haben die Bezeichnung „Feministin" abgelegt. Sie nennen sich Radikal-Lesben oder einfach Separatistinnen. Ich sehe nicht, wie die Interessen der Lesben von den Interessen der Frauen als Klasse separiert werden könnten, und ich glaube auch nicht, daß diese Lesben das wirklich annehmen. Monique Wittigs berühmter Satz, daß „Lesben keine Frauen sind", weil *Frau* nur in Relation zu *Mann* existiert, Frauen deshalb eine politische Klasse sind, hat einige veranlaßt, das Wort „feministisch" ganz aufzugeben und zu fragen, ob es eine *Befreiung der Frauen* überhaupt geben kann, wenn wir doch alle bemüht sein müßten, uns von der *politischen Klasse Frau* zu befreien.[3] Für Wittig sind Lesben Flüchtlinge, ihrer Klasse Entflohene. Aber auch als Entflohene werden wir im Alltag, bei der Arbeit, auf der Straße wie Mitglieder der Klasse Frau behandelt. Auch wenn Lesben mit einigen Aspekten weiblicher Unterdrückung gebrochen haben – z.B. der unbezahlten häuslichen, sexuellen, emotionalen Arbeit für Männer, der ungewollten Mutterschaft, den entsetzlichen Bedingungen, die in der Gewalt gegen Frauen gipfeln –, gibt es andere, denen wir nicht so leicht entkommen.

Dies Buch untersucht Entwicklungen innerhalb der lesbischen Gemeinschaft, die den lesbischen Konsens untergraben haben – Entwicklungen, die aus lesbischen Feministinnen *Ketzerinnen* gemacht haben, nicht nur gegenüber dem Heteropatriarchat, sondern auch innerhalb der lesbischen Kultur. Kapitel 1, „Die Herstellung sexueller Differenz", beschreibt die Kontroverse zwischen lesbischen Historikerinnen über den Einfluß der Sexualwissenschaft auf die Definition lesbischer Identität zu Beginn des zwanzigsten Jahrhunderts. Historikerinnen wie Caroll Smith-Rosenberg und Lillian Faderman hielten diesen Einfluß für zerstörerisch, weil er Frauenfreundschaft stigmatisierte und den Feminismus untergrub. Andere, z.B. Esther Newton und einige schwule männliche Historiker interpretierten die sexualwissenschaftliche Konstruktion der Homosexualität als hilfreich für die Entwicklung lesbischer Rollenidentität und einer lesbischen Sexualität, die die Frauenfreundschaften des neunzehnten Jahrhunderts nicht zuließen. In Übereinstimmung mit Caroll Smith-Rosenberg behaupte ich, daß lesbische Frauen in den zwanziger Jahren durch die Übernahme sexualwissenschaftlicher Definitionen die Verbindung zu den feministischen Schwestern vor ihnen verloren haben und in der Kommunikation zwischen den

Generationen ein unüberwindlicher Graben entstand. Und ich behaupte weiter, daß in den achtziger Jahren etwas Vergleichbares geschehen ist – wieder übernahm eine neue Generation lesbischer Frauen die Sprache der Sexualwissenschaft: angeborene Abweichung, Butch und Femme, und wieder öffnete sich in der Kommunikation mit den lesbischen Feministinnen der siebziger Jahre ein tiefer Graben. In den folgenden Kapiteln untersuche ich, wie lesbische Theoretikerinnen, lesbische Sexunternehmerinnen, Sexualtherapeutinnen und Pornographinnen lesbische Identität ganz neu definierten, um der sexualwissenschaftlichen Vorschrift zu entsprechen.

Kapitel 2, „Die lesbische sexuelle Revolution", betrachtet, wie wichtig es ist, Sexualität politisch zu interpretieren, und wie liberale Konzepte und liberale Sprache dies erschwert haben. Die Vorstellung, alle Bereiche der Sexualität seien politisch neutral, privat und individuell, wird in Frage gestellt. Warum wird, wer sexuelle Praktiken unter politischen Gesichtspunkten behandelt, von Lesben des Moralismus und über andere zu Gericht Sitzens bezichtigt? Die Entwicklung einer lesbischen Sexindustrie in den USA, Großbritannien und Australien wird beschrieben. Was bedeuten lesbische Erotika, lesbisches Sexspielzeug und Prostitution *politisch*? Zu akzeptieren, lesbische Lebensweise sei ausschließlich Sexualität und der Weg zur Befreiung der Lesben führe über eine Ausweitung der lesbischen Sexindustrie, ist gefährlich.

Das nächste Kapitel beschäftigt sich mit der Frage, woher die Theorie der neuen lesbischen Sexualpolitik kommt: aus der Sexualtherapie, einem Grundpfeiler der Sexindustrie. Die lesbischen Sextherapeutinnen predigen eine Sexualität, die den heterosexuellen Prinzipien von Macht und Unterordnung, Objektifizierung und Frauenhaß nachgebildet ist. Sie wenden sich ausdrücklich gegen lesbisch feministische Bemühungen, Sexualität entsprechend den Grundsätzen der Gleichheit und Frauenliebe zu definieren.

Lesbische Feministinnen hatten einen sozial extrem konstruktiven Zugang zu lesbischer Identität – der Siebziger-Jahre-Spruch „Jede Frau kann eine Lesbe sein" faßt es zusammen. Diese Gewißheit hat sich in den achtziger und neunziger Jahren aufgelöst. Lesbische Sextherapeutinnen propagieren einen neuen Essentialismus. Die Therapeutin JoAnn Loulan behauptete in ihrem Buch *The*

Lesbian Erotic Dance: „Einige von uns sind eben so geboren."[4] Dieser neue Essentialismus diente vor allem dazu, das in der lesbischen Kultur wiederbelebte erotisierte Ungleichgewicht der Macht in Form des Butch-Femme-Rollenspiels zu rechtfertigen. Das Butch-Femme-Muster wird heutzutage benutzt, nicht nur um lesbische Erotik zu beschreiben, sondern alle Aspekte lesbischer Kultur und lesbischer „Ästhetik". Ich behaupte, im Kapitel „Das essentiell Lesbische", daß der gesellschaftlich begründete Zugang zu lesbischer Identität und der Widerstand gegen erotisierte Polarität, Abgrenzung und Hierarchie innerhalb der lesbischen Kultur und lesbischen Gemeinschaft von radikaler politischer Bedeutung sind.

Das folgende Kapitel, „Rückkehr zum Gender" behandelt die „hohe" Wissenschaft, die benutzt wird, um Praktiken wie das Rollenspiel zu rechtfertigen. Es untersucht den Einfluß postmodernen Gedankenguts auf einen bestimmten Zweig lesbischer und schwuler Theorie und beweist – was nicht überraschen kann –, daß diese Ideen, die hauptsächlich von männlichen Intellektuellen stammen und Frauen nicht berücksichtigen, von Lesben ganz zu schweigen, einer lesbisch feministischen Politik feindselig gegenüberstehen. Der Schwerpunkt liegt auf der den postmodernen Lehrmeistern folgenden Argumentation einiger lesbischer Theoretikerinnen, das Genderspiel sei geeignet, dem Heteropatriarchat den Boden unter den Füßen wegzuziehen. Diesen Theoretikerinnen zufolge läßt Gender sich nicht beiseiteschieben, alle feministischen Versuche, das soziale Geschlecht zu leugnen, sind ihrer Meinung nach hoffnungslos zum Scheitern verurteilt. Für diese Theoretikerinnen sind Rollenspiel, Verkleidung und Transsexualität für Lesben und Schwule der wirkliche Fortschritt – nicht der Feminismus.

Der Poststrukturalismus, die Philosophie der Postmoderne, war in der akademischen Welt in den achtziger und neunziger Jahren so erfolgreich, weil diese Theorie des Fatalismus und Nicht-Handelns gut in konservative Zeiten paßt – auch wenn sie fortschrittlich aussieht, weil viele ihrer Propheten schwul waren oder Sadomasochisten oder taten, als unterstützten sie Minderheiten. Ihre Vorherrschaft in den Bereichen, aus denen sich das intellektuelle Leben der lesbischen und schwulen Gemeinschaften speist, erklärt ihren großen Einfluß. Lesbischer Feminismus und radikaler Feminismus ganz allgemein sind in der postmodernen Theorie permanent verspottet worden. Die lesbische Variante der Postmoderne hat den Boden bereitet für den Angriff auf den lesbischen Feminismus und unter dem Deckmantel des Genderspiels, der Differenz, die Begründung geliefert für jene Entwicklungen, die das lesbische feministische Projekt untergraben haben.

Das Kapitel „Lesbische Outlaws" untersucht die romantische Attraktivität, die Außenseitertum und Dekadenz auf Lesben unterschiedlichster Überzeugungen, mich eingeschlossen, ausüben – eine lesbische Variante dessen, was gegen 1890 im Kreis um Oscar Wilde „nostalgie de la boue" (Sehnsucht nach dem Schmutz) hieß. Zu dieser Dekadenz gehört die Identifikation mit den Unterschichten der Hetero-Beziehungskultur, wie sie in Opiumhöhlen oder Zuhälterkneipen verkehren. Die Romantisierung der Unterdrückung und des ihr entspringenden Außenseitertums spiegelt sich in Romantiteln wie dem von A. T. Fitzroy: *Despised and Rejected*.[5] Mut und Widerstandsgeist der lesbischen Außenseiterin zeigen sich feministisch gesehen im Kampf gegen männliche Vorherrschaft. Gegenwärtig sind eher traditionelle Formen schwuler Dekadenz attraktiv, postmoderne schwule Theoretiker rechtfertigen sie als Grenzüberschreitungen. Diese Philosophie der Transgression soll kritisiert werden; ich behaupte, daß lesbisches Rollenspiel und Sadomasochismus leichter zu begreifen sind, wenn wir das Märchen vom lesbischen Außenseiterinnentum richtig verstehen. Und das wiederum könnte helfen, lesbischen Widerstand wieder gegen die männliche Herrschaft zu richten, statt auch noch selbst von unserer Unterdrückung zu schwärmen.

Das siebte Kapitel, „Ein blasser Abklatsch", behandelt den Einfluß schwuler Männerkultur auf die lesbische Kultur und Politik. Die Werke vieler zeitgenössischer Lesben – Therapeutinnen, Schriftstellerinnen, Pornographinnen – zeigen, daß sie schwule Kultur und schwule Praxis bewundern und damit gleichziehen wollen. Diese Autorinnen halten Lesben für langweilig, unterdrückt und weniger wert als ihre schwulen Brüder. An manchen Orten der lesbischen Gemeinschaft werden schwule Standards zum Maß aller Dinge. Mit dieser totalen Identifikation mit schwulen Männern geht notwendigerweise ein Angriff auf den lesbischen Feminismus einher, der lesbische Kultur und Politik von schwuler Kultur und Politik unterscheiden wollte. Ich werde den fundamentalen Widerspruch zwischen der traditionellen Agenda schwuler Männer und der politischen Agenda des lesbischen Feminismus beschreiben und fragen, warum manche Lesben von schwulen Männern so fasziniert sind, daß sie öffentlich den Wunsch äußern, schwul sein zu wollen, und sich sogar operieren lassen, um schwule Männer zu werden. Zum Teil könnte das das Ergebnis von Männer-Geld und Männer-Macht sein, die Lesben scheinbaren oder sogar wirklichen Glanz und Einfluß vorgaukeln, und des tiefsitzenden Selbsthasses der Lesben von heute, die das Nicht-Eintreffen feministischer Träume nicht verwunden haben und den Anschluß an die Herrschenden wiederfinden möchten. Meine Frage heißt: Ist es unausweichlich, daß lesbischer Feminismus erstickt wird von den Schatten dieser schwulen Männerkultur, die von der Sexindustrie finanziert wird, für feministische Ideen unzugänglich ist und unseren Interessen diametral entgegensteht?

Das letzte Kapitel, „Plädoyer für eine striktere Separation", fragt, wie auf feministischen Werten basierende lesbische Freundschaft, Gemeinschaft, Ethik und Theorie uns helfen könnten, Vision und Praxis des lesbischen Feminismus eine Zukunft zu bauen. Lesbischer Separatismus ist angesagt, aber gefragt werden muß auch, wie in der neuen Situation der neunziger Jahre lesbische Separatistinnen überleben können. Wie kann die Idee einer Gemeinschaft überleben angesichts lesbischen Sadomasochismus, der fundamentale Werte des lesbischen Feminismus angreift: die Idee der Gleichheit und den Kampf gegen jede Art von Machthierarchien? Kann angesichts der Zerstörungen in der lesbischen Gemeinschaft eine radikalere, vor allem intellektuelle und moralische Trennung von den Werten des Heteropatriarchats die lesbische Häresie, die Bedrohung, die *Ketzerinnen* für die Männerherrschaft sind, am Leben halten?

Der Aufsatz „Sadomasochismus: der Erotik-Kult des Faschismus" im Anhang wurde 1986 in *Lesbian Ethics* in den USA veröffentlicht. Der S/M-Bewegung wird darin die Erotisierung von Dominanz und Unterwerfung und Faschismus vorgeworfen. Die Situation in London wird mit der in Berlin Anfang der dreißiger Jahre verglichen, als schwule Männer die Uniformen und die Gewalt des Faschismus erotisierten, der sie zerstören sollte. Der Aufsatz ist von einigem historischen Interesse, denn er entstand aus aktiver Teilnahme an einer politischen Kampagne, *Lesbians Against Sadomasochism, LASM* (Lesben gegen Sadomasochismus), die sich gegen die ernste Bedrohung politischer und ethischer Grundpositionen des lesbischen Feminismus wendete. Er zeigt, daß schon damals Lesben sich dieser Bedrohung stellten, und er zeigt, wie schockiert wir waren, als Lesben sich entschieden, die Philosophie der Gleichheit fallenzulassen, die Feminismus heißt.

Anmerkungen

1   Susan Faludi, *Die Männer schlagen zurück*, Reinbek 1993 (London 1990); Naomi Wolf, *Der Mythos Schönheit*, Reinbek 1991 (London 1990); Janice Raymond, *The Sexual Liberals and the Attack on Feminism*, London 1990.
2   Vgl. Aubrey Walters, *Come together. Collected Writings from Gay Liberation in the UK*, London 1980.
3   Monique Wittig, *The Straight Mind and Other Essays*, Boston 1992.
4   JoAnn Loulan, *The Lesbian Erotic Dance*, San Francisco 1990, S. 193.
5   A. T. Fitzroy, *Despised and Rejected*, London 1988, zuerst 1918.

Die Herstellung sexueller Differenz

In den achtziger Jahren wurde ein schwerer Streit über das Wesen lesbischer Lebensweise ausgetragen, ein ideologischer Konflikt, in dem sich lesbischer Feminismus und Sexualwissenschaft gegenüberstanden. Vor allem die Befürworterinnen lesbischen Rollenspiels setzten der politischen Definition des lesbischen Feminismus eine Definition auf der Grundlage sexueller Differenz entgegen. Lesben, die sich als sexuell different sehen, akzeptieren die Kategorien sexuellen Verhaltens, die die „wissenschaftlichen" Sexologen Krafft-Ebing, Henry Havelock Ellis und andere Ende des neunzehnten Jahrhunderts aufgestellt haben. Diese Wissenschaftler und ihre Nachfahren von heute sehen Lesbianismus als eine von vielen auf der Skala sexueller Verhaltensweisen, die von der sogenannten Norm – dem heterosexuellen Geschlechtsverkehr – abweichen. „Sexuell differente" Gruppen sind schwule Männer, aber auch Pädophile, Transsexuelle oder alle Varianten des Fetischismus. Von den Lesben abgesehen, sind es vor allem Kategorien männlichen Sexualverhaltens, Frauen kommen nur als Opfer sexuellen Andersseins vor.

Die Politik der sexuellen Differenz rückt Lesben in eine Reihe mit schwulen Männern und anderen sexuell differenten Gruppen. Der lesbische Feminismus stellt Lesben in den Zusammenhang von Frauen als politischer Klasse oder allein auf sich als Lesben. Lesbische Feministinnen sehen sich selbst eher als freie Frauen und nicht als sexuelle Abweichlerinnen. Um diesen Konflikt der Zuordnungen zu verstehen, hilft der Blick zurück auf die Erschaffung der sexuellen Differenz durch die Sexualwissenschaft und ihre Beurteilung durch lesbische und schwule Wissenschaftler.

Lesbische und schwule TheoretikerInnen, z.B. Mary McKintosh und Jeffrey Weeks, haben überzeugend dargestellt, daß die Vorstellung von einer „homosexuellen Rolle", von Homosexualität als einer besonderen Art der Persönlichkeitsstruktur, erst relativ spät, im achtzehnten und neunzehnten Jahrhundert, entstanden ist.[1] Davor wurden Beziehungen zwischen Männern zwar stigmatisiert, galten aber als für jeden Mann möglich. Den Begriff „Homosexueller" – ein Mann mit eindeutigem Verhalten, einer sichtbaren homosexuellen Karriere, ausschließlich auf Angehörige des gleichen Geschlechts gerichteten sexuellen Interessen und erkennbaren charakteristischen Zügen – gab es vorher nicht.

Lesbische und feministische Historikerinnen wie Lillian Faderman und Carroll Smith-Rosenberg haben gezeigt, daß auch die sexualwissenschaftlich eingeordnete lesbische Identität im ausgehenden neunzehnten Jahrhundert erschaffen wurde.[2] Davor engagierten sich britische und amerikanische Frauen der Mittelklasse in leidenschaftlichen, romantischen, oft lebenslangen Frauenfreundschaften, ausdrückliche Liebesbezeugungen, Arm in Arm und unter einer Decke Schlafen eingeschlossen, ohne daß dies als ungewöhnlich oder gar verdächtig galt. Im neunzehnten Jahrhundert gab es allerdings Frauen, die dem späteren wissenschaftlichen Muster durchaus entsprachen, sich wie Männer kleideten und Frauen liebten, auch ohne das Muster. Ann Lister aus Yorkshire z.B. hatte leidenschaftliche sexuelle Beziehungen zu Frauen aus ihrer Nachbarschaft, bei denen sie sich sogar eine Geschlechtskrankheit zuzog, wie sie in ihrem Tagebuch beschreibt, und sie sah sich selbst als „anders".[3] Daß es solche Frauen gab, hat aber offenbar weder den unschuldigen Blick von Frauen auf ihre Freundschaften zu anderen Frauen noch die gesellschaftliche Akzeptanz dieser Frauenliebe beeinflußt. Das kam erst mit der Sexualwissenschaft, die die „sexuelle Differenz" erfand und sanktionierte.

Lesbische und schwule HistorikerInnen sind sich uneins, ob die sexualwissenschaftlichen Deutungen der Homosexualität die Entwicklung lesbischer und schwuler Identität positiv oder negativ beeinflußt haben. Lillian Faderman, Carroll Smith-Rosenberg und ich haben die Sexualwissenschaft als für den Feminismus verheerend interpretiert: Sie stigmatisierte Frauenfreundschaften und schuf das schreckliche Stereotyp der maskulinen homosexuellen Frau. Schwule Historiker wie etwa Jeffrey Weeks sahen das eher positiv; sie argumentierten, die sexualwissenschaftlichen Kategorien seien der Entwicklung einer Bewegung für die Rechte der Homosexuellen förderlich gewesen, weil sie männlichen Homosexuellen eine fest umrissene Identität zuschrieb, die es überhaupt erst möglich machte, sich zu organisieren.[4]

Die Bausteine der sexualwissenschaftlichen Konstruktion zu kennen, ist nicht nur wegen dieser Kontroverse wichtig, sondern weil die gleiche Kontroverse in der lesbischen Politik heute wieder auftaucht. Ein allgemein anerkannter Bestandteil des sexualwissenschaftlichen Modells ist das *Angeborensein*. Havelock Ellis, dessen Buch *Sexual Inversion* (1897) in Großbritannien die Entstehung des lesbischen Stereotyps maßgeblich beeinflußt hat, erklärte, daß „eine Theorie über die Ursachen der Homosexualität, die den Faktor Vererbung außer acht läßt, nicht zulässig ist", und führt als Beweis „die Häufigkeit der Inversion unter nahen Verwandten von Invertierten" an.[5] Diese Vorstellung führte in seinen Fallstudien zu erheiternden Beispielen. Es scheint, als hätten seine Studienobjekte auf die Aufforderung, einen Vererbungsfaktor zu liefern, höchst phantasievoll reagiert. Ein Mann erklärte etwa: „Meinem Großvater ließe sich Abnormalität nachsagen, denn obwohl er aus bescheidenen Verhältnissen stammte, gründete und leitete er eine Missionsgesellschaft und wurde ein anerkannter Linguist. Er übersetzte die Bibel in eine orientalische Sprache und stellte das erste Lexikon dieser Sprache zusammen."[6]

Zugegeben, das mag eigenartig erscheinen, mit Homosexualität hängt es jedoch nicht notwendigerweise zusammen. Aber die Vererbungstheorie inspirierte um 1890/1900 in Großbritannien und Deutschland die Vorkämpfer für die Rechte der Homosexuellen. Wenn Homosexualität nicht Sünde, sondern Teil des natürlichen Schöpfungsplans waren, war es leichter, für die gesellschaftliche Anerkennung der Homosexuellen und die Aufhebung homosexuellenfeindlicher Gesetzgebung zu werben. Radclyffe Hall übernahm in den zwanziger Jahren diese Argumente und benutzte sie in *Quell der Einsamkeit*; sie bat Ellis um ein Vorwort zu ihrem Buch und verschaffte sich so wissenschaftliche Rückendeckung. Das sexualwissenschaftliche Modell wurde durch eine Prise Psychoanalyse verfeinert, die eine ähnliche deterministische Begründung aufstellte, nur statt der biologischen eine psychologische. Die Psychoanalyse schien außerdem Heilungsmöglichkeiten zu bieten, deswegen war sie bei den Betroffenen weniger beliebt, bei den Sexologen dafür um so mehr – sie widmeten sich ab den fünfziger

Jahren der Heilung der Homosexualität durch Psycho-Techniken. Beide Varianten der Sexualwissenschaft erleben zur Zeit eine Wiedergeburt. (Über die neue Popularität biologischer Erklärungen vgl. das Kapitel „Das essentiell Lesbische".)

Im Augenblick dreht sich die Kontroverse um die Frage, wie die Homosexuellen selber die Argumente der Sexualwissenschaft aufgegriffen und benutzt haben. Das Werk Edward Carpenters, des britischen Vorkämpfers für die Rechte der Homosexuellen, würden einige Historiker sicher als gutes Beispiel für den positiven Gebrauch dieser Vorstellungen ansehen.[7] Seine Beweisführung, warum Homosexuelle von der Gesellschaft akzeptiert werden sollten, untermauert er mit einem stattlichen Aufgebot an Sexologen. Seine Theorie vom „Zwischengeschlecht" baut auf der Vererbungslehre auf. Er übernahm die Auffassung mancher Sexualwissenschaftler, das „dritte" oder „Zwischengeschlecht" erkläre sich durch eine ungewöhnliche Kombination der biologisch vorgegebenen Eigenschaften von Männlichkeit und Weiblichkeit. Am deutlichsten wird das in seiner Beschreibung der „Extremtypen": Die extreme männliche Variante ist „ein ausgesprochen weibischer Typ, sentimental, schlaff, mit trippelndem Gang und geziertem Benehmen". Die extreme Version auf weiblicher Seite wird ebenfalls von unangemessenen Gender-Eigenschaften bestimmt:

„... eine auffällig aggressive Person mit starken Gefühlen, maskulinem Auftreten und männlichen Bewegungen, im Alltag praktisch veranlagt, in der Liebe eher sinnlich statt gefühlvoll, häufig unordentlich und extravagant gekleidet; von muskulöser Statur, mit tiefer Stimme; ihren Wohnraum schmückt sie mit Sportdarstellungen, Pistolen etc., in der Luft hängt ein Hauch des wohlriechenden Krauts; ihre Liebe (in der Regel zu eher weichen und weiblichen Vertreterinnen des eigenen Geschlechts) gerät leicht zur Raserei, ähnlich der üblichen Männerliebe, und zeitweise außer Kontrolle."[8]

Das wohlriechende Kraut war vermutlich, wie enttäuschend, Tabak. Derart extreme Typen, sagt Carpenter, kommen selten vor. Die Mehrheit ist in ihrer äußeren Erscheinung eher unauffällig. Die Gestalt der „normaleren" homosexuellen Frau ist „vollkommen weiblich", aber ihre „innere Natur ist weitgehend maskulin".

„... von aktivem Temperament, mutig, schöpferisch, entschlossen, nicht sehr emotional; mit Freude am Leben außerhalb des Hauses, an Spiel und Sport, an Wissenschaft, Politik und sogar an Geschäften; organisatorisch begabt und hochbeglückt, wenn sie Verantwortung übernehmen kann – und in der Tat ist sie manchmal eine ausgezeichnete und großzügige Führungspersönlichkeit."[9]

Der Leserin von heute wird es schwerfallen, in dieser Beschreibung das „Maskuline" zu finden. Aber sie enthält ein weiteres Charakteristikum des sexualwissenschaftlichen Ansatzes. Politische Kämpfer wie Edward Carpenter und Wissenschaftler wie Ellis neigten dazu, bei Frauen Unabhängigkeit, Beharren auf den eigenen Rechten, feministische Gedanken mit Lesbianismus zu assoziieren. Wie heute reichten auch 1890 diese Eigenschaften aus, um der Homosexualität bezichtigt zu werden. Starke Frauen galten als unnatürlich.

Zum sexualwissenschaftlichen Ansatz gehörte auch, lesbischen Beziehungen Rollenspiele vorzuschreiben. Carpenter steht ganz in dieser Tradition, wenn er sagt, der sportliche Pistolentyp liebe „in der Regel" eher „die weichen und weiblichen Vertreterinnen des eigenen Geschlechts". Zur Erklärung dieses Phänomens behaupteten die Sexologen, es gäbe zwei Arten weiblicher Homosexueller: auf der einen Seite die „Geborenen" mit maskuliner Orientierung, auf der anderen Seite die „Pseudolesbianerinnen", die heterosexuell geblieben wären, wenn sie nicht den Tricks der „Geborenen" zum Opfer gefallen wären. Dies ist der Grund, warum das Butch/Femme-Rollenspiel als typisch für die lesbische Beziehung erklärt wurde.

Interessanterweise bestand das sexualwissenschaftliche Modell nicht notwendigerweise auf sexuellen Kontakten. Die Sexologen bezogen in ihre Fallstudien großzügig Frauen mit ein, auf die das unschuldige Bild der Frauenfreundschaft weitaus besser gepaßt hätte. Deshalb betrachten feministische Historikerinnen die Sexualwissenschaft als gefährlich. Sie hat ein Mißtrauen erzeugt, das die Möglichkeit der Frauenfreundschaft für alle, die nicht zu einer stigmatisierten, rollenspielenden Minderheit gehören wollen, stark einschränkt. Wie Lillian Faderman detailliert beschreibt, hat die Sexualwissenschaft eine Kampagne unterstützt, die Frauen und Mädchen vor den Gefahren lesbischer Versuchung in Schule und College eindrücklich warnte, bis in den zwanziger Jahren jede

Form der Frauenfreundschaft die Aura der Perversion hatte.[10] Lillian Faderman klagt die Sexologie an, lesbische Lebensweise ins Perverse, Verfemte, Verdammte verkehrt zu haben. Das Ergebnis war:

> „Viele Frauen flüchteten in die heterosexuelle Ehe oder entwikkelten Selbstekel und Selbstmitleid, wenn sie den Stempel ‚invertiert‘ akzeptierten. Die europäische Populärliteratur zu Beginn des zwanzigsten Jahrhunderts sprach von ‚Tausenden unglücklicher Geschöpfe‘, die ‚die Tragödie der Inversion am eigenen Leib erfahren‘, von Leidenschaften, die ‚im Wahnsinn oder Selbstmord enden‘. Die allgemeine Vorstellung setzte die Liebe zwischen Frauen mit Krankheit, Wahnsinn und Tragödie gleich."[11]

Für lesbische feministische Historikerinnen entwickelt die sexualwissenschaftliche Kategorisierung von Lesben einen Mechanismus sozialer Kontrolle sowohl der Liebe zwischen Frauen wie des Feminismus – obwohl oder weil die Kombination dieser beiden Phänomene besonders kraftvoll ist.

Carroll Smith-Rosenberg spricht in ihrem bahnbrechenden Artikel über Frauenfreundschaft, „The Female World of Love and Ritual", von der Bedeutung, die die „neue Frau" des ausgehenden neunzehnten Jahrhunderts für die feministische und die lesbische Geschichte hatte. Die „neuen Frauen" schlossen intensive Freundschaften, um sich gegenseitig zu unterstützen – in der Schule, in der Arbeit, in den allmählich entstehenden sozialen und Lehrerinnenberufen. Sie „webten die innigen, oft leidenschaftlichen Freundschaften ihrer Mütter in das Netz ihrer schönen neuen Welt".[12] Sie arbeiteten an sozialen Reformen, bildeten Netzwerke und engagierten sich für Veränderungen – sie waren Feministinnen und das Rückgrat vieler feministischer Kämpfe. Smith-Rosenberg zeigt, wie die viktorianischen Medizinmänner die „neuen Frauen" als „maskulin" und später als „unweibliche Lesbierinnen" charakterisierten. Sie interpretiert die sexualwissenschaftliche Definition lesbischer Lebensweise als Unterjochung und nicht als Ermutigung. „Indem sie sie zum Sexualobjekt erklärten, machten sie sie zum Objekt politischer Maßregelung."[13]

Leidenschaftliche, romantische Freundschaft wird unter lesbischen Wissenschaftlerinnen kontrovers diskutiert. Smith-Rosenberg und Faderman feiern sie, andere verspotten sie als bürgerlich und sexualitätsfeindlich. Die Meinungsverschiedenheit entsteht aus unterschiedlichen Einschätzungen, was die lesbische Identität ausmacht. Faderman sieht in den Frauenfreundschaften des neunzehnten Jahrhunderts Ähnlichkeiten mit den lesbischen Feministinnen von 1970. Lesbischer Feminismus ist für sie eine „Analogie" zu den romantischen Freundschaften, in denen „zwei Frauen alles füreinander bedeuteten und kaum Kontakt zu Männern hatten, die so weit weg und so ganz anders waren".[14] Für Faderman ist klar, daß „viele der romantischen Freundinnen von einst, würden sie heute leben, lesbische Feministinnen wären, ebenso wie die lesbischen Feministinnen von heute, lebten sie in einer vergangenen Zeit, romantische Freundinnen gewesen wären". Fadermans Definition lesbischer Lebensweise hängt nicht von sexuellen Kontakten ab. „Liebe zwischen Frauen als in erster Linie sexuelles Phänomen gibt es nur in der Phantasie der Männer."[15] Fadermans Definition beruht auf Emotionen. Sie schreibt: „Sexueller Kontakt kann ein größerer oder kleinerer Teil der Beziehung sein, er kann aber auch völlig fehlen." Lesbische Feministinnen seien keineswegs Jungfrauen, aber „ganz allgemein haben die sexuellen Aspekte ihrer Beziehungen weniger Bedeutung als die emotionale Unterstützung und die Freiheit, sich selbst zu bestimmen".[16] Viele lesbisch-feministische Beziehungen dauerten fort, auch „wenn die sexuelle Komponente längst verblaßt ist".

Fadermans Kritikerinnen haben ihr Verrat vorgeworfen; sie habe die lesbische Lebensweise „entsexualisiert", weil sie Frauen in ihre Definition einbezogen habe, die keine oder nur hie und da sexuelle Kontakte gehabt hätten.[17] Für die, die lesbische Lebensweise als sexuelle Differenz sehen, sind romantische Freundschaften natürlich kein Thema. Anders für Feministinnen, für die lesbische Identität in der Identifizierung mit Frauen besteht. Sexuelle Beziehungen lassen sich schwer nachweisen. In der Vergangenheit gab es sie vermutlich eher selten; so gesehen würde lesbische Geschichte erst im vorigen Jahrhundert beginnen. Für die Geschichte der Heterosexualität hat es einen solchen Nachweis nie gebraucht. Heterosexualität ist eine politische Institution, die nicht erst mit der Sexualwissenschaft um 1890 beginnt. Eine lesbische Historikerin muß also die Geschichte weiblichen Widerstands gegen die Institution Heterosexualität erforschen und nicht bloß Frauen aufspüren, die dem sexualwissenschaftlich untermauerten Sterotyp des zwanzigsten Jahrhunderts entsprechen.[18]

Frauen, die Frauen lieben, haben dies Stereotyp nicht immer rundweg abgelehnt. In den zwanziger Jahren haben viele sich darüber definiert; überhaupt wurde ja in dieser Zeit von Frauen verlangt, sexuell aktiv zu sein. Die sogenannte „sexuelle Revolution" wollte Feminismus, Männerhaß, Lesbianismus und „Altjüngferlichkeit", die einschlägigen Schreckgespenster der Wissenschaftler, kurieren, indem sie heterosexuelle Frauen, noch besser alle Frauen zur begeisterten Beteiligung am Geschlechtsverkehr animierte.[19] Man nahm an, Frauen, die Vergnügen an heterosexueller Praxis fänden, würden sich dem Mann in der Ehe und auch sonst unterordnen. Erheblicher Druck wurde ausgeübt, um Frauen Geschmack an der Missionarsstellung nahezulegen, damit sie sexuelles Vergnügen mit Unterordnung gleichsetzten. Vor allem junge Frauen fielen auf dies Manöver herein, wie Smith-Rosenberg nachweist.

„Sie lösten die Rechte der Frauen aus ihrem politischen und ökonomischen Zusammenhang und machten statt der Forderung der Mutter nach politischer Macht die Suche der Tochter nach sexueller Befriedigung zum Sinnbild weiblicher Freiheit."[20] Die Stigmatisierung der lesbischen Lebensweise war eine mächtige Waffe, um Frauen in die Heterosexualität zu zwingen. Die verfemte Lesbierin war das notwendige Gegenstück zur begeistert heterosexuellen Hausfrau.

Frauen, die Frauen liebten und sich des sexualwissenschaftlichen Denkens bewußt waren, mußten sich entscheiden, wie sie sich gegenüber der neuen Vorschrift verhalten wollten. Es gab drei Möglichkeiten: Sie konnten auf Frauenfreundschaften verzichten, um dem Stigma zu entgehen. Sie konnten ihre leidenschaftlichen Freundschaften fortsetzen, das sexualwissenschaftliche Modell aber zurückweisen, weil es nichts mit ihnen zu tun hatte. Viele haben sich so entschieden, auch wenn es mit Schwierigkeiten beladen war. Die dritte Möglichkeit war, die neue Identität, die ihnen da geboten wurde, anzunehmen. Smith-Rosenberg und Newton zeigen, daß viele diese Möglichkeit wählten und ihre Entscheidung für den Feminismus und eine zukünftige lesbische Geschichte Folgen hatte. Sie verübelten der Generation ihrer Mütter, daß sie in einer Zeit, in der Sexualität ein Muß geworden war, für die Liebe von Frauen keine spezifische sexuelle Definition gefunden hatte und deshalb die nachfolgende Generation ohne eine eigene sexuelle Sprache war. Das berühmteste Beispiel ist Radclyffe Hall, die in *Quell der Einsamkeit* das sexualwissenschaftliche Modell wählte, weil sie glaubte, Lesben würden gesellschaftlich eher anerkannt werden, wenn sie Opfer der Vererbung wären statt abtrünnig und das auch noch freiwillig.

Smith-Rosenberg zeigt, daß die Übernahme des Stereotyps der „männlichen Lesbe" für den Feminismus negative Folgen hatte. Die jüngeren lesbischen Frauen wurden von der älteren Generation der Feministinnen abgeschnitten und waren hilflos, als die Männer in einem Backlash gegen die Erfolge des Feminismus ihre Macht zurückgewannen. Die Symbole der Männlichkeit zu übernehmen, war kein Zeichen von Befreiung – trotz der Bemühungen in den zwanziger Jahren und danach, sie mit für Lesben positiven Bedeutungen zu besetzen. „Sie versagten", stellt Smith-Rosenberg lakonisch fest. Faderman führt aus, daß der Status der Geächteten bis in die sechziger Jahre in der lesbischen Literatur zur Beschäftigung mit Verhängnis und Strafe führte.

Die lesbische Historikerin Esther Newton hat einen anderen Ansatz. Sie spöttelt, daß durch die Art, wie über die leidenschaftlichen Freundschaften geschrieben worden ist, „das neunzehnte Jahrhundert gewissermaßen zum lesbischen Goldenen Zeitalter wird, voller liebender, unschuldiger feministischer Paare".[21] Die „männliche lesbische" Identität wurde ihrer Meinung nach von denen angenommen, „die aus dem asexuellen Muster der romantischen Freundschaft ausbrechen" wollten. Radclyffe Hall, so führt sie aus, wollte aus der Frau, die Frauen liebt, ein geschlechtliches Wesen machen und konnte dies nur, indem sie das maskuline Stereotyp und männliche Begriffe übernahm. „Wenn sie offen sexuell werden wollte, mußte die neue Frau die Welt der Männer betreten, entweder heterosexuell nach männlichen Begriffen... oder als lesbische Frau in männlicher Verkleidung."[22] Für sie ist dies eine radikale und fortschrittliche Entwicklung und eine Herausforderung an die Genderstereotypen. Daß eine Frau, wie bei Hall, den männlichen Part spielt, „stellt die Unentrinnbarkeit der traditionel-

len Genderkategorien in Frage", denen sie „gleichzeitig zustimmt".
Newton findet sich damit ab, daß Männer mit Hilfe des Bilds von
Butch und Femme „lesbische Frauen verdammen und Heterofrauen
einschüchtern", und gibt immerhin zu, daß Halls Vorstellung von
lesbischer Identität, also „sexuelle Differenz und Maskulinität", „für
die lesbisch feministische Lehre schädlich ist".[23]

Die sehr verschiedenen Meinungen über die Auswirkungen der
Sexualwissenschaft gab es auch schon beim Erscheinen des Romans. Feministinnen waren über Halls Erfindung nicht glücklich.
Vera Brittain, eine der Herausgeberinnen von *Time and Tide*,
wußte sehr wohl, welche Kraft in der Frauenliebe liegt – schließlich
lebte sie eine lange Freundschaft mit Winifred Holtby.[24] In ihrer
Untersuchung des Romans geht sie davon aus, daß es eine Form
des Lesbianismus gebe, die *von Natur* abnormal sei, und eine, die
das nicht sei: Invertierte und Pervertierte.

„Frauen wie Stephen Gordon, deren Abnormalität angeboren
und nicht nur der überflüssige Kult exotischer Erotik ist, verdienen Achtung und Mitleid all derer, die glücklicherweise einer
der grausamsten Fügungen der Natur entkommen sind."[25]

Brittain sieht für sich trotz ihrer Liebe zu Frauen nicht die geringste
Verbindung mit diesen abnormalen Invertierten und Pervertierten.
Das macht deutlich, daß zu den Auswirkungen der Sexualwissenschaft gehört, Lesben von der Klasse der Frauen zu trennen. „Kult
exotischer Erotik" klingt verführerisch, wie ein Fanfarenstoß. Aber
beim Nachdenken über die übertrieben dargestellte Maskulinität
und Femininität von Stephen und ihrer Geliebten Mary Llewellyn
verwirft Brittain die Botschaft, diese seien biologisch begründet.
Statt dessen klagt sie den Mißbrauch übertriebener Genderunter-
scheidung im neunzehnten Jahrhundert an.

„Es scheint mehr als wahrscheinlich, daß ein derartiges Problem
durch die Übertreibung der Geschlechtsunterschiede verstärkt
wird, die in verschiedenen Zeiten beobachtet werden kann und
zu der die englische Mittelklasse im achtzehnten und neunzehnten Jahrhundert besonders neigte. Miss Hall scheint anzunehmen, daß diese Überbetonung der Geschlechtseigenschaften
zur korrekten Erziehung eines normalen menschlichen Wesens
gehört; deshalb gestaltet sie ihre ‚normale' Frau anschmiegsam
und ‚weiblich' bis zur Verzweiflung und beschreibt ihre Einstel-

lung zur Liebe als ‚das Ende schon in sich tragend', als gehöre auch das notwendigerweise zur Weiblichkeit."[26]

Als Brittain dies 1928 schrieb, gab es den Begriff „Gender" noch nicht, aber sie kritisiert scharfsinnig, was heute Gender genannt würde, und sieht dessen soziale und politische Dimension. Brittain dachte nicht daran, die Vorstellung lesbischen Rollenspiels zu übernehmen, sie war im Gegenteil der festen Überzeugung, daß Frauen sich weder männlich noch weiblich benehmen müßten. „Diese Verwirrung, was in uns ‚männlich' oder ‚weiblich' und was ganz einfach menschlich ist, zieht sich durch das ganze Buch." Sie akzeptiert nicht, daß der Schlüssel zu Stephens Abnormalität in ihrer Kindheit liegt. Die „angeblich finsteren Neigungen des Kindes" sind für sie „die ziemlich normalen Vorlieben jedes lebhaften jungen Mädchens, die mehr Vitalität und Intelligenz besitzt als die anderen". Brittains praktischer Feminismus steht in starkem Kontrast zu den Ansichten Esther Newtons und anderer Vorkämpferinnen des Rollenspiels. Es ist ermutigend, daß Feministinnen der zwanziger Jahre genauso bestimmt dem sexualwissenschaftlichen Muster von maskulinen Invertierten einerseits und femininen Pseudohomosexuellen andererseits widerstanden wie lesbische Feministinnen heute.

Brittain sah, daß die Sehnsucht der Frauen nach Freiheit in einem maskulinen lesbischen Stereotyp eingesperrt wurde, daß die sexualwissenschaftliche Einordnung der Herrschaft diente und nicht der Befreiung.

„Wenn zu den Ergebnissen weiblicher Erziehung um 1890 gehörte, die häßliche Bezeichnung ‚pervers' einem menschlichen Wesen anzuheften, dessen Hauptwunsch darin bestand, ihrer Menschlichkeit mehr Ausdruck zu verschaffen, als die Konvention es erlaubte, dann war diese Erziehung von Übel."[27]

Es ist einigermaßen verwirrend, daß in unseren Tagen diese Diskussion reproduziert wird, Lesben alte angestaubte Geschlechtsstereotypen wiederbeleben, obwohl sich die Zeiten geändert haben. Die feministische Kritik an diesen Stereotypen gehörte zur Lesbenbewegung. Wieder für Rollen einzutreten, heißt: hinter die einmal gewonnenen Einsichten zurückzufallen. Warum greifen Lesben von heute, die so viele Möglichkeiten haben, begeistert nach den Vorstellungen der zwanziger Jahre, die damals aus Gründen der

Selbstverteidigung von lesbischen Frauen akzeptiert wurden, die sonst keine Alternative sahen?

Newton erklärt ihr Interesse an der Auseinandersetzung um Sexualwissenschaft und Radclyffe Hall gegen Ende ihres Artikels. Sie identifiziert sich mit der „männlichen Lesbe". Wie Hall sieht sie Lesbianismus als „sexuelle Differenz". Newton gehört zu den Achtziger-Jahre-Lesben, die das Modell der Sexualwissenschaft bewußt gegen den – wie sie es sehen – ärgerlichen Einfluß des lesbischen Feminismus setzen. Deutlich wird das z.b. in ihrer Forderung nach einer Erklärung der lesbischen Lebensweise. Lesbische Feministinnen sehen in dieser Lebensweise kein Minderheitenproblem, sondern eine positive Alternative für jede Frau – also brauchen sie keine Erklärung. Newton sucht die Antwort bei traditioneller Psychologie und Psychoanalyse. In der „Erotik der Mutter-Tochter-Beziehung" sieht sie eine „zentrale Komponente für die lesbische Orientierung". Und wünscht, die „feministische Psychologie" möge „das Rätsel der sexuellen Orientierung" lösen.[28]

Obwohl sie zu Anfang zu sehen scheint, daß die Übernahme des maskulinen Stereotyps lesbischen Frauen in den zwanziger Jahren dazu diente, überhaupt eine sexuelle Identität zu erwerben, stimmt sie in ihrer Schlußfolgerung einem psychologischen Determinismus zu. Hall und die Sexualwissenschaftler hätten mit der männlichen Lesbe „etwas Reales" beschrieben, nämlich das Phänomen der „Genderdysphorie", das „deutliche Gefühl, das einer Person zugeschriebene Geschlecht als Mann oder Frau stimme mit dem Bild von sich selbst nicht überein".[29] Diese Unzufriedenheit mit dem eigenen Geschlecht ist unveränderlich und keine Frage eigener Entscheidung, denn:

> „Männlichkeit und Weiblichkeit sind wie zwei Dialekte der gleichen Sprache. Wir verstehen zwar beide, die meisten von uns ,sprechen' aber nur einen. Viele Lesben sind wie Stephen Gordon zwar biologisch weiblich, denken und ,sprechen' aber von klein auf im ,falschen' Dialekt."[30]

Als Erwachsene können sie daran nichts mehr ändern, denn „Genderidentität wird in der frühen Kindheit festgelegt". Deshalb sollten wir, sagt Newton, „maskuline Frauen und feminine Männer" unterstützen. „Viele Lesben *sind* maskulin; die meisten haben von beidem etwas; manche sind betont feminin." Die Betonung des

„sind" soll wohl das Grundlegende und Unausweichliche lesbischer „Maskulinität" ausdrücken. Eine feministische Einstellung ist das mit Sicherheit nicht. Lesbische Feministinnen glauben, nicht weil sie ideologisch dem sozialen Konstruktivismus anhingen, sondern aus eigener Erfahrung, an die Veränderbarkeit menschlichen Verhaltens. Feministinnen verlangen von den Männern, ihr Verhalten zu ändern, das ihnen die Zugehörigkeit zur herrschenden Männerklasse garantiert, die die Unterordnung der Frauen voraussetzt. Viele Männer verlangen übrigens das gleiche. Newton aber, eine Professorin für Women's Studies, will uns weismachen, die Maskulinität der Butch-Lesbe verdiene unsere Unterstützung, während gleichzeitig soviel Kraft darauf verwendet wird, sie bei den Männern loszuwerden.

Newtons Coming-Out 1984 als Butch-Lesbe war, behaupte ich, eine politische Entscheidung, auch wenn sie das vermutlich anders sieht. Vorher war ihr das nicht möglich, denn auf Grund ihrer Herkunft aus der Mittelschicht und ihrer Ausbildung assoziierte sie seit ihrem Coming-Out als Lesbe 1959 mit Butch das proletarische Barmilieu. Sie mußte also einen „Mittelschicht-Weg" finden, Butch zu sein.[31] Sie fand ihn in einer Selbsthilfegruppe in New York. Sie sagt, es war „für viele von uns schwer, diese Identität zu akzeptieren". Als Professorin für Women's Studies mußte ihr eine Unmenge Literatur bekannt sein, in der Feministinnen und Männer das männliche Prinzip aus den Angeln zu heben suchten. Wahrscheinlich brauchte sie gerade deswegen Unterstützung gegen die, wie sie sagt, „herrschende lesbisch-feministische Ideologie". Anscheinend hatten die Butches in dieser Gruppe keine andere Wahl als Männlichkeit in Reinkultur und waren besessen von den Grenzen, die auch dieser Rolle gezogen sind. Die Gruppenprotokolle lesen sich wie unfreiwillige Parodien auf die „Männer gegen Sexismus"-Gruppen in den siebziger Jahren.

„Wir entdeckten, daß uns die sozialen Muster fehlten; wir wußten nicht, wie wir über uns reden sollten. Viele von uns hatten große Schwierigkeiten, über ihre Gefühle zu reden, von sich selbst zu sprechen."[32]

Aber anders als die Männer gegen Sexismus wollten diese Frauen ihre Männlichkeit gar nicht loswerden, sie wollten nur die Probleme mildern, die sie mit ihrem Verhalten hatten. Die Butches imitierten das Männerverhalten – wie nicht anders zu erwarten, wenn Männlichkeit von Frauenverachtung und dem dringenden Bedürfnis, keine Frau zu sein, bestimmt wird. Sie sprachen z.B. über „Femmes" und daß man „mit Sauereien über Frauen und Feminismus nachsichtig" sein müsse. Das hört sich an wie die Stammtischwitze, mit denen typische Männer sich gegenseitig überzeugen, nichts sei schlimmer, als eine Frau zu sein.

Newton scheint tatsächlich Schwierigkeiten mit ihrem Frausein zu haben. Nur hat sie nicht in der Sicherheit einer feministischen Gruppe ihren Selbsthaß diskutiert und in Stolz verwandelt, sondern den Weg in eine Karikatur des Männlichen gewählt und behauptet, sie hätte keine andere Wahl. Bei ihrer Ausbildung sollte es ihr nicht schwerfallen, daraus eine „Theorie" zu machen. Die rigorose Selbstbefragung und politische Analyse des Feminismus, Hand in Hand mit dem Glauben an die Möglichkeit persönlicher Veränderung im Interesse der Befreiung, ersetzten in den achtziger Jahren einige Lesbenzirkel durch den Glauben an die Unverletzlichkeit und Zwangsläufigkeit von Identität und Schicksal auf der Grundlage unhinterfragter Überzeugungen, „wer jemand wirklich ist". Der Gedanke der sozialen Veränderung und vor allem der Gedanke, daß „Überzeugungen" überprüft werden müßten, erschien für manche lesbischen Selbstentwürfe beleidigend. Der Feminismus störte die Suche nach Wahrheit.

Die Überzeugung, sexualwissenschaftliche Entwürfe hätten eine positive Wirkung, hat ihre theoretische Basis im Werk von Michel Foucault. Foucault argumentierte, obwohl die Sexualwissenschaft durch ihren Begriff von Perversion stärkere soziale Kontrolle ermöglicht habe, eröffne sie doch auch die Chance des „Gegendiskurses". Die Objekte sexualwissenschaftlicher Kategorisierung könnten eben diese Kategorien nutzen, um sich zur Wehr zu setzen.

„Homosexualität begann – oft mit dem gleichen Vokabular und unter Verwendung der gleichen Kategorien, mit denen sie medizinisch abqualifiziert wurde – in eigener Sache zu sprechen, die Anerkennung ihrer Legitimität oder ‚Natürlichkeit' zu fordern."[33]

Eine Reihe lesbischer und schwuler WissenschaftlerInnen sah in Radclyffe Halls *Quell der Einsamkeit* den Entwurf eines „Gegendiskurses" für Lesben. Jonathan Dollimore schreibt:

„(Der Roman) half, einen Gegendiskurs im Sinne Foucaults zu entwickeln: Lesben konnten sich, oft zum erstenmal, identifizieren, wenn auch in der Sprache ihrer Unterdrückung."[34] Hall nahm den Status der Verdammten und Geächteten für Lesben nicht einfach hin; sie vereinte in Stephen „die (religiöse) Märtyrerin und die (romantische) Außenseiterin" und schuf damit das eindrückliche Bild „der von der Gewöhnlichkeit und Normalität verfolgten überlegenen Sensibilität und Integrität".[35] Wie andere schwule Wissenschaftler glaubt auch Dollimore, der so entstandene „Gegendiskurs" führe direkt zu einer positiven Sexualpolitik.

„Heute mag es seltsam erscheinen, aber viele spätere Entwicklungen in der sexuellen Befreiung und radikaler Sexualpolitik lassen sich auf die von Hall gelieferten Vorlagen zurückführen, selbst solche, die sie wahrscheinlich entsetzt hätten – z.B. die Vorstellung, sexuelle Abweichung sei potentiell revolutionär, unterwandere das korrupte und unterdrückerische Zentrum von den Rändern her."[36]

Die zu dieser Zeit unter schwulen Theoretikern viel diskutierte Frage war: In welchem Maß wird eine Befreiungsbewegung der Homosexuellen, die diese Kategorien benutzt, von ihnen gefesselt und untergraben? Wie weit ist sie wirklich in der Lage, die Kategorien zu unterlaufen und für ihren Widerstand umzusetzen?

Die sexuelle Befreiungsbewegung, wie Dollimore sie versteht, ist den Interessen schwuler Männer verpflichtet. Daß diese Politik für Lesben, die zur Klasse der Frauen gehören, ebenfalls positiv wirkt, folgt daraus noch lange nicht. Ich behaupte, die Übernahme sexualwissenschaftlicher Kategorien – wie nützlich sie kurzfristig auch gewesen sein mag, das Wohlwollen der Heterosexuellen zu erlangen und die Identität herzustellen, die überhaupt erst eine Organisation möglich macht – bedeutet, daß Lesben Sprache und Meinungen der Sexualwissenschaft übernehmen, um sich selbst zu beschreiben. Lesbische Lebensweise wurde damit zu einer abweichenden Minderheit, definiert über ihre sexuellen Aktivitäten, entweder biologisch oder psychologisch begründet, und übernahm häufig dabei die Fesseln des Rollenspiels. Lesben sollten sich und ihre Gemeinschaft entsprechend ziemlich willkürlicher Kriterien quasi in zwei Gruppen spalten, ihre Freundinnen in der einen und ihre Geliebten in der anderen suchen, ihr Verhalten an den unangemessenen, von Männern erfundenen Modellen Männlichkeit und Weiblichkeit ausrichten. Von anderen Frauen und Feministinnen abgespalten, wären Lesben so als gesonderte, abweichende Minorität leicht zu beherrschen.

Daß schwule Historiker den Einfluß der Sexualwissenschaft positiver sehen, hat mit der historischen Situation zu tun, die für schwule Männer ganz anders war als für lesbische Frauen. Die Sexologen verknüpften Homosexualität bei Frauen mit dem Feminismus und sparten nicht mit Angriffen auf die Frauenbewegung. Homosexuelle Männer waren in ihren Augen nicht die Repräsentanten einer sozialen Bewegung, vor der sie sich fürchteten. Auch in der Frage intimer Freundschaften unterscheidet sich die Geschichte der Schwulen von der der Lesben. Von intimen Freundschaften unter Männern ist wenig überliefert. Sollte die Fähigkeit von Männern zu dieser Art Freundschaft durch die sexualwissenschaftliche Konstruktion beschädigt worden sein, und dafür spricht vieles, hat sich schwule Geschichtsschreibung damit nicht beschäftigt. Schwule Männer sind mit dem abweichenden Status durchaus zufrieden, sie bleiben ja Mitglieder der herrschenden Klasse und müssen ihren Geschlechtsstatus nicht bekämpfen. Die reine Lehre Foucaults trifft auf Lesben nicht zu. Foucault hat Lesben überhaupt nicht und Frauen nur am Rand berücksichtigt. Die Definitionsmacht männlich schwuler Kultur vor allem im Bereich der Wissenschaft zeigt sich daran, daß man glaubt, ein so unzureichendes Muster auf Frauen wie auf Männer anwenden zu können.

Genau dies sexualwissenschaftliche Modell haben in den achtziger und neunziger Jahren Lesben übernommen, die den Feminismus ablehnen. Diese Lesben bemühen sich, den medizinischen Lehrbüchern zu entsprechen, von denen sie meinen, sie sagten die „Wahrheit", die Sexualwissenschaft „sei die Wahrheit" über sie. Warum das medizinische Modell plötzlich wieder so geschätzt wird, ist schwer zu verstehen. Schwule Studenten haben mir gesagt, daß dies mit der neuen Macht der Medizin über Homosexuelle angesichts der AIDS-Katastrophe zusammenhängt. Aber das erklärt noch nicht, warum Lesben wie Esther Newton es auserwählt haben. Seine Anziehungskraft zu begreifen, ist einer der Gründe, warum ich dies Buch geschrieben habe.

Die Wirkung sexualwissenschaftlicher Vorstellungen und die

zwanziger Jahre im besonderen sind der Schlüssel wenn schon nicht für die Konstruktion lesbischer Identität, so doch für die Debatte über lesbische Sexualität. Lesbische Feministinnen und Lesben, die die sexuelle Differenz betonen, beurteilen diese Periode sehr unterschiedlich. Die zwanziger Jahre sind für die Gegenwart ganz direkt wichtig. Was damals geschah, liefert den Schlüssel für die Spaltung der lesbischen Gemeinschaft in den achtziger Jahren. Wie damals Lesben sexualwissenschaftliche Erklärungen übernahmen, um ihren Erfahrungen einen Sinn zu geben, und dabei mit dem feministischen Verständnis von Sexualität in Konflikt gerieten, so benutzen jetzt lesbische Befürworterinnen individueller Sexualität die Sexualwissenschaft, um ihre Lebensweise mit Begriffen wie Biologie, sexuelle Differenz, Butch und Femme zu begründen – und feministische Theorie und Praxis abzulehnen.

Anmerkungen

1   vgl. Mary McKintosh, „The Homosexual Role", in Social Problems 16; Hutchinson und Jeffrey Weeks, Coming Out, London 1980.
2   vgl. Lillian Faderman, Surpassing the Love of Men, London 1985; Carroll Smith-Rosenberg, „Discourses of Sexuality and Subjectivity: The New Woman", in: Martin Duberman et al., Hidden from History, New York 1990.
3   Helen Whitbread (Hg.), I Know My Own Heart. The Diaries of Ann Lister 1791 – 1840, London 1988.
4   vgl. Jeffrey Weeks, Sexuality and its Discontents. Meanings, Myths and Modern Sexualities, London 1985.
5   Henry Havelock Ellis, Studies in the Psychology of Sex, 2, Philadelphia 1913, S. 311.
6   ebd., S. 108.
7   Edward Carpenter, The Intermediate Sex. A Study of Some Transitional Types of Men and Women, London 1921.
8   ebd., S. 31.
9   ebd., S. 36.
10 vgl. Rosemary Auchmuty, „You're a Dyke, Angela! Elsie J. Oxenham and the Rise and Fall of the Schoolgirl Story", in: Lesbian History Group (Hg.), Not A Passing Phase. Reclaiming Lesbians in History 1840– 1985, London 1989.
11 Lillian Faderman, Surpassing the Love of Men, New York/London 1985, S. 252. deutsch: Köstlicher als die Liebe der Männer, Zürich 1990.
12 Carroll Smith-Rosenberg, „The Female World of Love and Ritual: Relations between Women in Nineteenth Century America", in: Nancy F. Cott und E. H. Pleck (Hg.), A Heritage of Her Own, New York 1979, S. 266.
13 ebd., S. 269.
14 Faderman, a.a.O., S. 20.
15 ebd., S. 17.
16 ebd., S. 414.
17 vgl. Sonja Ruehl, „Sexual Theory and Practice: Another Double Standard", in: Sue Cartledge und Joanna Ryan (Hg.) Sex and Love, London 1983.

18 vgl. die Einleitung zu: Lesbian History Group (Hg.), *Not A Passing Phase*, a.a.O.
19 vgl. mein Buch *The Spinster and Her Enemies. Feminism and sexuality 1880– 1930*, London 1985.
20 Smith-Rosenberg, „Discourses of Subjectivity: The New Woman 1870 – 1936", in: Martin Duberman et al. (Hg.), *Hidden from History. Reclaiming the Gay and Lesbian Past*, London 1991, S. 272.
21 Esther Newton, „The Mythic Mannish Lesbian: Radclyffe Hall and the New Woman", in: Martin Duberman et al., a.a.O., S. 283.
22 ebd., S 291.
23 ebd.
24 Vera Brittain, *Testament of a Friendship*, London 1981, zuerst veröffentlicht 1940.
25 Vera Brittain, *Radclyffe Hall. A Case of Obscenity?*, London 1968, S. 50.
26 ebd.
27 ebd., S. 51.
28 Newton, a.a.O., S. 290.
29 ebd., S. 292.
30 ebd.
31 Esther Newton, zitiert in JoAnn Loulan, *The Lesbian Erotic Dance*, a.a.O., S. 46.
32 ebd., S. 121
33 Michel Foucault, *The History of Sexuality*, Band 1, London 1979, S. 101.
34 Jonathan Dollimore, *Sexual Dissidence. Augustine to Wilde, Freud to Foucault*, Oxford 1991, S. 48.
35 ebd., S. 49.
36 ebd., S. 50.

Die lesbische sexuelle Revolution

Männliche Geschichtsschreibung und herrschende Meinung behaupten, die beiden sexuellen Revolutionen der zwanziger und sechziger Jahre hätten den Frauen Befreiung und Lust gebracht. In zwei Untersuchungen habe ich gezeigt, daß diese Revolutionen in Wirklichkeit nur die männliche Vorherrschaft der Zeitströmung angepaßt haben.[1] Die Macht der Männer wurde ausgepolstert, indem Frauen zum Geschlechtsverkehr verpflichtet und ihre sexuellen Reaktionen so manipuliert wurden, daß sie ihre Unterdrückung selbst erotisierten. Die Revolutionen, besser: die Korrekturen an den männlichen Kontrollmechanismen, kamen im Namen der Wissenschaft und der Gesundheit daher, aber sie benutzten die Floskeln des Liberalismus.

Mit den Revolutionen legitimierte man eine massive Expansion der Pornoindustrie und Sextherapie; Sexratgeber wurden massenhaft auf den Markt geworfen; Sex- und Pornoläden sorgten für die entsprechenden Hilfsmittel wie Dildos und Leder-, Gummi- und Kunststoffkostümierungen. Während in der Heterowelt Sex ohne Handbücher, Pornographie und Apparaturen bald ganz undenkbar schien, schafften es Lesben, ohne solche Ausrüstung einander zu lieben und miteinander zu schlafen. Lesbischer Sex war innovativ, phantasievoll und individuell, kostete kein Geld und brachte den Sexfabrikanten keinen Profit. Das änderte sich erst in den achtziger Jahren, in denen eine lesbische Sexindustrie entstand. Wenn diese Industrie profitabel sein sollte, mußte lesbische Sexualität in Richtung Objektbeziehung verändert werden, damit lesbische Sexverbraucherinnen nicht nur mechanische Hilfsmittel konsumierten, sondern auch Frauen – in der Pornographie und der Prostitution. Lesbische Sexualität wurde für Unternehmer, Therapeuten, Pornographen attraktiv.

Als Ergebnis dieses dramatischen Angriffs auf das Wesen lesbischer Sexualität wurden Lesben in die Kontrollmechanismen des Heteropatriarchats eingebunden. Lesben, die ihre Sexualität selbst erfanden, waren gefährlich; sie hatten eine alternative Vision, was Sexualität sein könnte, wenn sie nicht auf Penetration, ein bestimmtes Ziel der Befriedigung, Objektbeziehung, Über- und Unterordnung gerichtet ist. Sie waren der männlichen Sexualkontrolle nicht unterworfen, die bestimmte, wie Lust zu sein hat. Sie spielten bei der Unterwerfung nicht mit, und damit waren sie eine potentielle Bedrohung des heteropatriarchalen Sexualsystems. Die lesbische sexuelle Revolution diente dazu, Lesben sexuell zu unterwerfen.

In der gemischt schwulen Presse und lesbischschwulen wissenschaftlichen Literatur wird das anders gesehen.[2] Der glitzernde Aufmarsch der neuen Möglichkeiten, der Dildos, Pornographie, Sexclubs und Prostituierte feilhält, wird als Angebot von freier Wahl, Vergnügen, Lust und individueller Freiheit dargestellt – also als die Erfüllung all dessen, wofür Lesben gekämpft haben: die lesbische sexuelle Revolution. Der politische Kampf der Lesben wird in falsch verstandene Befreiung umgeleitet, die sich – behaupte ich – für Lesben als ebenso illusorisch entpuppen wird wie die sexuelle Freiheit, die in den Sechzigern den Heterofrauen angedient wurde. Die lesbisch sexuelle Revolution war erfolgreich, weil sie die politische Diskussion über Sexualität und ihre Bedeutung für die lesbische und feministische Revolution erstickte; weil sie die Trennung von Politischem und Privatem unterstützte: Was uns sexuell anmacht, hat für den politischen Kampf noch längst keine Bedeutung. Sie war erfolgreich, weil sie die Sprache sexueller Liberalität benutzte. Viele Lesben, die sich selbst als politisch progressiv, feministisch, sozialistisch, antirassistisch bezeichnen würden, verabschieden sich von ihrer Politik, wenn es um Sex geht, und übernehmen einen schon längst toten Liberalismus.[3]

Der Versuch, Themen wie Sextherapie oder Sadomasochismus politisch zu analysieren, hat mir die Bezeichnung „moralistisch" eingetragen – für politische Kritik dieser Art gilt: Zutritt verboten! Ich will sehen, wozu der Zutritt verboten ist, warum es dazu kam. Ich will sexuelle Lust und sexuelle Praxis in die politische Diskussion zurückführen. Der Vorwurf „Moralismus" kommt immer dann, wenn es um die politische Analyse der Sexualität geht – bei anderen Themen ist er eher selten. Dabei ist doch ziemlich offensichtlich, daß politische Urteile fast immer auf Moral beruhen. Es ist das Gespür für Richtig und Falsch, das wütend macht und Unterdrückung fühlen läßt. Über Moral zu diskutieren, ist in der kapitalistischen Gesellschaft der achtziger und neunziger Jahre nicht schick, ganz besonders nicht, wenn die Marktgesetze diese Diskussionen ad absurdum führen. Aber genau die gleichen Leute, die politische Analysen der Sexualität moralistisch nennen, urteilen auf anderen Gebieten sehr wohl moralisch. Wer z.B. gegen ökonomische Ungleichheit protestiert, gilt in der Regel nicht als moralistisch. Ausgerechnet die Sexualität wird als das Gebiet ausgesucht, das von moralischer oder politischer Beurteilung frei sein soll.

Die meisten Feministinnen stimmen wahrscheinlich überein, daß Sexualität sehr wohl politisch ist, wenn es um sexuelle Männergewalt gegen Frauen geht. Feministinnen haben über die politische Funktion sexueller Gewalt als eine der Säulen der Männerherrschaft Bände geschrieben.[4] Sexuelle Gewalt, wozu auch sexueller Kindesmißbrauch, sexuelle Belästigung, Pornographie auf unsere Kosten, Vergewaltigung in der Ehe und der Mord an Frauen gehören, dient der Kontrolle und Unterwerfung der Frauen.

An der Universität, an der ich zur Zeit unterrichte, gab es einige gute Beispiele, wie sexuelle Gewalt Frauen einschränkt. Einmal warnten an drei Plätzen gleichzeitig Aushänge die Studentinnen, auf der Hut zu sein. Auf den Toiletten hingen Zettel, auf denen die Frauen aufgefordert wurden, die Toiletten nicht allein zu betreten; ähnliche Hinweise hingen in der Sporthalle und in verschiedenen Abteilungen der Bibliothek. Chancengleichheit für Frauen? Die Vorsichtsmaßnahmen, die Frauen ganz automatisch treffen, scheinen eine zweite Natur zu sein, aber die feministische Analyse sagt uns, daß die Frauen politischer Kontrolle unterworfen sind. Zwar sind sich nicht alle Feministinnen einig, wie Vergewaltigung in der Ehe oder sexuelle Belästigung am Arbeitsplatz zu beurteilen sind, aber fast alle stimmen überein, daß sexuelle Gewalt politisch gewollt ist und politischen Zwecken dient.

Die meisten Feministinnen sind sich auch darin einig, daß in der heterosexuellen Organisation der sozialen Beziehungen in der Männerherrschaft Sexualität eine politische Kategorie ist.[5] Feministische Theoretikerinnen sind wahrscheinlich unterschiedlicher Meinung, welches Gewicht Heterosexualität als Grundlage der Männermacht hat, stimmen aber überein, daß der Zwang zur Heterosexualität der Vorherrschaft der Männer dient. Ohne das heterosexuelle Prinzip wäre es für den einzelnen Mann schwierig, Frauen unbezahlte sexuelle, reproduktive, ökonomische, emotionale und Hausarbeit abzuverlangen. Heterosexualität ist für Feministinnen keine nur private, individuelle Angelegenheit.

Die Probleme, Sexualität politisch zu verstehen, entstehen, wenn es in der Sexualität um Lust und Aktivität geht. Dann gilt Sex als privat, individuell und aus der politischen Analyse ausgeklammert. Feminismus als Philosophie stellt Verbindungen her, und in diesem Fall scheinen die Verbindungen klar. Sowohl Heterosexualität als politisches System wie sexuelle Gewalt als soziale Kontrolle beruhen auf der Annahme heterosexuellen Begehrens. Mit „heterosexuellem Begehren" meine ich das erotisierte Machtgefälle in einer Beziehung, das es auch in gleichgeschlechtlichen Beziehungen geben kann. Die feministische Analyse sagt, um das sexuelle System der Männerherrschaft zu untergraben, müsse Sexualität neu definiert werden. Es müsse etwas geschaffen werden, das ich „homosexuelles Begehren" oder Erotisierung der Gleichheit nenne. Frauen werden nicht frei sein, solange ihre Unterwerfung als sexy gilt.

Wenn es um Lust geht, sind manche Feministinnen und Lesben nicht in der Lage, die Verbindungen zu ziehen. Um sexuelle Praxis politisch zu sehen, muß der liberale Begriff von Privatheit in Frage gestellt werden. Feministinnen, Lesben und Schwule haben diesen Begriff strategisch benutzt, um ihren Zielen näherzukommen, weil der liberale Staat ihn versteht. Die Liberalisierung des Gesetzes über Homosexualität 1967 in Großbritannien z.B. wäre ohne die Vorstellung, sexuelle Privatheit sei ein individuelles Recht, nicht möglich gewesen.[6] (In der Bundesrepublik wurde Homosexualität zwischen Erwachsenen, der sogenannte „einfache Tatbestand" des § 175, 1969 aus dem Strafrecht herausgenommen. A.d.Ü.) Für Feministinnen aber ist diese Vorstellung sehr problematisch.

Die US-amerikanische feministische Theoretikerin Catharine MacKinnon erläutert, welche Probleme die Vorstellung der Privatheit für Frauen juristisch aufwirft: Sie „bestätigt und verstärkt, was Feministinnen an der Sexualität kritisieren: die Trennung von Öffentlichem und Privatem".[7] Um Vergewaltigung in der Ehe und sexuellen Mißbrauch allgemein zu kriminalisieren, mußten Feministinnen unterstreichen, daß die Unterdrückung der Frauen zu

Hause und im Schlafzimmer genauso stattfindet wie im öffentlichen Raum. Feministinnen, die die Männergewalt bekämpften, wie die, die gegen unbezahlte Hausarbeit waren, mußten den Schlachtruf entwickeln: „Das Private ist politisch." MacKinnon schreibt:

> „Es ist sicher nicht zufällig, daß ausgerechnet die Dinge, die der Feminismus als für die Unterdrückung der Frauen ausschlaggebend hält – der eigentliche Ort: der Körper; die eigentlichen Beziehungen: heterosexuell; die eigentlichen Aktivitäten: Geschlechtsverkehr und Reproduktion; die eigentlichen Gefühle: Intimität –, im Mittelpunkt der Doktrin von der Privatheit stehen. So gesehen hat das legale Prinzip Privatheit das Schlachtfeld, Vergewaltigung in der Ehe und die Ausbeutung der Frauen, geschützt; hat die Institutionen am Leben gehalten, die Frauen Identität, Autonomie, Selbstkontrolle und Selbstdefinition verweigern; und die männliche Vorherrschaft abgesichert."[8]

Die unpolitische Natur des „Persönlichen" ist nicht heilig, wenn es um den Kampf gegen sexuellen Mißbrauch geht. Was Vergewaltigung in der Ehe ist, darüber gehen die Meinungen auseinander; daß es sie gibt und daß sie aufhören muß, darin stimmen Feministinnen überein. Schwieriger scheint es, das Persönliche zum Politischen zu erklären, wenn die sexuelle Praxis auf beiderseitiger Zustimmung beruht – obwohl der Begriff „Zustimmung" selbst fragwürdig ist, wie feministische Untersuchungen zur Vergewaltigung in der Ehe bewiesen haben (im Zusammenhang mit Sadomasochismus komme ich darauf noch zurück).[9] Für Liberale, auch für Feministinnen, scheint es wichtig, daß wenigstens ein Lebensbereich irgendwie im Naturzustand belassen wird, als Schutzzone, in die sich das von allen Seiten bedrängte Individuum zurückziehen kann.

Die Probleme, „konsensualen" Sex als politisch zu begreifen, kommen nicht nur aus der liberalen Vorstellung von Privatheit, sondern aus einigen anderen Schlüsselideen der sexuellen Revolution, die inzwischen zum Allgemeinwissen über Sex gehören und auch die feministische Diskussion durcheinandergebracht haben. Dazu gehört die Vorstellung, Sex in allen „konsensuellen" Formen sei gut, positiv und für die menschliche Gesundheit notwendig. Im männlichen Denkschema gibt es einen Dualismus: Sex ist entweder „gut" oder „böse". Von 1890 an haben Sexreformer jeden Puritanismus und alle mit Sex verknüpften Negativvorstellungen bekämpft und erklärt: Sexualität an sich ist gut. Sexualität erhielt die Aura des Heiligen, eines Lebenselixiers, das nicht mehr in Frage gestellt wurde. Die selbsternannten Progressiven hielten Kritik an irgendeiner Form der Sexualität für den Rückfall in die Repression, in die Hände der katholischen Kirche, der Inquisition, des Viktorianismus. Die Kehrseite der Medaille, die Fraktion der „Sex ist schlecht"-Anhänger, existiert tatsächlich noch. Wir müssen sie zur Diskussion zwingen, aber es ist nicht nötig, sie als Beweis dafür zu nehmen, über Sex politisch zu sprechen sei gefährlich.

Ein weiterer Schlüssel für die Schwierigkeiten beim politischen Reden über Sexualität: Wenn es um Sex geht, scheinen manche alle Werte außer Kraft setzen zu wollen. Mein Lieblingsbeispiel hierfür ist das in den sechziger Jahren angeblich sehr fortschrittliche *ABZ of Love*, das den moralisch neutralen Zugang zu verschiedensten Formen männlichen Sexualverhaltens proklamierte, zum Beispiel zur Nekrophilie.

„Nekrophilie, Nekromanie, Nekrosadismus: alles, was Menschen glauben, mit toten Körpern sexuell anstellen zu können. Ein nicht eben unbekanntes Phänomen der Erregung durch Leichen bei Menschen, deren sexuelle Triebe in den üblicheren Formen kein Ventil finden."[10]

Daß Frauen bei dem Gedanken, ihre Leichen könnten noch im Leichenschauhaus vergewaltigt werden, das Grausen bekommen, scheinen die AutorInnen nicht anzunehmen. Argumente wie diese, die Werte außer Kraft setzen wollen, selbst wenn klar ist, daß das nicht geht, werden von denen gern angeführt, die immer noch den Viktorianismus bekämpfen, ein Erbe, das angeblich nie endet und sich heute in den feministischen Kampagnen gegen Männergewalt artikuliert. Diese Ideologie des sexuellen Liberalismus und eine kräftige Dosis moralischen Relativismus tragen heute vor allem TherapeutInnen in die feministische Diskussion.[11]

In *The Spinster and Her Enemies* und *Anticlimax* habe ich nachgewiesen, daß Sexualwissenschaftler der Sexualität immer eine politische Funktion zugeschrieben haben. Sexualwissenschaft und Sexualtherapie haben die letzten hundert Jahre nichts anderes getan als Frauen die Unterwerfung unter Männer schmackhaft zu machen, im Geschlechtsakt die „Wonnen der Unterwerfung" zu entdecken. Sexualwissenschaftler, Psychoanalytiker, Ärzte, Gynäkologen, Ratgeber, Sozialarbeiter sahen die freiwillige, private, individuelle „Lust" der Frauen untrennbar verknüpft mit der Aufrechterhaltung männlicher Herrschaft und weiblicher Unterwerfung, also als sehr politisch. Die Sexualwissenschaftler zu Beginn des Jahrhunderts hielten mit ihrer politischen Botschaft am wenigsten zurück. Wilhelm Stekel z.B. bekämpfte den Feminismus ganz unverhüllt und war überzeugt, für Frauen sei lustvoller Geschlechtsverkehr das beste Mittel gegen Feminismus, Männerhaß, Altjungfertum und Lesbianismus, allesamt für ihn Bedrohung der Zivilisation. Eine Äußerung Stekels in seinem 1926 erschienenen Buch *Die Frigidität der Frau* zeigt, daß ihm der politische Effekt bewußt war: „Von einem Mann erregt zu werden, heißt sich erobert zu wissen."[12]

Auch später sprach man über die politische Funktion sexueller Lust vergleichbar offen. Eustace Chesser, in den fünfziger Jahren in England sehr populär, schrieb:

„(Eine Frau kann) sich zur völligen Hingabe im Geschlechtsakt außerstande finden. Aber vollständige Hingabe ist der einzige Weg, sich und ihrem Ehemann höchste Lust zu verschaffen. Unterwerfung und Hingabe sind nicht dasselbe. Viele Frauen unterwerfen sich, aber tief in ihnen bleibt ein Bereich, der nicht erobert wurde und der sich der Unterwerfung wütend widersetzt."[13]

Angesichts der heutigen „Wissenschaft vom Sex", die sich als ganz besonders wertfrei empfiehlt, könnte es überraschen, daß Sexualwissenschaftler die politische Bedeutung des sexuellen Vergnügens der Frauen schon früh so gut begriffen haben. Geradezu glücklich erläutern sie, daß bei einer Frau, die sich im Geschlechtsverkehr hingegeben hat, auch sonst mit Hingabe gerechnet werden kann.

Die Geschichte der Sexualwissenschaft und die dazugehörige Literatur zeigen, wie Sexualität politisch konstruiert wird. Sexualwissenschaft hat sich vor allem mit dem Geschlechtsverkehr beschäftigt. Frauen, so hieß es, schätzten ihn nicht genug, und Männer machten es nicht zufriedenstellend. Wer liest, was Sexualwissenschaftler über Sexualität geschrieben haben, muß endgültig zu der Überzeugung kommen, mit „Natürlichkeit" habe das Ganze nichts zu tun. Zu einer Zeit, als Frauen sich neue Chancen öffneten und die Männerherrschaft verteidigt werden mußte, proklamierten sie den Geschlechtsverkehr als lebensnotwendig. Ein Mann wurde dadurch zum „Mann" und eine Frau „unterwürfig". Noch heute, in den achtziger und neunziger Jahren, betonen Frauenzeitschriften und Aufklärungsbroschüren, wie wichtig für Frauen die Hingabe ist. Es ist die wissenschaftlich verbrämte Variante dessen, was Männer über widerspenstige Frauen sagen: „Sie muß nur mal ordentlich durchgefickt werden."

Das Streben der Sexualwissenschaftler, die Frauen mittels sexuellen „Vergnügens" unterzuordnen, wurde dadurch unterstützt, daß Frauen durchaus fähig sind, die eigene Unterordnung zu erotisieren und „Vergnügen" daran zu finden. Frauen erlernen von klein auf Gefühle und sexuelle Reaktionen in Situationen der Ungleichheit, oft durch Mißbrauch. Das Wort „Vergnügen" verdient sorgfältiges Hinsehen. Frauen können auch bei Vergewaltigung und sexuellem Mißbrauch einen Orgasmus haben. Aber das beweist weder, daß sie „es wollten", noch daß etwas in irgendeiner Hinsicht Positives geschehen ist. Für die Beschreibung sexueller Gefühle, die das Gegenteil von positiv sind, gibt es keine Worte. Es gibt nur Wort wie „Vergnügen" oder „Genuß". Wir müssen also das ganze Konzept sexuellen Vergnügens in Frage stellen und dürfen nicht annehmen, daß sexuelle Gefühle grundsätzlich positiv sind. Erst dann wird es möglich sein, eine sensiblere und genauere Sprache zu finden, die Frauen befähigt, die ganze Breite sexueller Empfindungen zu äußern, auch die, die unzweifelhaft negativ sind.

Viele, auch Lesben, behaupten, das sexuelle Spiel von Dominanz und Unterwerfung sei entweder harmlos, privat, persönlich und individuell oder sogar nützlich, es verschaffe den Opfern von Mißbrauch erhöhten sexuellen Genuß und die Möglichkeit sexueller Reaktion. Nicht nur Sexualwissenschaftler empfehlen Sadomasochismus, entweder in der Phantasie oder in der Realität, sondern auch die neuen Erotikverlage für Frauen, heterosexuelle Sextherapeutinnen ebenso wie lesbische, die Mitglieder heterosexueller, lesbischer und schwuler Sadomaso-Organisationen.[14] Aber das sexualwissenschaftliche Interesse an der sexuellen Hingabe der Frauen zeigt besonders deutlich die politische Bedeutung sexueller Empfindungen. Wir tun gut daran, den männlichen Wissenschaftlern einen gewissen Scharfsinn zuzubilligen. Wenn sie die letzten hundert Jahre davon ausgegangen sind, die freiwillige Übernahme der masochistischen Rolle würde Frauen persönlich und politisch schwächen, dann ist das für Feministinnen Grund genug, diese Möglichkeit wenigstens mitzubedenken.

Das Auftauchen lesbischer Pornographie, hergestellt von einer neuen Generation lesbischer Unternehmerinnen, war in den USA das erste Zeichen für das Aufkommen einer lesbischen Sexindustrie. In den ersten Jahren einer feministischen Anti-Porno-Bewegung wurden die „Frauen gegen Gewalt gegen Frauen" in England immer wieder gefragt: „Wie können wir für Frauen, besonders für Lesben positive Erotika schaffen?" Als Ergebnis der pornographischen Revolution der sechziger Jahre hatte sich ja die Vorstellung eingebürgert, Erotika seien für Sex unabdingbar. Diese Annahme war sogar unter Feministinnen so weit verbreitet, daß die Vorkämpferinnen der Anti-Pornographiebewegung sich gezwungen sahen, zwischen Erotika und Pornographie unterscheiden zu müssen, um zu beweisen, daß sie weder Spielverderberinnen noch sexfeindlich waren. Gloria Steinem definiert das Erotische als „sexuellen Austausch gegenseitigen Vergnügens zwischen Personen, die stark genug sind, sich jede für sich positiv für diese Situation entschieden zu haben". Das Pornographische definiert sie so: „Die Botschaft ist Gewalt, Herrschaft und Eroberung. Sex dient dazu, Ungleichheit zu erhalten oder herzustellen."[15]

Einige Porno-Gegnerinnen weigerten sich, diesen Weg mitzugehen; sie bestanden darauf, daß Erotika und Pornographie qualitativ keinen Unterschied bilden. Andrea Dworkin erläutert den Zusammenhang so:

„Dies Buch (*Pornographie. Männer beherrschen Frauen*) behandelt nicht den Unterschied zwischen Pornographie und Erotika. Feministinnen haben viel Mühe darauf verwendet, diesen Unterschied zu definieren, und behauptet, Erotik schlösse Gegenseitigkeit und Austausch ein, während Pornographie Dominanz und Gewalt beinhalte. Im männlichen Wörterbuch der Sexualität aber, in der Sprache der Macht sind Erotika nichts anderes als Pornographie der Extraklasse: besser verpackt und für anspruchsvollere Verbraucher gedacht. Wie beim Callgirl und Straßenmädchen: Das eine macht sich besser, aber beide bieten den gleichen Service. Besonders Intellektuelle neigen dazu, ihr Produkt oder ihre Vorliebe ‚Erotika' zu nennen, was nur heißt, daß ein heller Kopf alles rechtfertigt... Auf der Männerskala sind Erotika eine Unterkategorie von Pornographie."[16]

Wir hatten zwar keine Lust, Zeit und Energie auf die Entwicklung positiver Erotika zu verschwenden, aber wir waren doch neugierig, wie so etwas aussieht. Wir waren sicher, daß von Frauen gemachte Erotika sich von Männer-Pornographie unterscheiden würden, ganz andere Werte und eine Sexualität repräsentieren, die eine postrevolutionäre Zukunft vorausnimmt. Einige Feministinnen produzierten tatsächlich etwas, das sie neue Erotika nannten. Tee Corinne etwa fotografierte weibliche Geschlechtsteile vor Landschaften, auf Bäumen, am Strand. Die Verbindung weiblicher Genitalien mit Naturformen, Muscheln, Blumen, Früchten, hat in der lesbischen Kunst eine lange Tradition. Diese Fotografien brechen tatsächlich mit der Tradition männlicher Pornographie, die die Vulva zur Stimulation des Mannes benutzt, zu Erektion und Penetrationswünschen. Frauen sind anscheinend in der Lage, Kunst sexuellen Inhalts zu machen, die nicht männliche Pornographie kopiert.

Die erotische Industrie, die in den achtziger Jahren entstand, denkt aber gar nicht daran, die Schönheit der Vulva zu feiern. Ihr Ziel ist Erregung, und der leichteste Weg dahin scheint zu sein, die Fähigkeit von Frauen, ihre Unterdrückung zu erotisieren, zu stimulieren. Pat Califia, Verfasserin sadomasochistischer Pornographie, macht daraus kein Hehl.

„Betrüblicherweise bestehen die meisten neuen lesbischen Pornos nicht das, was Dorothy Allison den ‚Feuchtigkeitstest' nennt... ‚Feministische Erotika', die lesbischen Sex etwas vereinfacht als zwei Frauen in einem Bett beim Liebemachen zeigen, die all das Gute verkörpern, das das Patriarchat zerstören will, sind nicht besonders sexy."[17]

Der Porno, der offensichtlich den „Feuchtigkeitstest" besteht, war für die Frauen, die auf eine neue Darstellung weiblicher Sexualität gehofft hatten, ein ziemlicher Schock. In der überwältigenden Mehrheit drehte es sich wieder nur um die Erotisierung weiblicher Unterwerfung. Die Macherinnen sagen, es handele sich um einen neuen Zugang zu weiblicher Sexualität, denn es zeige, daß auch

Frauen geil, scharf und aggressiv sein können. Die neuen Erotika zeigen Frauen in zwei Rollen: Entweder werden sie, wie Männer, durch die Erniedrigung von Frauen zu Objekten und Fetischen erregt, oder sie unterwerfen sich wie eh und je – eine Rolle, die in diesen Erotika ebenfalls reichlich vorkommt; Frauen werden nun also dadurch angetörnt, daß sie einer anderen Frau entweder dominant oder unterwürfig sind. Barbara Smith, eine britische Verfasserin von Erotika, erklärt, warum Lesbenpornos, in denen Frauen schlicht die Rollen des Heteropornos übernehmen, genau das Richtige sind.

„Das Einzigartige an Pornographie für Lesben ist der weibliche, der lesbische Blick. Pornographie für Lesben setzt aktive weibliche Sexualität voraus. Sie feiert autonome weibliche Lust. Sie macht Frauen zu Objekten, klar, aber mit den Augen und für die Augen anderer Frauen. Sie übernimmt stereotype Bilder, aber sie unterläuft ihre Absicht und ihren Zusammenhang – manchmal sogar mit Humor. Pornographie für Lesben zeigt uns in unserer ganzen Bandbreite – stark, sexuell fordernd und erfüllt, aktiv, passiv und selbstbewußt."[18]

Feministische Pornogegnerinnen haben gegen die Herabwürdigung der Frauen zu Objekten gekämpft. Diese Objektivierung, so unser Argument, unterwirft das Objekt, begründet und verstärkt eine Sexualität von Herrschaft und Unterwerfung, besonders Unterwerfung von Frauen. Objektivierung ist der Mechanismus, der männlicher sexueller Gewalt zugrundeliegt. Mit den Worten Catharine MacKinnons:

„Unter männlicher Herrschaft ist alles Sex, was einen Mann erregt. In der Pornographie ist Gewalt Sex, Ungleichheit Sex. Ohne diese Hierarchie funktioniert Pornographie nicht. Gibt es keine Ungleichheit, keine Vergewaltigung, keine Dominanz, keinen Zwang, gibt es auch keine sexuelle Erregung."[19]

Würde Erotik einfach Sex bedeuten – ohne das Ziel der Erregung, nur als Teil einer Geschichte zwischen zwei Menschen –, bräuchte es keine Ungleichheit. Die neuen Erotika aber, die stimulieren wollen wie eh und je, folgen dem kleinsten gemeinsamen Nenner: Sex ist Herrschaft und Unterwerfung.

Einige Verlage, die sich früher der Publikation von Texten mit neuen und feministischen Inhalten verschworen hatten, veröffentlichen Erotika, weil es sich lohnt. Sheba in London gehört dazu. Ihr Buch *Serious Pleasures* enthält angeblich alternative feministische Erotika. Ein Text ist besonders aufschlußreich. Er handelt von einer Gruppe von Frauen, die alle miteinander dem stereotypen Schönheitsmuster überhaupt nicht entsprechen. Während sie eine Party vorbereiten, hören wir von ihren Erziehungsproblemen. Sie sind weder jung noch reich.

> „Amy trocknete ihr graues Haar und sah fern. Auf dem Tisch stand ein Becher mit Suppe, daneben lag ein angebissenes Stück Toast. Auf ihre Gewohnheiten mochte sie nicht verzichten, nicht einmal für die Göttin.“[20]

Die sechs Frauen haben dreizehn Wochen sexueller Abstinenz hinter sich und planen ein mystisches sexuelles Happening. Der Schauplatz mit Kerzen und Liedern ist ungewöhnlich, aber die Sprache ist die des traditionellen Männerpornos. Leise Anklänge ans neunzehnte Jahrhundert schwingen in einer Formulierung wie „die perlende Fülle erforschen, die Sally hieß“. Währenddessen wird Sally schon von einer anderen aufgefordert, sie „ordentlich zu ficken“. Selbst Lesben mit feministischem Bewußtsein scheinen auf die patriarchalen Klischees zurückgeworfen, wenn es um Erotika geht. Auch sie entwerfen keine neue Sexualität, sondern frisieren die alte.

Die neuen US-amerikanischen Erotika-Magazine kennen solche Skrupel nicht. Lesben sind bei ihnen auch nicht grauhaarig, dick oder arm. Das bekannteste Magazin heißt *On Our Backs*; schon der Titel ist Programm: Die älteste feministische Zeitschrift in den USA heißt *Off Our Backs*. Die erklärte Politik dieser neuen Magazine ist die Entpolitisierung lesbischer Lebensweise. Ein Satz macht das deutlich. Radikale Lesben hatten formuliert: „Eine Lesbe ist der Zorn aller Frauen, verdichtet bis zur Explosion.“ In *On Our Backs* lesen wir: „Eine Lesbe ist die Lust aller Frauen, verdichtet bis zur Explosion.“[21] Der Satz steht über dem Bild eines mit Lederriemen gefesselten Frauentorsos mit fest zusammengepreßten Brüsten. An die Stelle politischer Veränderung tritt persönliche sexuelle Befriedigung durch S/M-Praktiken.

Die Magazine verkaufen die ganze Skala von Produkten, die die traditionelle Heterosexindustrie anbietet. Artikel und Anzeigen werben für Sexspielzeug, Pornovideos, Sextelefon und Prostitution.

Alles, womit sich durch die Kommerzialisierung von Sex Geld machen läßt, wird hier vorgeführt. Vor allem Dildos – Dildos, die wie Penisse geformt sind, mit einem Harnisch können Lesben sie umschnallen und Penetration imitieren. Dildos sind nicht dasselbe wie Vibratoren, für die ebenfalls reichlich geworben wird. Die Dildos sind meist Bestandteil eines sadomasochistischen Szenarios, vermutlich weil sie wie der Penis Männermacht symbolisieren und die Fähigkeit, Frauen zu vergewaltigen. Das folgende Beispiel stammt aus einer Geschichte in *Bad Attitude*:

„Schnell legte ich ihr ein Halsband um und befestigte es am Wasserhahn. Dann öffnete ich eine Schublade und nahm zwei Dildos heraus, einen großen und einen mittelgroßen. ‚Mach die Beine auseinander‘, befahl ich. Sie gehorchte sofort."[22]

Aggression, Grausamkeit und gewaltsame Penetration, das Zentrum der Männerpornographie, sind eindeutig.

Zu den in diesen Magazinen angepriesenen Serviceleistungen gehören Sexspielzeug-Parties. Sie funktionieren wie Tupperparties, und wie jede angebliche Innovation der lesbischen Sexindustrie haben männliche Sexfabrikanten sie eingeführt. Auf diesen Parties werden Dildos verkauft. Susie Bright, die in *On Our Backs* Ratgeberkolumnen schreibt, gibt solche Parties und erzählt, die Frauen beklagten sich oft darüber, die Dildos, die sie gekauft hätten, seien zu groß. Ihre Antwort: Gleitmittel benutzen. Eine Flut von Sexratgeberliteratur wollte mit verschiedensten Therapien von Gleitmitteln über Beratungen bis zu chirurgischen Eingriffen aus widerstrebenden oder unzulänglichen Frauen brauchbare Löcher für den Penis machen. Als lesbische Feministinnen mußten wir der Unterstellung entgegentreten, Lesben wollten eigentlich Männer sein und könnten ohne Penisimitation nichts miteinander anfangen. Es ist nicht ohne Ironie, daß die lesbische Sexindustrie es jetzt für nötig hält, Lesben von der Unfähigkeit zu kurieren, den Dildo zuzulassen, einen Penisersatz.

Der Dildo erlaubt die sklavische Imitation des heterosexuellen Sex auch bei so ungewöhnlichen Aktivitäten wie „Schwanzlutschen". Joan Nestle baut dies bizarre Phänomen in ihrem Buch *A restricted Country* in eine „erotische" Geschichte ein. Eine Butch schnallt sich einen Dildo um, der in der Geschichte „cock" (Schwanz) heißt. Eine der „Femmes" führt an dem unbelebten Objekt Fellatio durch und „sagte der Butch, was für einen wundervollen Schwanz sie habe und wie sehr sie danach verlange".[23] Diese Anbetung des Phallus kennen wir aus den Romanen von D. H. Lawrence. Die Butch imitiert den Heterofick mit dem Dildo. Sonst passiert sexuell nichts. Nichts rettet diese Szene davor, bloß ein Heteroszenario zu wiederholen, obwohl Nestle mit einem logischen Trick zu beweisen sucht, die Imitation von Heterosex unterlaufe deshalb die Heterosexualität, weil eine Frau den Männerpart spielt.

Die Dildowelle scheint in der Sexualität von Lesben neu zu sein. Seit hundert Jahren behaupten Sexualwissenschaftler, unfähig, sich Sex ohne Penis vorzustellen, Lesben benutzten Dildos – aber es gibt keinen Hinweis, daß das sehr verbreitet war. Vor dem Aufkommen der lesbischen Sexindustrie waren Dildos wohl eher eine Minderheitenpraktik. In den 1978 veröffentlichten Kinsey-Reports ist im Kapitel Sexualtechniken davon überhaupt nicht die Rede. Danach war Cunilingus die bei weitem populärste Praktik, und die verbreitetste war Onanie.[24] Keine der im Hite-Report im Kapitel Sexualtechniken zitierten Lesben erwähnt Dildos mit Ausnahme einer, die fragt, ob Lesben sie überhaupt benutzen.

Angesichts der Dildoflut in lesbischen Sexmagazinen erscheint die Frage naiv. Die lesbische Sexindustrie will wie jedes andere kapitalistische Unternehmen Profit machen. Herstellung und Verkauf von Sexspielzeug ist ein wichtiger Zweig dieser Industrie. Neue Bedürfnisse, an die sie vorher nie gedacht hätten, müssen in den Frauen geweckt werden, damit sie die Ware kaufen. Mittlerweile wird für Lesben eine neue Sexualität entworfen. Zufällig ähnelt sie exakt den Rezepten männlicher Pornographen und der Gründungsväter der Sexualwissenschaft. Bisheriger lesbischer Praxis ähnelt sie nicht und auch nicht einer Vision dessen, was möglich und revolutionär wäre.

Erstaunlich aber ist, daß es gegen den Einfall des Dildo, dieses Symbols für Männermacht und Frauenunterdrückung, in die lesbische Kultur keinen Widerspruch gibt. Lesbische Pornographinnen und Sexunternehmerinnen erklären uns, Lesben seien benachteiligt, weil sie keinen Penis haben. Sie wiederholen und befördern die alten Mythen. Für sie sind Sex und Penis unauflöslich miteinander verknüpft, und sie sehen in dieser Verknüpfung auch nichts Lesbenfeindliches. Gegenüber Feministinnen, die die Folgen der

Dildokultur bekämpfen, sind die lesbischen Sexfabrikantinnen ziemlich skrupellos. Im ersten Katalog eines britischen Sexspielzeugunternehmens war ein Dildo nach mir benannt. Er hieß „Sheila, the Spinster's best friend", was sich auf den Titel meines ersten Buches, *The Spinster and Her Enemies*, bezog.

Die neue lebische Sexindustrie benutzt die reale Unterdrückung von Frauen als Sexhilfe für die Verbraucherin. Lesbische Stripperinnen berichten ihre Inzesterfahrungen, um Lesben sexuell zu animieren. Lesben benutzen ihre schmerzlichen Erfahrungen nicht nur zur eigenen Befriedigung, sondern für die anderer Lesben. Das zeigt das Maß der Zerstörung durch Frauen- und Lesbenunterdrückung und bis zu welchem Grad die Selbstachtung sinken und der Haß auf unsere Körper und unsere Sexualität steigen kann. Einige Beispiele sollen das Ausmaß des Selbsthasses von Lesben zeigen. Eine Geschichte in *On Our Backs* hat den Titel „Brief einer Herrin an ihr Schätzchen"; die Beschreibung des Schätzchens enthält einen Frauenhaß, wie er bisher nur in Männerpornos vorkam.

„Manchmal zwingt Fluffys Herrin sie, zwischen Vagina und Arsch eine geölte Kette zu tragen, die mit einer Kette um den Bauch verbunden ist. Wenn sie fest daran zieht, weiß Fluffy, wer die Herrin ist. Sie ist wie eine Hündin. Das kleine Biest ist nicht befriedigt, bis nicht alle ihre Löcher gefüllt, gelutscht, gebissen, gegessen und gründlich gebraucht sind."[25]

Der neue Lesbenporno muß mit dem Wissen um die Wirkung, die Unterdrückung allgemein und sexueller Mißbrauch im besonderen auf die Sexualität von Frauen haben, im Kontext realer Selbstverstümmelungen und Selbstmorde in der lesbischen Gemeinschaft gelesen werden. Die Leserin ergreift angesichts der Zerstörung von Frauen tiefe Traurigkeit. Eine Erzählung handelt von einer Top (Sadistin), die ihre Bottom (Masochistin) zwingt, sich auf den Opfertod vorzubereiten. Nachdem sie die Bottom gefoltert hat, indem sie sie auf einen Stuhl fesselt, dessen Sitz ein Loch hat, und eine darunter stehende brennende Kerze immer näher an ihre Genitalien rückt, übergießt die Top sie mit Benzin. Sie will sie zwingen, das Feuerzeug, das sie in der Hand hält, selbst zu entzünden und so zu einem menschlichen Freudenfeuer zu werden. Das gelingt ihr.

„Wieder zögerst du. Von deiner Hand, die das Feuerzeug hält, tropft Benzin. Du zitterst vor Angst und wagst kaum zu atmen. Wenn du Luft holst, riechst du das Benzin. ‚Gib auf!' flüstere ich. ‚Gib es mir! Brenn für mich!'
Dein Daumen bewegt sich, aber nicht kräftig genug, um den Feuerstein zu zünden. Dann ergibst du dich. Du legst deinen Daumen auf das Zündrad und bewegst ihn mit einer festen Drehung. Die kleine Flamme explodiert in hellem Orange, das deinen Arm hoch und auf dein Gesicht zurast. Du schreist und schreist, und ein Schwall Pisse breitet sich unter dem Stuhl auf dem Boden aus."[26]

Im Nachwort erklärt die Autorin, nur das Handtuch auf dem Kopf der Frau sei mit Benzin getränkt gewesen, ihr Körper nur mit Wasser überschüttet. Aber die Bottom wußte nicht, daß es nicht um ihr Leben ging. Vielleicht ein Tip für den Fall, daß begeisterte Lesben das Szenario nachstellen möchten. Wenn die Befürworterinnen von Sadomasochismus auf die beiderseitige Zustimmung verweisen, die ihre Praktiken rechtfertigen soll, ist der Hinweis nötig, daß es Lesben gibt, die bereit sind zu sterben oder sich brutal verstümmeln zu lassen. In einer männerbeherrschten Kultur, in der Frauenhaß und Gewalt gegen Frauen alltäglich sind, verlieren Frauen die Fähigkeit, ihren Körper und ihr Leben zu schützen. Sie halten sich nicht für schützenswert.

Die Produkte der neuen lesbischen Pornoindustrie liefern uns die Gelegenheit, Frauensexualität und ihre Verbindung mit der Erfahrung des Mißbrauchs zu analysieren. Cindy Patton, in der US-amerikanischen AIDS-Hilfe und der Safer-Sex-Bewegung aktiv, sagt, daß durch Diskussion um Safe Sex der sexuelle Kindesmißbrauch und sein Zusammenhang mit der Sexualität erwachsener Lesben überhaupt erst zum Thema geworden ist. Sie berichtet von Forschungsergebnissen, nach denen überdurchschnittlich viele „homosexuelle Menschen" Mißbrauchserfahrungen haben, und daß seit Mitte der achtziger Jahre viele lesbische und schwule S/M-AnhängerInnen über ihren Mißbrauch sprechen.

„„In der politisch fortschrittlichen S/M-Kultur hat es in jüngster Zeit eine interessante Entwicklung gegeben, vor allem seit neue Untersuchungen darauf hindeuten, daß Homosexuelle mehr als andere Menschen sexuell mißbraucht wurden. Das Ergebnis ist, daß heute S/M-Anhängerinnen und -Anhänger regelrecht über Kindesmißbrauch ‚klagen'."[27]

Das Ausmaß, in dem Frauen und Lesben über ihre Mißbrauchserfahrungen sprechen, hat bei einigen Lesben dazu geführt, deren Bedeutung herunterzuspielen. Sue O'Sullivan z.b., früher Lektorin bei Sheba, formuliert in ihrem Gespräch mit Cindy Patton dieses Bedürfnis. Sie fühle sich bei dem Thema nicht wohl, vielleicht spiele die Phantasie den Frauen bei ihren Erinnerungen ja doch einen Streich.

„Ich frage mich, ob da nicht die Komplexität und Bedeutung der Phantasie abgestritten und nicht verstanden wird, wie Phantasie bei der Darstellung der Gegenwart und, genauso wichtig, der Vergangenheit mitspielt. Unter Feministinnen gilt es allerdings als Irrlehre, zu unterstellen, daß Phantasie für die Realität genommen wird, besonders bei der Erinnerung an sexuellen Mißbrauch als Kind."[28]

O'Sullivan hat das Prinzip, Frauen grundsätzlich zu glauben, das Feministinnen der alltäglichen Praxis besonders der Psychoanalyse und der Justiz, Frauen grundsätzlich nicht zu glauben, entgegengesetzt haben, preisgegeben.

„Im Fall sexuellen Kindesmißbrauchs wird einfach unterstellt, die Geschichten der Erwachsenen müßten wahr sein. Das spricht dem Kind – oder der Erinnerung der Erwachsenen an die Kindheit – die Macht der Interpretation ab, was letztlich sehr schlimm ist, denn unter diesen Umständen wird Mißbrauch zu einem realen Ereignis von großer prägender Kraft."[29]

Feministinnen, die „Frauen ermutigen, auf ihrem Opfersein zu bestehen", steht Sue O'Sullivan kritisch gegenüber, vor allem weil Frauen ihre sexuellen Erfahrungen als Kinder noch einmal als „Opfergeschichte darstellen", statt zum Beispiel als Vergnügen. Sie sagt, selbst sie könne, eine andere Persönlichkeit und Lebensgeschichte vorausgesetzt, relativ harmlose Erinnerungen an ihren Vater wahrscheinlich uminterpretieren in sexuellen Mißbrauch. Patton ist wie sie der Ansicht, der Einfluß des Mißbrauchs auf die erwachsene Sexualität werde, verglichen mit anderen Kindheitserfahrungen, zu wichtig genommen.

„Ein Kind kann ein einziges Mal Mißbrauch ausgesetzt sein, aber bei fünfundzwanzig Gelegenheiten erfahren, daß sie ihr Zimmer nicht selbst gestalten darf. Diese Form disziplinarischer Kontrolle formt die Sexualität des Kindes genauso wie offensichtlich ‚sexuelle' Ereignisse."[30]

Cindy Patton hat für das lesbische Erotik-Magazin *Bad Attitude* gearbeitet. Es scheint, als erfordere die Beteiligung an der lesbisch sexuellen Revolution, sexuelle Gewalt herunterzuspielen. Die Befürworterinnen der neuen Erotika teilen die Ansicht, anti-pornographische Feministinnen neigten zur Viktimisierung von Frauen und machten um sexuelle Gewalt zuviel Wind. Vielleicht kommt sexueller Mißbrauch denen ungelegen, die mit dem neuen Spielzeug „spielen" und sich ihr Vergnügen nicht trüben lassen wollen. Sexuellen Mißbrauch als Rohstoff zu benutzen, wenn der Mißbrauch ernstzunehmen wäre, wäre ja auch für die Sexindustrie ziemlich unpassend. Das in Sydney erscheinende S/M-Magazin *Wicked Women* z.B. ermuntert Lesben, nicht nur ihre Vergewaltigung durch den Vater zu phantasieren, sondern auch was sie selbst mit Kindern treiben möchten.[31]

Auch andere Formen der Männergewalt werden zur Begründung von S/M-Praktiken herangezogen, die Lesben sexuelle Erfahrungen möglich machen, die sonst schwer zu rechtfertigen sind. In der Samois-Anthologie nimmt eine Frau, die geschlagen wurde, gerade deswegen S/M-Praktiken für sich in Anspruch:

„Ich habe es satt, von hysterischen Dykes, die ihre Geliebten krankenhausreif prügeln, als Vergewaltigerin und verrohte, männlich identifizierte Unterdrückerin geschlagener Frauen angepöbelt zu werden. Ich bin jahrelang geschlagen worden und habe das Recht, Schmerz und Furcht dieser Erfahrung frei- und umzusetzen, wie es mir paßt."[32]

Überlebende würden sagen, daß Frauen, die Mißbrauch erlebt haben und S/M wählen, nicht im geringsten „Überlebende" sind. Sie haben es nicht geschafft, sich von den Folgen des Mißbrauchs zu heilen und zu befreien. Die lesbische Theoretikerin Julia Penelope suchte diese Heilung in einer Gruppe Inzest-Überlebender. Sie beschreibt, wo die Verbindung zwischen Mißbrauch und S/M liegen könnte.

„Mein Vertrauen wurde sehr früh von erwachsenen Tätern beschädigt... als Überlebende kann ich nicht vorhersagen, ob ich mich je ganz heilen kann. Vielleicht muß ich mich mit meinen Kindheitserfahrungen bis zu meinem Tod auseinandersetzen... Ich kenne die Barriere, die Mauer, die in der S/M-Literatur häufig beschrieben wird, ich weiß, was sie bedeutet, und ich weiß, wie frustrierend es ist, diese Mauer durchbrechen zu wollen. Aber ich weiß auch, woher die Mauer kommt – ich selbst baute sie als letzte Verteidigungslinie, zum Schutz meiner Autonomie und meines Selbstgefühls gegen die ständigen Angriffe erwachsener Täter."[33]

Die S/M-Literatur sagt, die Mauer könne durch S/M-Praktik überwunden werden und Lesben, die keine Mißbrauchserfahrung haben, sollten das nicht in Frage stellen oder kritisieren. Aber Überlebende wie Julia Penelope, die auf dem Weg der Heilung sind und S/M als Heilmittel ablehnen, zeigen uns die Verbindung zwischen Sex und Gewalt und wie wir sie auflösen können.

„Für das geschlagene Kind ist Gewalt als Kontrollmittel identisch mit Liebe. Für die mißbrauchte Tochter ist Sex als Machtinstrument identisch mit Liebe... Liebe, Sex und Gewalt sind für uns untrennbar miteinander verknüpft... Wir nehmen dies mit in unser Leben als Erwachsene und und inszenieren es in unseren Beziehungen wieder und wieder."[34]

Die Heilung einer Überlebenden unterscheidet sich qualitativ nicht von der Heilung, die alle Frauen brauchen. Es ist unwahrscheinlich, daß eine Frau die übliche Verbindung von Sex und Mißbrauchsgewalt nicht irgendwann erlebt hätte.

Der predigthafte Tonfall, zu dem die Befürworterinnen von S/M neigen, macht es manchmal schwierig, über die Verletzungen zu sprechen, die Mißbrauch und Unterdrückung Lesben zufügen. Lesben, die S/M-Beziehungen entkommen sind, tauchen in USA in Häusern für geschlagene Frauen auf. In der Zeitschrift *Sojourner* wird berichtet, in welcher Weise in S/M-Beziehungen Mißbrauch auftritt.

„In einer früheren lesbischen Beziehung habe ich Mißbrauch durch Sadomasochismus erlebt... Sadomasochismus hat für mich nichts mit Liebe zu tun. Damit wird nur mein Selbsthaß auf den Körper einer anderen Frau gerichtet... Ich habe gelernt, daß das für den Sadomasochismus typische Ungleichgewicht der Macht zum Mißbrauch der Verletzbarkeit einer anderen führt. Die angebliche Zustimmung, die freie Entscheidung, von der Sadomasochistinnen gern sprechen, berücksichtigt nicht die Einschüchterung, die eine Person in dieser Art von Beziehung auszuüben vermag."[35]

Diese Frau hatte S/M nicht zugestimmt. Aber selbst wenn beide zustimmen, wäre es überraschend, wenn S/M nicht die ganze Beziehung beeinflußte.

Sadomasochismus läßt sich sehr wohl als eine Art Selbstbeschädigung begreifen. Die Beschädigung kann seelisch oder körperlich sein. Der zwanghafte Drang, sich selbst zu verletzen – durch Schneiden, Verbrennen oder Selbstmordversuche – läßt sich manchmal monatelang unterdrücken, kehrt aber immer wieder. In der S/M-Praktik führt eine andere Person die Verletzung durch, aber auf Befehl derjenigen, die sich selbst verstümmeln will. Selbstverstümmelung gehört zu den relativ neuen Entwicklungen in der Lesbenwelt. In US-amerikanischen Zeitschriften tauchen die ersten Nachrichten über Selbsthilfegruppen für Frauen, die sich selbst verstümmeln, auf.

Die meisten Menschen halten Selbstverletzung ohne sexuellen Anlaß für nicht wünschenswert und würden Podiumsdiskussionen, ob das nun positiv oder negativ zu bewerten sei, für abwegig halten. Sadomasochismus aber hat mit Sex zu tun und entzieht sich deshalb der Kritik. Also wird von Feministinnen erwartet, sich an einer „Debatte" über die Vorzüge psychischer Demütigungen und physischer Verstümmelung zu beteiligen, die in anderem Zusammenhang eindeutig als Mißbrauch bezeichnet würden.

Die neue lesbische Sexindustrie benutzt Frauen als Sexarbeiterinnen in Pornographie und Prostitution und wird dies in Zukunft noch mehr tun. Die, die das individuelle Recht jeder Lesbe auf sexuelles Vergnügen preisen, finden das nicht anstößig. Sexueller Mißbrauch oder die Ausbeutung von Frauen als Prostituierte lassen sich als problematische Erscheinungen der männlichen Sexualordnung ignorieren oder beklagen. Die Vertreterinnen individueller Freiheit, die für die lesbische Sexindustrie die Theorie und das Rüstzeug liefern, sind in der Mehrheit die privilegierten Produkte der Sechziger-Jahre-Revolution in der Erziehung und Ausbildung von Frauen. Für sie ist undenkbar, daß es Bereiche in ihrem Bewußtsein oder Leben geben könnte, die nicht befreit sind, besonders nicht die Sexualität. Sie kritisieren den feministischen

Kampf gegen Männergewalt, weil er Frauen zu Opfern stempelt und ihre Stärke nicht sieht. Diese Frauen, erfolgreiche Akademikerinnen und Pornographinnen, sehen sich nicht als unterdrückt und erst recht nicht als Unterdrückerinnen anderer Frauen. Sie wollen gleichen Sex, so wie liberale Feministinnen gleichen Lohn oder gleiche Aufstiegschancen fordern. Sexindustrie, Pornographie und Prostitution zwingen Frauen in sexuelle Abhängigkeit. Frauen, die gleichen Sex verlangen, verlangen gleichen Zugriff auf Frauen.

Diese sich selbst verwirklichenden, „befreiten" Frauen wollen das, was sie als männliche Privilegien verstehen, den Gebrauch von Frauen eingeschlossen. Lesben, die Pornos konsumieren, benutzen Frauen. Wer ist denn das Rohmaterial für Erotika und Pornographie? Lebende Frauen. Sogar Anti-Porno-Feministinnen vergessen das manchmal. Um den Unterschied zwischen Erotika und Pornos zu begründen, definierte Gloria Steinem Erotika folgendermaßen:

> „Betrachtet die Fotos oder Filme, in denen Menschen Liebe machen – wirklich Liebe machen. Auch wenn sich die Bilder unterscheiden, zeigen sie alle Sinnlichkeit und Wärme, körperliche Berührung und Bejahung. Ganz spontan entsteht der Eindruck, die Menschen seien da, weil sie es wollen, weil beide Freude daran haben."[36]

Keineswegs „machen sie Liebe" – was immer das heißt –, sie verdienen ihren Lebensunterhalt. Sie sind auch nicht da, „weil beide Freude daran haben". Die neuen Pornomakler behaupten, die neuen lesbischen Pornostars machten das „freiwillig", als wenn auch nur eine Frau sich freiwillig entscheiden würde, in Pornovideos aufzutreten. Auch den meisten Lesben wäre es unangenehm; warum erwarten sie es dann von anderen Frauen? Bevor eine Frauen benutzt, muß sie sich fragen, wie Frauen in die Sexindustrie geraten. Durch Armut, Obdachlosigkeit, Kindesmißbrauch, Drogen? Haben sie von Männern gelernt, daß der Weg zu Achtung und Anerkennung über Sex geht? Lesben, die Frauen für Pornos gebrauchen, müssen für ihren Mißbrauch von Frauen und für den Profit, den sie mit der Unterdrückung von Frauen machen, die Verantwortung übernehmen.

In den neuen Erotikmagazinen wird für Hotlines geworben, über die Lesben mit lesbischen Prostituierten Telefonsex haben können. Es gibt Striptease-Annoncen, von denen einige eindeutig der Männersexindustrie entstammen. Die Magazine scheinen, was ihre Anzeigenkunden betrifft, nicht heikel. In *On Our Backs* stand ein Artikel über eine lesbische Prostituierte, der vermutlich Frauen ihre Hemmungen auf diesem Gebiet nehmen sollte. Die Journalistin, Marjan Sax, suchte deswegen eine Prostituierte auf. Die Massage kostete 25 Dollar, „Extras" 40 Dollar. Sax wählte „Extras", wurde unruhig, als die Prostituierte sich auszog, und war „verwirrt, als ich plötzlich einen fremden Körper auf mir spürte".[37] Sie hatte wohl erwartet, von einer Maschine bedient zu werden, und verlor die Fassung, als die Prostituierte sich als Mensch entpuppte. Ihr Artikel endet mit der Frage: „Würden Sie eine Prostituierte zum Abschied küssen?"

In einer objektifizierenden lesbischen Sexualität werden Lesben Frauen zunehmend als Prostituierte gebrauchen. Sexualität ist gesellschaftlich bestimmt, also können auch Frauen lernen zu objektifizieren. Sicher nicht Männer zu objektifizieren, denn heterosexuelle Männer sind gerade wegen ihrer Macht, ihrer Zugehörigkeit zur herrschenden Klasse attraktiv. Die fehlgeschlagenen Versuche, heterosexuelle Frauen für Männermagazine zu interessieren, beweisen das. Die Abbildung nackter Männer z.B. im *Playboy* nimmt ihnen zusammen mit ihren Kleidern den Anstrich der Macht – das Magazin liegt jetzt im Sexladen im Schwulenregal. Die Objektifizierung von Männern zerstört das heterosexuelle Verlangen, bei dem Männer und Frauen die Unterdrückung der Frauen und nicht die der Männer erotisieren. Die allgemeine Objektivierung der Männer durch Frauen wäre nur möglich, wenn Frauen die Männer als Klasse beherrschten. Objektifizierung ist Teil einer Klassensexualität. In einer Gesellschaft von Gleichen ist sie nicht möglich, weil keine Klasse oder Gruppe für entbehrlich und minderwertig gehalten würde. Wenn eine kleine Gruppe von Lesben männliche Privilegien wie den Gebrauch von Frauen als Sexspielzeug übernimmt, sind sie für die männliche Macht keine Bedrohung. Lesben dürfen sich mit dem männlichen Blick und der sexuellen Position gegenüber anderen Lesben identifizieren. Sie werden als Ehrenmitglieder der herrschenden Klasse kooptiert, aber andere Privilegien, als sich an der Erniedrigung von Frauen beteiligen zu dürfen, erhalten sie nicht. Das Gefühl von Macht, das ihre Behandlung von

Frauen ihnen gibt, ist in der Welt der Männer keine wirkliche Macht.

Auch wenn Lesben sich einbilden, als Kundinnen seien sie zivilisierter und attraktiver als Männer: Prostitution setzt den Mißbrauch von Frauen voraus. Carol Pateman nennt Prostitution Sklaverei auf Zeit. Für die Zeit des Prostitutionsvertrags bekommt der Kunde nicht nur ihre Arbeit, sondern die ganze Frau. Verteidiger der Prostitution einschließlich einiger Prostituiertengruppen argumentieren, Prostitution sei ein Job wie jeder andere auch, aber es gibt ein paar Unterschiede. In Eileen McLeods Buch über Prostitution erklären Prostituierte, daß sie Kunden nicht „küssen", weil sie wenigstens etwas von sich und ihrer Sexualität bewahren wollen.[38] Prostitution ist auch deshalb kein Job wie andere, weil sie ganz spezifisch auf der Unterdrückung von Frauen beruht. Es gibt sie nur, weil eine herrschende Klasse eine Gruppe von Menschen zum Objekt machen kann, das ihren Bedürfnissen dient. Gäbe es diese Sexualität einer herrschenden Klasse und sexuelle Privilegien, Armut und Ausbeutung nicht, gäbe es auch keine Prostitution. Das Stigma, das den als Prostituierte arbeitenden Frauen anhaftet, hängt mit dem realen Mißbrauch zusammen, der aus dem Gebrauch von Prostituierten folgt. Eine Gruppe von Menschen, die weniger menschlich behandelt wird, muß als minderwertig aussortiert werden, um ihren Mißbrauch zu rechtfertigen.

Die lesbische Sexindustrie hat sich bemerkenswert rasch entwickelt – vielleicht weil viele Prostituierte Lesben und Teil der lesbischen Gemeinschaft sind. Lesben, die Prostituierte benutzen wollen, können auf einen Pool von Frauen zurückgreifen, die von Männern abgerichtet wurden. Was gegenwärtig in manchen Bereichen der lesbischen Gemeinschaft wie sexuelle Liberalität aussieht, bedeutet schlicht die Einführung von Praktiken der Sexindustrie und von Sexarbeiterinnen. Die scheinbare Liberalisierung entspricht den Interessen der Männerherrschaft. Das australische S/M-Magazin *Wicked Women* wird von einer Frau-zu-Mann-Transsexuellen herausgegeben, die früher Puffs betrieben hat. Sie ist in der Gemeinschaft in Sydney hoch angesehen. Ihr Beitrag zur lesbischen Kultur besteht darin, die Verwechslung von lesbischer Lebensweise mit Prostitution voranzutreiben. Eine ihrer Mitarbeiterinnen beschreibt, was für sie langweilig und was scharf ist. In einer in der Prostitution nicht ungewöhnlichen Szene „fickt sie eine Ehefrau, deren Mann derweil einer Orgie zwischen sechs Frauen zusieht". Triumphierend stellt sie fest, daß „diese Heteros keineswegs hetero sind", so wenig wie ihr Kunde, dem „es kommt, wenn er Plastik riecht". So revolutionieren Prostituierte und Kunden eine neue Sexualität.

In Melbourne entstanden ziemlich schnell S/M-Clubs für Lesben. Heterosexuelle Männer spekulierten von Anfang an darauf, zugelassen zu werden, weil diese Sexshows billiger waren als die etablierten Veranstaltungen. Jetzt machen heterosexuelle S/M-Clubs nach dem gleichen Muster auf und bieten das gleiche. Lesbianismus wird zum billigen Vergnügen für Männer. Da kann es auch nicht überraschen, daß das Benehmen des lesbischen Publikums dem von Männern im Puff immer ähnlicher wird. Eine Kolumnistin der Melbourner Schwulenzeitung *Brother/Sister* beschreibt ihren Schock.

„Vor kurzem war ich auf einer Frauenveranstaltung... Zwei sehr betrunkene Frauen fielen mir auf, die die Tänzerinnen auf der Bühne abschätzten und kommentierten... Sie faßten sie an, plötzlich steckte die eine der beiden ihr Gesicht in den Hintern einer Tänzerin, die sich gerade bückte."[39]

Es folgt die Beschreibung weiterer gewaltsamer Belästigungen und die Feststellung: „Wir dürfen nicht länger zusehen und uns erlauben, anderen dies anzutun." Sie fordert auf, mehr Energie auf „unsere Gemeinschaft, unsere Ethik, unsere Ehre" zu verwenden. Ich denke, die lesbische Sexindustrie säubern zu wollen, ist aussichtslos. Die feministische Analyse, aus Frauen Sexobjekte zu machen sei Machtmißbrauch, ist richtig. Lesbischer Stolz verlangt, unsere Sexualität so zu gestalten, daß sie zu einem ethisch begründeten lesbischen Leben paßt. Solange eine Sexualität der Grausamkeit für revolutionär gehalten wird und für unser Leben, unsere Gemeinschaft, unsere Beziehungen folgenlos, solange müssen wir mit dem Mißbrauch von Lesben durch Lesben rechnen.

Die lesbische sexuelle Revolution wird in der Sprache des Liberalismus gerechtfertigt. Die Schlüsselworte sind Zustimmung und freie Wahl. Das Modell einer Sexualität, die auf Zustimmung basiert, geht von der männlichen Überlegenheit aus. In diesem Modell gebraucht eine Person, in der Regel der Mann, den Körper einer anderen, die nicht notwendigerweise an Sex interessiert sein muß, sich möglicherweise sogar dagegen wehrt. Das Modell funktioniert nach dem Muster Dominanz/Unterwerfung, Aktivität/Passivität. Mit Gegenseitigkeit oder sexuellem Beteiligtsein beider hat es nichts zu tun; es beruht nicht auf Gleichheit, im Gegenteil. „Zustimmung" ist das Mittel, die Ungleichheit heterosexueller Beziehungen zu überdecken. Von Frauen wird erwartet, daß sie ihren Körper zur Verfügung stellen; die Idee der Zustimmung/Einwilligung läßt diesen Gebrauch und Mißbrauch fair und gerechtfertigt erscheinen. In bestimmten Situationen, in denen der Mißbrauch zu offensichtlich ist, Vergewaltigung auf offener Straße z.B., haben Frauen ein begrenztes Recht, sich zu wehren, in der Regel aber erlaubt das Prinzip der Zustimmung, Gebrauch und Mißbrauch von Frauen nicht als Verletzung oder Verstoß gegen die Menschenrechte zu sehen. Politische Fragen zu stellen, z.B. wie die Zustimmung zustande gekommen ist, gilt in diesem Zusammenhang als vulgär. Die Zustimmung der Frauen, mit der sie etwa Vergewaltigung in der Ehe über sich ergehen lassen oder hinnehmen, als „Wichsvorlage" zu dienen, entsteht aus dem Druck, dem Frauen ein Leben lang ausgesetzt sind: ökonomische Abhängigkeit, sexueller Mißbrauch, Geschlagenwerden und das kulturelle Propagandafeuer, wozu Frauen da sind. Kurz: ein grundsätzlicher Mangel an Selbstbestimmung. Lesben sind Frauen. Daß Lesben Zustimmung, die aus der Unterdrückung und Ungleichheit von Frauen herrührt, für ein sinnvolles Konzept halten, ist in der Tat überraschend.

S/M-Praktik wird hauptsächlich damit legitimiert, daß sie auf Zustimmung beruht. Die Befürworterinnen des Sadomasochismus halten es mit einem rigiden Subjekt/Objekt-, Aktiv/Passiv-Beziehungsmuster, das ganz dem herkömmlichen heterosexuellen Geschlechtsverkehr entspricht. Bet Power, Präsidentin von SHELIX, einer S/M-Gruppe für Frauen, verwendet in einer Antwort auf den in der Bostoner Frauenzeitung *Sojourner* veröffentlichten Vorwurf, S/M sei „eindeutig die Ausübung ungleicher Macht"[40], Begriffe wie freie Wahl und sexuelle Vorlieben.

„Verlangen/sexuelle Vorlieben sind keine Gewalt… Feministinnen haben so lange sich vollständig auf das Thema Gewalt gegen Frauen konzentriert, daß sie die Vielfalt des Lebens nur noch durch die getrübte Brille des Opfertums und nicht im Licht der Freiheit, persönlicher Kraft und persönlicher Entscheidung sehen können. Welch trauriger Zustand, wenn Frauen das Konzept freier Wahl, Zustimmung und Selbstverantwortung nicht einmal mehr begreifen. Die Wahrheit ist: Wir S/M-Frauen und Männer willigen gegenseitig in unsere sexuellen Aktivitäten ein und brauchen und genießen die gegenseitige Liebe, Ermächtigung und das Vergnügen, die wir in unserer sexuellen Präferenz finden."[41]

Ian Young, ein schwuler Sadomasochist, benutzt die gleiche Sprache, um seine Sexualpraktik zu legitimieren.

„Als erstes muß man auf den entscheidenden Punkt verweisen – und für die, die aus irgendeinem Grund es beim erstenmal nicht begreifen, es wieder und wieder sagen –, daß S/M dem Wesen nach auf Zustimmung beruht. Wir reden über Aktivitäten, über die gegenseitiges Einvernehmen herrscht... manche machen sich nicht klar, oder sie vergessen, daß bei S/M es oft der sich unterwerfende Partner ist, der in Wahrheit die Szene beherrscht und strukturiert."[42]

Young widerspricht sich allerdings, wenn er sagt, die Aktivitäten könnten auch von S beschlossen werden und sich erst später herausstellen, ob M zustimmt.

„Was die Zustimmung angeht, gibt es noch einen Punkt: M kann sagen, er wolle nur so und so weit gehen, tatsächlich möchte er aber, daß seine Grenzen überschritten werden. Ein guter S – also ein einfühlsamer und aufmerksamer S – merkt, wie weit M mitgehen kann, ohne Angst zu bekommen oder auszuflippen... Auch dem liegt eine Abmachung zugrunde, das unausgesprochene Einverständnis, worin die Zustimmung gelegen hat, wenn die Szene vorbei ist."[43]

Das Problem, daß die einmal geäußerte Zustimmung als unwiderruflich gilt, hat seine Parallele in der Situation von Frauen angesichts der Vergewaltigung in der Ehe oder der Beziehung: Auch da wird unterstellt, sie hätten mit der Heirat oder sonst einem Vertrag dem Geschlechtsverkehr grundsätzlich und für immer zugestimmt. Nur daß in unserem Fall das Prinzip mit dem sexuellen Vergnügen des M-Partners begründet wird.

Vor Gericht allerdings reicht Zustimmung als Rechtfertigung nicht aus. Im Februar 1992 wurde Zustimmung/Konsens im Zusammenhang mit S/M zum Gegenstand eines Rechtsstreits in Großbritannien, als die Berufung im sogen. *Operation Spanner*-Fall abgewiesen wurde. Eine Gruppe männlicher homosexueller Sadomasochisten, die „bewußt und freiwillig sich an Gewaltakten beteiligt hatten", legte Berufung gegen ihre Verurteilung zu Gefängnisstrafen wegen Körperverletzung und Beihilfe und Anstiftung zur Körperverletzung ein. Die Berufung wurde damit begründet, die Opfer hätten ja zugestimmt. Festgestellt wurde, daß Zustimmung bei Körperverletzung ohne hinreichenden Grund nicht als strafmildernd gelte, daß sexuelles Vergnügen kein hinreichender Grund sei, wenn dabei „körperlicher und seelischer Schmerz und Verletzungen bei der anderen Partei einkalkuliert werden" und die Verletzungen weder „vorübergehend noch unbedeutend sind". Die „Verletzungen" bestanden in Brandwunden, genitaler Folter mit Nadeln, genagelten Handschuhen und Brennesseln, Festnageln des Penis auf einer Holzbank, Schlägen mit Stöcken und Riemen.[44]

Schwule Organisationen in Großbritannien protestierten gegen die Verurteilungen – sexuelles Verhalten, dem gegenseitige Zustimmung zugrundeliegt, könnte kein Verfolgungsgrund sein. Bezeichnenderweise betreffen die Fälle von Sadomasochismus, in denen die Strafbehörden eingeschritten sind, vorwiegend homosexuelle Männer und Prostituierte und seltener, was heterosexuelle Männer mit Frauen machen. Natürlich könnte die Polizei, wenn sie wollte, da Vergleichbares finden, z.B. mittels Pornovideos. Im Fall heterosexuellen Sadomasochismus würde die Polizei in vielen Fällen fündig werden, in denen die Zustimmung weit dubioser ist als im *Spanner*-Fall, in denen die weiblichen Opfer ausschließlich wegen der Befriedigung der männlichen Partner zur Teilnahme gezwungen wurden. In der Berufungsverhandlung hieß es, „die Aufgabe des Gerichts ist, seine Mißbilligung dieser Aktivitäten durch die Verhängung sofort zu vollziehender Gefängnisstrafen zu äußern". Fast scheint es, als gäbe es offizielle Mißbilligung nur, wenn Männer die Opfer des Sadomasochismus sind und gegen die geltenden Regeln sexueller Verabredungen verstoßen wird. Es scheint, als werde die Zustimmung der Frauen grundsätzlich vorausgesetzt oder doch wenigstens behauptet, selbst unter gewalttätigen Umständen, während die Zustimmung schwuler Sadomasochisten unerheblich ist, selbst wenn alle Seiten sie lauthals verkünden. Die Regeln gelten offensichtlich nicht für alle.

Der Wunsch des Gerichts, moralische Regeln aufzustellen, mag scheinheilig und unangebracht gewesen sein, dennoch müssen der Nachsicht gegenüber einem lebensbedrohenden Masochismus Grenzen gesetzt werden. Der *Operation Spanner*-Fall demonstriert, wie fragwürdig die sadomasochistische Interpretation von Zustimmung ist. In der Berufungsverhandlung ging es um ein Opfer, dem an zwei Stellen Brandwunden zugefügt worden waren: am Penis und an der Innenseite des Oberschenkels. „Ob das Opfer der zweiten Verletzung zugestimmt hat, konnte nicht endgültig geklärt werden."[45] Das Opfer war gefesselt, und wenn er protestiert hat, wurde das überhört oder vorsätzlich ignoriert. Die sadomasochistische Literatur, auch die knapp bemessene theoretische Literatur verweist darauf, daß trotz aller Lobeshymnen die Zustimmung in der Praxis wenig zählt, abgesehen von der Überschreitung, die den Masochisten, den Sadisten oder beide erregt.

Das Problem körperlicher Verletzung und des Mißbrauchs ohne Zustimmung taucht inzwischen auch bei Lesben, die S/M machen, auf. In einem S/M-Magazin wird zitiert: „Wenn meine Tops mit mir immer übereingestimmt hätten, hätte ich mich zu Tode gelangweilt." Um mit dem Prinzip, Zustimmung sei unwiderruflich, umgehen zu können, kursiert ein neues Motto: übereinstimmen, nicht übereinzustimmen. „Du stimmst zu, dazu*sein* – du stimmst zu, sie machen zu lassen, was immer sie wollen. Das ist deine Ausgangsentscheidung."[46] Wie bei Ian Young wird Zustimmung etwas, das du erst beurteilen kannst, wenn du am nächsten Morgen aufwachst und dich vielleicht nicht gut fühlst.

„Bei S/M kommt es oft vor, daß wir dem, was uns antörnt oder heiß macht, *nicht* zugestimmt haben, nicht zustimmen *würden*, wenn wir gefragt würden, aber sie machen es trotzdem. Wenn beide sich am nächsten Tag *okay* fühlen, war es *in Ordnung*. Wenn sie sich beschissen fühlen, war es *nicht in Ordnung*."[47] Das ist ein Konzept, mit dem jedes Gericht Schwierigkeiten hätte und das für Ms, die am nächsten Morgen feststellen, daß sie ernsthaft verletzt sind, während der oder die S glaubt, nach bestem Gewissen und den Regeln entsprechend gehandelt zu haben, problematisch ist.

Zustimmung, wie sie im S/M verstanden wird, wirft für die feministische Forderung, das Nein von Frauen zu respektieren, einige Fragen auf. Die rebellischen Sadomasochistinnen, die an die Übereinstimmung, nicht übereinzustimmen, glauben, zeigen für Frauen, die bei S/M verletzt wurden, ein überraschend antifeministisches Fehlen jeder Sympathie. Alix sagt: „Wer dumm genug ist, mit jeder Wildfremden mitzugehen, sich fesseln und sie Gott weiß was tun zu lassen, hat verdient, was ihr zustößt. Das ist nun mal so."[48] Feministinnen haben immer darauf bestanden, daß Frauen nicht mißbraucht werden dürfen, ganz gleich wie sie sich verhalten, und daß die Verantwortung für den Mißbrauch nur beim Mißbraucher liegt. Alix ist damit nicht einverstanden. „Auch wenn du nur den Verstand eines Kohlkopfs hast, benutz deinen gesunden Menschenverstand und deine Urteilskraft und halt dich von solchen gefährlichen Situationen fern." Gewalt ist in der S/M-Szene inzwischen zu einem so ernsten Problem geworden, daß die bekannteste S/M-Befürworterin in den USA, die Sexerzieherin Pat Califia, es für notwendig hält, einen Ethik-Kodex zu entwickeln. Lesbische S/M-Praktikerinnen sollten ihr zufolge sogar die Polizei rufen, wenn fortdauernde Gewalt anders nicht zu beenden ist. In einer solchen Situation könnten die von Sadomasochistinnen des sexuellen Kicks wegen selbst erzeugten Probleme vor Gericht zu ernsten Schwierigkeiten führen.

Wie Sadomasochistinnen mit „Zustimmung" umgehen, wirft ein deutliches Licht auf die Bedeutung dieser Idee für die Konstruktion sexuellen Begehrens. In einer männerbeherrschten Kultur, in der Sex die Erotisierung der Ungleichheit zwischen Männern und Frauen ist, ist heterosexueller Sex, wie MacKinnon sagt, „Aggressivität gegen die weniger Mächtigen".[49] Das Prinzip Zustimmung dient nur dazu, die tatsächliche Barbarei zu glätten. Catharine MacKinnon zeigt, daß es in dieser Praxis keine Gleichheit gibt, auch wenn die öffentliche Meinung, eine Frau hätte das Recht, ihre Zustimmung zu verweigern, ihr scheinbar Macht verleiht, vergleichbar der, die ein Mann seit seiner sexuellen Initiation hat. Wo Sex erotisierte Ungleichheit ist, kommt die Idee der Zustimmung dem Aufruf zur Männergewalt und zum Sadomasochismus gleich. Die Idee der Zustimmung stellt ein Tabu auf, das gebrochen werden muß. Die Grenzen der Zustimmung zu überschreiten, wird zur aufregenden Möglichkeit. Wie die herrschende Sexualität auf Zustimmung gebaut ist, benutzt S/M dieselbe Idee zur Rechtfertigung.

Seit die sexuelle Revolution bei den Lesben angekommen ist, haben wir die Probleme, die mit erotisierter Ungleichheit, heterosexuellem Verlangen zusammenhängen, auch in unserer Gemeinschaft. Frauen bieten Lesben ihre Dienste als Prostituierte an. Die Unterdrückung der Frauen, die Verletzungen, die ihnen sexueller Mißbrauch, die Sexindustrie und der Haß der Lesben zugefügt haben, liefern das Rohmaterial: Lesben, die Pornos machen und in Pornos posieren, die auf S/M-Parties geschlagen werden, in Live-Sexshows auftreten. Die, die für „Chancengleichheit" sind, hoffen, daß ein Ethik-Kodex dies Bild verschönert. Ich behaupte, zum Überleben unserer Gemeinschaft ist die Entwicklung einer ganz anderen Sexualität nötig, einer Sexualität, die auf der Liebe zu Frauen und Lesben aufbaut, unseren Stolz als Lesben fördert.

Die lesbische sexuelle Revolution hat die Kultur und Politik von Lesben nachhaltig verändert. Auch wenn es bisher nicht viele sind, die Frauen zur Prostitution und für S/M-Praktiken benutzen, zeigt die Werbung für Erotika in feministischen und lesbischen Verlagen bereits allgemeine Wirkung. Manche, die lesbische Sexakte, live in Clubs vorgeführt, als schmierig empfinden, haben nichts gegen kleine Partyeinlagen, bei denen Erotika vorgelesen und in Szene gesetzt werden. Sex als Inszenierung, Sex in der Öffentlichkeit, Sex, um ein Publikum aufzugeilen, ist der Stoff der Sexindustrie. Das ist die historische Rolle von Frauen. Eine Revolution ist es nicht. Zur Zeit aber sehen manche Lesben, selbst solche mit starken Verbindungen zum Feminismus, in lesbischer Lebensweise nichts anderes als Sex, Sex jeder Art, Sex als die einzige Wurzel lesbischer Kraft.

Die US-amerikanische Sextherapeutin JoAnn Loulan, die Lesben unter anderem Rollenspiele empfiehlt, weil das sexuellen Kitzel verspricht, schreibt: „Unsere weibliche Macht basiert historisch auf Sex."[50] Eine feministische Einsicht ist das nicht. Genauer wäre es, zu sagen, daß historisch gesehen Frauen kaum andere Chancen hatten, wenn sie überleben wollten, als ihren Körper zu verkaufen, während die Männer ihnen einredeten, gerade das gäbe ihnen Macht. Die feministische Theorie der letzten 150 Jahre warf den Männern vor, Frauen ausschließlich als „Geschlecht" zu kategorisieren und ihnen keine andere Rolle zuzugestehen, um sie sexuell benutzen zu können. Patriarchale Ideologie hat Frauen schon immer eingeredet, sie hätten Macht, weil Männer sie begehren, ungeachtet ihrer gesellschaftlichen Benachteiligung. Feministinnen sahen das anders.

Christabel Pankhurst schrieb 1913, von Männern stamme die Doktrin, daß die Frau „Geschlecht ist und sonst gar nichts".[51] Cicely Hamilton, auch eine Feministin der Zeit vor dem 1. Weltkrieg, warf den Männern vor, die Frau ausschließlich als Sexwesen zu sehen, um die eigene Lust zu befriedigen. Sex „nahm unverhältnismäßige und übertriebene Proportionen an", weil er Generationen von Frauen „die Mittel zum Lebensunterhalt" verschaffte.[52] Monique Wittig, lesbische Theoretikerin unserer Tage, erklärt, wie die Einordnung von Frauen in „die Kategorie Geschlecht" zur Unterdrückung der Frauen beigetragen hat. Wittig zeigt, wie Frauen zum „Geschlecht" gemacht wurden, „Geschlecht als solches" sind. Nur Frauen haben ein Geschlecht, weil Männer die Norm sind und keines brauchen. Frauen sind das Geschlecht, das Sex ist.

„Die Kategorie Geschlecht ist das Produkt der heterosexuellen Gesellschaft, das die Hälfte der Menschheit in sexuelle Wesen verwandelt, denn der Kategorie Geschlecht können Frauen sich nicht entziehen. Wo immer sie sind, was sie auch tun, sie werden als für Männer sexuell verfügbar gesehen (und gemacht), sie – Brüste, Ärsche, Kleidung – müssen sichtbar sein. Sie tragen den gelben Stern, ihr Lächeln, Tag und Nacht. Jede Frau, verheiratet oder nicht, muß eine Zeitlang Sexualdienst leisten, dem Militärdienst vergleichbar, das kann ein Tag, ein Jahr, zwanzig Jahre oder noch länger sein. Einige Lesben und Nonnen entkommen, aber sie sind wenige."[53] Wittig zeigt, daß Frauen zwar als „Sexualwesen deutlich sichtbar" sind, als „gesellschaftliche Wesen" aber ganz und gar unsichtbar. Lesben, die glauben, ihr Leben, ihre Identität, ihre Erscheinung und ihr Verhalten beruhten auf Sex, das sei revolutionär, sind auf dem Irrweg. So entkommen sie der Reduzierung von Frauen auf die bloße Geschlechtsfunktion nicht. Männliche Pornographie und Sexualwissenschaft haben aus der lesbischen Lebensweise eine Sexualpraktik, eine sexuelle Abweichung gemacht. Die Patriarchen haben keine Angst vor der Bedrohung ihrer Macht, wenn Lesben ihre Sexindustrie selber machen und Männerpornos imitieren. Daran geht das Heteropatriarchat nicht zugrunde.

Die lesbische Sexindustrie ist eine einzige große Verschleuderung lesbischer Energie, und schon aus diesem Grund müssen Lesben das Verhältnis von Sex und Revolution überdenken. Sexualität muß neu gedacht werden, um das sexuelle Konstrukt männlicher Überlegenheit zu verändern; nur so kommen Frauen und Lesben zu wirklicher Befreiung. Sex im Sinn männlicher Vorherrschaft, das, was ich das heterosexuelle Verlangen nenne, ist die erotisierte Unterordnung der Frauen und Dominanz der Männer. Zu den Folgen dieser Konstruktion gehören Vergewaltigung und Mord an Frauen und Kindern und all die Einschränkungen, wo Frauen sich aufhalten, was sie tragen und wo sie arbeiten dürfen. Eine der Folgen ist der Mißbrauch von Frauen durch die Sexindustrie. Die Erotisierung der Unterordnung soll nach dem Willen der Sexualwissenschaftler Frauen nicht nur im Bett Männern unterwerfen, sondern überall, wo sie Beziehungen mit Männern haben. Erotisierte Ungleichheit hat unsere Umwelt so durchdrungen, daß sie kaum noch zu erkennen ist. Sie bestimmt entscheidend die Art, wie Männer überall, wo sie mit Frauen Kontakt haben, sich auf Frauen beziehen. Erotisierte Ungleichheit ist das Fundament der Männerherrschaft – in *Anticlimax* habe ich sie „das Öl, das die Maschinerie der Männerherrschaft schmiert" genannt, das, was sie für Männer und bis zu einem gewissen Maß auch für Frauen so lohnend und aufregend macht.[54] Die lesbische Sexindustrie institutionalisiert und erweitert die erotisierte Unterordnung von Frauen. Nun wird sie uns als „Vergnügen" und revolutionär dazu verkauft.

Anmerkungen

1   vgl. *The Spinster and Her Enemies: Feminism and Seuxality 1880–1930*, London 1985; *Anticlimax. A Feminist Perspective on the Sexual revolution*, London 1990.
2   „Lesbischschwul" benutze ich, um die TheoretikerInnen zu beschreiben, die zwischen Lesben und Schwulen keinen Unterschied sehen. Sie weichen den feministischen Erkenntnissen über die Klassenunterschiede von Frauen und Männern aus und entwickeln durch Angleichen an schwule Theorie, in der Lesben nicht mehr vorhanden sind. Vgl. zu diesem in der Postmoderne beliebten Muster das Kapitel „Rückkehr zum Gender".
3   vgl. Leidholdt, Dorchen und Raymond (Hg.innen), *The Sexual Liberals and the Attack on Feminism*, New York 1990.
4   vgl. Susan Brownmiller, *Gegen unseren Willen. Vergewaltigung und Männerherrschaft*, Frankfurt a.M. 1978 (New York 1975), und andere.
5   Über Heterosexualität als Institution vgl. Adrienne Rich, „Compulsory Heterosexuality and Lesbian Existence", in: Ann Snitow et al., *Desire: The Politics of Sexuality*,

London 1984; Monique Wittig, *The Straight Mind and Other Essays*, Boston 1992; zur Widerlegung des Gedankens sexueller Präferenz vgl. Celia Kitzinger, *The Social Construction of Lesbianism*, London 1987.

6 Zur Diskussion dieses Gesetzes vgl. Jeffrey Weeks, *Coming Out*, London 1977.

7 Catharine MacKinnon, *Feminism Unmodified*, Cambridge 1987, S. 93.

8 ebd., S. 101.

9 Zur feministischen Kritik am Konzept der Zustimmung vgl. Carol Pateman, *The Sexual Contract*, Cambridge 1988; dies., *The Disorder of Women*, Cambridge 1989; Susan Hawthorne, „What do Lesbians Want? Towards a Feminist Sexual Ethics", in: *Journal auf Australian Lesbian Feminist Studies*, Dezember 1991.

10 Inge und Stan Hegeler, *An ABZ of Love*, London 1963, S. 252.

11 Zur Bedeutung der therapeutischen Sprache und Praxis für den Feminismus vgl. Celia Kitzinger und Rachel Perkins, *Changing Our Minds: Lesbian Feminism and Psychology*, London 1993.

12 zitiert in Jeffreys, *The Spinster and Her Enemies*, a.a.O., S. 182.

13 zitiert in Jeffreys, *Anticlimax*, a.a.O., S. 29.

14 Zum Sadomasochismus in der heterosexuellen Praxis in den achtziger Jahren vgl. Barbara Ehrenreich et al., *Re-Making Love: the Feminization of Sex*, New York 1986; zur Kritik an lesbischem Sadomasochismus vgl. Robin Ruth Linden et al., *Against Sadomasochism. A Radical Feminist Analysis*, Palo Alto, Kal., 1982.

15 Gloria Steinem, „Erotica and Pornography", in: Laura Lederer et al., *Take Back the Night*, New York 1980, S. 37f.

16 Andrea Dworkin, *Pornography: Men Possessing Women*, New York 1981, S. 9 (*Pornographie. Männer beherrschen Frauen*, Köln 1987).

17 Pat Califia, *Macho Sluts*, Boston 1989, S. 13.

18 Barbara Smith, „Sappho was a Right-off Woman", in: Gail Chester und Julienne Dickey, *Feminism and Censorship*, London 1988, S. 184.

19 Catharine MacKinnon, „Not a Moral Issue", in: *Yale Law and Policy Review* II, 2, 1984, S. 343.

20 Amanda Hayman, „The Flame", in: Sheba Kollektive (Hg.in), *Serious Pleasure*, London 1989, S. 163.

21 *On Our Backs*, Sommer 1986, S. 2.

22 *Bad Attitude*, Winter 1985, S. 19.

23 Joan Nestle, *A restricted Country*, London 1987, S. 142.

24 A. P. Bell und M. Weinberg, *Homosexualities: A Study among Men and Women*, New York 1978, S. 109.

25 Bodacious Bitch, „Letter from a Mistress to her Pet", in: *On Our Backs*, Sommer 1986, S. 8.

26 Susan M., „The Poenix Chair", in: *On Our Backs*, Sommer 1986, S. 49.

27 Interview mit Cindy Patton, „Mappings: Lesbians, AIDS and Sexuality", in: *Feminist Review* 34, 1990, S. 125.

28 ebd., S. 125f.

29 ebd.

30 ebd., S. 127.

31 z.B. in *Wicked Women* II 4, 1992.

32 Lucy Juicy, „If I Ask You To Tie Me Up, Will You Still Want To Love Me", in: Samois (Hg.), *Coming to Power*, Boston 1982, S. 30.

33 Julia Penelope, „The Illusion of Control: Sadomasochism and the Sexual Metaphors of Childhood", in: *Lesbian Ethics* II 3, 1987, S. 89.

34 ebd., S. 92.

35 *Sojourner*, Juni 1988, S. 5.

36 Gloria Steinem, „Erotica and Pornography: A Clear and Present Difference", in: Laura Lederer (Hg.in), *Take Back the Night*, a.a.O.

37 *On Our Backs*, Herbst 1986, S. 10 f.

38 Eileen McLeod, *Women Working: Prostitution Now*, London 1982.

39 *Brother/Sister*, 27.11.1992.
40 *Sojourner*, März 1988.
41 *Sojourner*, Mai 1988.
42 Ian Young, „Forum on Sadomasochism", in: Karla Jay und Allen Young (Hg.), *Lavender Culture*, New York 1978, S. 97.
43 ebd., S. 98.
44 *The Weekly Law Report*, 27. März 1992.
45 ebd.
46 *Wicked Women* II, 4, Sydney 1992, S. 30.
47 ebd.
48 ebd., S. 31.
49 Catharine MacKinnon, *Towards a Feminist Theory of the State*, Cambridge, Mass., 1989, S. 127.
50 JoAnn Loulan, *The Lesbian Erotic Dance*, San Francisco 1990, S. 21.
51 zitiert in Jeffreys, *The Spinster and Her Enemies*, a.a.O., S. 47.
52 ebd., S. 47.
53 Monique Wittig, *The Straight Mind and Other Essays*, a.a.O., S. 7.
54 *Anticlimax*, a.a.O., S. 251.

LESBISCHE SEXUALTHERAPIE

SextherapeutInnen sind in den USA ein Teil der boomenden Sexindustrie. Die neuen liberalistischen lesbischen Sextherapeutinnen beteiligen sich an einer Definition lesbischer Sexualität, die der heterosexuellen Version so nahe wie möglich kommt. Sie recyceln die alten Plattheiten einer männlichen Vorherrschaftsideologie für Lesben. Sie reden Lesben ein, sie seien sexuell unzulänglich, erotikfeindlich, heterofeindlich – sexuell ganz allgemein einfach nicht gut, schon gar nicht im Vergleich zu schwulen Männern. Sie lehren Lesben, was ich als „heterosexuelles Begehren" bezeichne, also ein Begehren, das Ungleichheit erotisiert.

Die lesbischen Sexmaklerinnen vermitteln den Eindruck, sie dienten selbstlos der rückständigen/unterentwickelten/altmodischen lesbischen Gemeinschaft. Sie sehen sich selbst als Ritter in schimmernder Rüstung, die den Lesben die „sexuelle Revolution" bringen. Aber diese „sexuelle Revolution" ist für Lesben genauso wenig mit Freiheit verbunden, wie es die heterosexuelle Revolution für heterosexuelle Frauen war. In beiden Fällen sind die Vorstellungen und Werte sehr ähnlich. Das kann auch nicht überraschen. Die lesbischen Sextherapeutinnen erhielten ihre Ausbildung in Instituten, in denen Männer heterosexuelle SextherapeutInnen darin schulen, widerwilligen heterosexuellen Frauen männliche Dominanz und weibliche Unterwerfung einzuprägen. Die lesbische sexuelle Revolution kommt nicht aus dem separaten Raum, den Lesben seit den frühen siebziger Jahren für sich schaffen wollten. Sie ist durchdrungen von hergebrachten frauenfeindlichen Überzeugungen.

Natürlich könnten wir sagen, daß die Wissenschaft insgesamt männlich dominiert ist und sexualwissenschaftliche, sexualtherapeutische Institute für Lesben, die sich dort ausbilden lassen, nicht gefährlicher sind als etwa ein Historisches Seminar. Wenn aber stimmt, was ich in *Anticlimax* behaupte, daß nämlich Geschlechtsverkehr die Grundlage aller sozialen Beziehungen in der Männerherrschaft ist und daß die Handhabung und Manipulation des Geschlechtsakts eine wichtige Rolle spielt, wenn es darum geht, Frauen im Haus und außerhalb in der Unterordnung zu halten, dann sind Sexinstitute als Ausildungsort für Lesben doch etwas beunruhigender als ein Historisches Seminar. Natürlich könnten sie die dabei vermittelten politischen Werte der männlichen Sexualwissenschaft einfach zurückweisen, aber damit würde keine ihren Lebensunterhalt verdienen können. Als Sexualtherapeutin zu praktizieren erfordert in jedem Fall einige sexualwissenschaftliche Grundüberzeugungen zu akzeptieren, und in der Tat finden wir die überall wieder.

Sexueller Liberalismus
Lesbische Sextherapeutinnen neigen zu der Vorstellung, Sex sei kein Gegenstand politischer Analyse. Sexuelle Praxis gilt als vollkommen individuell und privat und habe nichts zu tun mit der Welt außerhalb des Schlafzimmers. Warum diese Vorstellung für männlich dominierte Sexualwissenschaft lebensnotwendig ist, ist leicht zu durchschauen. Sex, so wie er heute definiert wird, dient Männerinteressen, und jedes In-Frage-Stellen ist für diese Interessen bedrohlich. Die Überzeugung, daß sexuelle Praxis politisch neutral sei, wurde von der lesbischen Sexualwissenschaft übernommen. Lesbische und schwule TheoretikerInnen, die sich für progressiv halten, behaupten in der Regel nicht, die herrschende Definition von Sexualität sei „natürlich" (obwohl das häufig impliziert zu sein scheint), aber sie ziehen sich auf eine ebenso effektive Verteidigungslinie zurück, nämlich daß Sex „privat" sei. Lesben, die meinen, die Sexualität verdiene die gleiche rigorose feministische Überprüfung wie jeder andere Bereich menschlicher Aktivität, kommen da schnell in den Geruch, sexualfeindlich zu sein – schlimmer noch, gegen die lesbische Befreiung zu sein.

Die in USA sehr populäre lesbische Sextherapeutin JoAnn Loulan vertritt diese „moralisch neutrale" Position. In ihrem Buch *Lesbian Sex* beginnt sie das Kapitel „Was wir im Bett machen" folgendermaßen.

„Jede denkbare sexuelle Aktivität wird von irgend jemandem beurteilt als: kein wirklicher Sex, ekelhaft, langweilig, unhygienisch, falsch, männerbezogen, unnormal, abstoßend, dumm, zu aggressiv, zu passiv, dem Heterosex zu ähnlich usw. Einige glauben, Lesben müßten, um Lesben zu sein, Sex auf ganz bestimmte Weise machen. Lesbischer Sex ist das, was zwei Lesben zusammen tun. Unser und anderer sexuelles Verhalten zu kontrollieren, dient nur den Interessen unserer Unterdrücker."[1] „Kontrollieren" hört sich an, als wollte die konservative moralische Mehrheit bestimmte sexuelle Praktiken gesetzlich vorschreiben und Verstöße mit Gefängnis bestrafen. Das ist etwas anderes als eine feministische politische Analyse, aber Loulan bezieht die Analyse als einen Teil der Unterdrückung von Frauen mit ein. Die bewußte Verwechslung feministischer Kritik mit Zensur von rechts soll Lesben entmutigen, sexuelle Praxis politisch zu diskutieren. Welche Lesbe möchte schon hören, sie unterdrücke Frauen.

Einige lesbische Therapeutinnen gehen in der Abwehr einer feministischen Analyse ihrer Arbeit bemerkenswert weit. Susan Hamadock beschreibt die Probleme, denen sich lesbische Therapeutinnen gegenübersehen, wenn sie sich mit Sexualität auseinandersetzen, darunter das Hindernis Feminismus. „Der ungelöste Konflikt zwischen radikal-feministischer Politik und bestimmten Formen sexueller Praxis, etwa S/M, vergrößert bei einigen die Abneigung, Sexualität in die therapeutische Arbeit einzubeziehen."[2] Hamadock wollte die „wünschenswerten, für die Klientinnen hilfreichen Fähigkeiten wie Wärme, Interesse, Objektivität und Akzeptanz" entwickeln und nahm deshalb an einer „unschätzbaren Fortbildungsveranstaltung" teil, die unter dem Namen *Sexual Attitudes Reassessment* (Neubewertung sexueller Verhaltensweisen) bekannt und eine „freimütige Multimediapräsentation aller Aspekte menschlichen Sexualverhaltens" ist.[3] SAR scheint Hamadock von allen lästigen Überresten feministischer Politik auf dem Gebiet der Sexualität befreit zu haben. Wie schön, daß die konventionelle, männerdominierte Sexualwissenschaft den vom Feminismus gequälten Therapeutinnen solche Hilfsmittel zur Verfügung stellt.

Nicht alle lesbischen Therapeutinnen streben nach moralischem Relativismus. Einige äußern ihre Vorurteile vollkommen offen und zwingen sie vermutlich auch ihren Klientinnen auf. Margaret Nicholls, die sich selbst als Feministin bezeichnet, bildet sich etwas darauf ein, daß sie ablehnt, was sie als nichtkorrekte feministische Sexualpraxis betrachtet.

„Politisch korrektes lesbisches Liebemachen lehne ich ab... Zwei Frauen, die nebeneinander liegen (Oben oder Unten ist verboten – Lesben müssen nicht-hierarchisch sein); sie berühren einander sanft und streicheln sich gegenseitig stundenlang am ganzen Körper."[4]

Auf den ersten Blick ist nicht einzusehen, was an diesem Bild so falsch sein sollte. Aber es paßt nicht in Nicholls politischen Fahrplan. Es stimmt nicht, daß für lesbische Sextherapeutinnen alles erlaubt ist. Sie haben ihre Vorurteile, besonders gegen das, was sie als fehlgeleiteten Feminismus identifizieren.

In einem sehr erhellenden Buch mit dem Titel *Changing Our Minds: Lesbian Feminism and Psychology* untersuchen Celia Kitzinger und Rachel Perkins, wie Theorie und Praxis einer aufblühenden Therapieindustrie die Sprache und Konzepte feministischen Denkens beeinflußt haben – zum Schaden der politischen Analyse. Der moralische Relativismus, sagen sie, komme vom Verbot der Wörter „Sollen" und „Müssen", „richtig" und „falsch", dem Embargo über moralische Urteile. Kitzinger und Perkins interviewten für die Zeitschrift *Feminism and Psychology* die Therapeutinnen JoAnn Loulan und Marny Hall. Marny Hall sagt: „Richtig und falsch ist ein patriarchaler Dualismus... wie Himmel und Hölle, Sünde und Buße... ich denke, wir zerstören uns gegenseitig, wenn wir etwas für falsch halten." Celia Kitzinger antwortet:

> „Jeder Versuch, eine Vorstellung von richtig und falsch, eine lesbische Ethik zu entwickeln, ist notwendig. Nur hat eine Psychologie, die sagt, was immer dich anmacht, ist okay, oder jedem Tierchen sein Pläsierchen, dies untergraben. Innerhalb der Psychologie wird es praktisch unmöglich, über richtig und falsch zu reden, ohne daß sie dir wegen deiner Moralität einen Komplex anhängen."[5]

Erotisierte Ungleichheit

Manche lesbischen Sextherapeutinnen werben für erotisierte Ungleichheit – was ich heterosexuelles Begehren nenne. Sie haben sich das Prinzip zu eigen gemacht, daß Gleichheit gar nicht sexy sein kann. In lesbischen Sexmagazinen und wissenschaftlichen Zeitschriften befürworten sie Sadomasochismus und liefern so der Praxis eine pseudowissenschaftliche Rechtfertigung. Diese Thera-

73

peutinnen sagen Frauen, sie seien prüde und ohne Unternehmungsgeist, egal um welche Sexpraxis es geht. Sie zeigen lesbischen Paaren, wie sie mit Hilfe von S/M wieder Spannung in ihre Beziehung bringen. In *Bad Attitude* erklärt Carolyn Stack, früher seien lesbische Paare in die Therapie gekommen, weil eine Partnerin mehr Sex wollte als die andere. Heute kämen sie, weil die eine S/M will und die andere nicht. Auf welche Weise sie das Problem löst, verrät sie nicht. Aus unserer Kenntnis der Sexualtherapie und aus Stacks offensichtlich positiver Haltung zu S/M können wir aber vermuten, daß sie sich auf die Seite der S/M-Lesbe stellt und nicht auf die der widerstrebenden Partnerin.[6]

Stack empfiehlt uns Fetischismus, Pornographie, Sadomasochismus und Urinieren als Medikamente gegen den gräßlichen Zustand der Erotophobie. Erotophobie ist jede Form von Unbehagen gegenüber solchen Aktivitäten. Erotophobie ist in der Zwischenzeit der generelle Begriff für die Abneigung einer Frau gegenüber jeder Art sexueller Praxis geworden. Traditionell haben männliche Sexualwissenschaftler die Begriffe „Frigidität" und „Hemmung" benutzt, um heterosexuellen Frauen den Widerstand gegen unerwünschte Sexualität auszutreiben.

Margaret Nicholls benutzt Sadomasochismus, um langjährige Beziehungen sexuell aufzumuntern. „Es ist entscheidend, daß wir als Therapeutinnen lesbischen Frauen helfen, nachlassende Sexualität zu erneuern und wiederzubeleben." Sie beschreibt, welcher Art diese Hilfe sein kann:

> „Geschriebene oder visuelle Erotika helfen vielen Paaren, ihr Sexualleben zu steigern... Manche Paare wollen Fetischismus, den spielerischen Gebrauch von Leder, Gummi und Kleidungsstücken. Andere finden es aufregend, mit ungewöhnlicheren, leicht irren Techniken zu experimentieren, wie S/M, Fesseln, Urinieren usw."[7]

Nicholls empfiehlt auch die Wiederaufnahme anderer dominantunterwürfiger Bestandteile der heterosexuellen Praxis, um das Problem nachlassender Sexualtätigkeit zu überwinden. Lesben „neigten weniger als Männer dazu, eine widerstrebende Partnerin zum Sex zu zwingen; sexuellen Zwang hielten sie für männliches Verhalten und also gewalttätig und mißbräuchlich". Sie erklärt, daß „ganz gegen unsere feministische Überzeugung ein bißchen Zwang einer Beziehung manchmal ganz gut tut".[8] Damit stellt sie ein wichtiges feministisches Prinzip in Frage: Ja meint ja, und nein meint nein. Nicholls behauptet auch, daß Lesben in ihrer Beziehung miteinander „kämpfen" müssen, wenn sie sexuell gesund sein wollen. Das würde auch das Problem mildern, Sex und Liebe zu sehr miteinander zu assoziieren. Zuwenig Kampf in einer Beziehung sei ihr ein diagnostischer Hinweis auf fehlende Sexualität, auch wenn die Partnerinnen davon direkt nicht gesprochen hätten, und „ich irre mich so gut wie nie". Schlagen, das scheint sie sagen zu wollen, ist gut für Sex.

Die Fähigkeit, miteinander intim sein zu können, stellt eine weitere Schwierigkeit für regelmäßige Sexualität in lesbischen Beziehungen dar. Sie „kann das Begehren lähmen", denn sexuelles Begehren braucht eine „Barriere", „eine gewisse Spannung, ein Tabu, irgendeine Differenz, eine Machtdiskrepanz, Romantik, das Prickeln des Neuen oder die Aufregung der Jagd – irgendein Ungleichgewicht".[9] Nicholls beschreibt sehr genau heterosexuelles Begehren, das die Andersartigkeit erotisiert, den Machtunterschied. Lesben haben die Schwierigkeit, daß sie nun einmal nicht zu verschiedenen Geschlechtsklassen gehören und die Automatik von Dominanz und Unterwerfung in ihre Beziehungen nicht eingebaut ist. Lesben erfahren deshalb auch „das Nachlassen oder Verschwinden individueller Differenz", was US-amerikanische lesbische Therapeutinnen zu einem Beziehungsproblem gemacht haben, das „Verschmelzen" heißt und behandelt werden muß.

Statt hervorzuheben, was Lesben von der Heterowelt unterscheidet, statt stolz zu sein auf unsere Fähigkeit, enge Bindungen einzugehen, kritisiert Nicholls Lesben, weil sie es an den Machtstrukturen der patriarchalen Kultur fehlen lassen. Zu große Intimität läßt sich heilen, wenn wir „andere Formen von Barrieren/Spannungen/Unterschieden in unsere Beziehungen einführen". Das kann durch „den Gebrauch von Sexspielzeugen und -requisiten, Verkleidungen, durch S/M (das die Unterschiede zwischen den Partnerinnen maximalisiert), durch die Entwicklung sexueller Rituale und Nummern" geschehen. Lesben sollen also die heterosexuellen Machtdifferenzen in ihre Beziehungen einführen. Diese Vorstellungen scheinen inzwischen in der lesbischen Gemeinschaft Allgemeingut geworden zu sein. In *Odd Girls and Twilight Lovers* stellt Lillian Faderman als Tatsache fest, daß „sexuelles Begehren eine Barriere braucht".[10] Daran wird die Macht der Sextherapie klar, die lesbische Vorstellungen von Sex schafft.

Es kann nicht überraschen, daß Nicholls viel vom Butch/Femme-Rollenspiel hält. das gleichfalls die Möglichkeit erotisierter Machtunterschiede biete. JoAnn Loulan feiert in ihrem neuesten Buch, *The Lesbian Erotic Dance*, ebenfalls lesbisches Rollenspiel. Sie dankt den Lesben, die ihr „geholfen haben zu begreifen, daß ich wirklich eine Femme bin und stolz darauf".[11] Loulan erklärt Rollenspiel als zentrale, wenn nicht die einzige Dynamik lesbischer Sexualität. Sie kritisiert die Feministinnen, die Rollenspiel politisch analysiert haben, und sagt, Lesben, die sich weder als Butch noch als Femme sehen wollen, machten sich selbst etwas vor. Auf das Rollenspiel komme ich noch zurück.

Sexueller Mangel

Sexueller „Mangel" ist ein weiteres von lesbischen Therapeutinnen akzeptiertes Konzept. Männliche Wissenschaftler, die Sex als den Mechanismus verstehen, mit dem Männer ihre Herrschaft praktizieren und die Unterordnung der Frauen verstärken, müssen sexuelle Aktivität als grundlegend für die menschliche Gesundheit sehen. In den letzten hundert Jahren haben Sexualwissenschaftler den Frauen, die keinen Sex mit Männern haben, die schrecklichsten Krankheiten prophezeit. Nun erreicht uns die gleiche Botschaft von lesbischen Therapeutinnen. In einem Kapitel über Frauen, die während der Menopause beim Geschlechtsverkehr Schmerzen haben, stellt Pat Califia fest, daß es „wichtig ist, sexuell aktiv zu bleiben. Der tägliche Orgasmus, mit einer Partnerin oder durch Onanie, hält die Beckenmuskeln straff und die Vagina gesund."[12] „Mangel" ist ein gesellschaftliches Konstrukt, Sex ist kein biologisches Bedürfnis wie Nahrung oder Wasser. Im Augenblick wird der „Mangel" von lesbischen Therapeutinnen für Lesben konstruiert.

In *Bad Attitudes* erklärt Carolyn Stack, was sie für einen tragischen Zustand hält:

„Statistisch haben lesbische Frauen weniger häufig Sex als schwule Männer, heterosexuelle Männer oder heterosexuelle Frauen. Für lesbische Paare ist es nicht ungewöhnlich, über Jahre ohne oder mit sehr unregelmäßigem sexuellen Kontakt zusammenzusein. In unserer Gemeinschaft herrscht die allgemeine Überzeugung, daß in jeder Beziehung die Sexualität mit dem Vergehen der anfänglichen erotischen Anziehung unausweichlich abnimmt. Einzelne Lesben leben manchmal Jahre ohne Partnerin und ohne Sex."[13]

Für Stack ist die Abwesenheit von Sex ein Problem, das selbstverständlich behandelt werden muß. Für die betroffenen Lesben mag es kein Problem sein, bis sie von der lesbischen Sexindustrie dazu genötigt werden. Stack hat dafür die Diagnose „erotische Atrophie" parat, was natürlich nicht besonders hübsch klingt und keine Lesbe haben möchte.

Interessant ist, daß ausgerechnet Lesben die neue Frauenklientel der Sexualwissenschaft geworden sind. Im letzten Jahrhundert hatte die fehlende Begeisterung heterosexueller Frauen für sexuelle Aktivität und besonders für den Geschlechtsverkehr mit Männern die Wissenschaftler und Sexratgeberverfasser beschäftigt. Heute scheint es, als seien lesbische und heterosexuelle Frauen gleichermaßen abgeneigt, Sex in ihren Beziehungen eine ausreichende Bedeutung einzuräumen. Das sollte Feministinnen zu denken geben. Warum sollten wir annehmen, daß stets wir, egal ob lesbisch oder heterosexuell, diejenigen sind, die umgeschult werden müssen. Vielleicht sollten wir über Sexualität in ihrer Ganzheit nachdenken und die Definition von „Mangel", die immer Frauen als unzulänglich bezeichnet, in Frage stellen.

Objektifizierung

Ein weiteres grundlegendes Konzept sowohl der Männerherrschaft wie der lesbischen Sexualtherapie ist die Objektifizierung. Feministinnen haben die Männerpornographie kritisiert, weil sie Frauen zu Objekten macht, die von Männern konsumiert werden. Männer lernen, daß Frauen Objekte sind, an denen sie ihre Phantasien ausagieren können. Männer können Frauen objektifizieren, weil Frauen die untergeordnete Klasse sind und unter den Bedingungen der Unterordnung leben, die aus ihnen die Opfer von Pornographie und Prostitution, Vergewaltigung und sexuellem Mißbrauch machen. Indem sie objektifizieren, können die Mitglieder der herrschenden Klasse die allgemeinen Regeln der Humanität aus dem Weg räumen, die es ihnen möglich machen könnten, sich mit den Opfern zu identifizieren. In gleicher Weise werden im Kriegsfall, z.B. im Vietnamkrieg, Soldaten trainiert, den Feind zu objektivieren, um ihn töten zu können. Männliche Sexualität benötigt die Objektifizierung. Das objektifizierende sexuelle Begehren existiert im Kopf und in der Phantasie. Männer denken sich aus, was sie gern täten und mit wem, und sehen sich dann nach einem geeigneten Objekt um.

Die neue lesbische Sexindustrie und lesbische Sextherapeutinnen haben sich daran gemacht, objektifizierenden Sex für Lesben zu konstruieren. Lesben sollen in Zukunft Phantasien und Pornographie haben und ihre Phantasien an ihren Geliebten ausagieren. Auch heute schon brauchen Lesben Objekte und wissen, was sie damit anfangen wollen. Pat Califias Buch *Sapphistrie* ist ein gutes Beispiel. Es beginnt mit einem Kapitel über die erotische Imagination und besteht aus einer Auswahl sexueller Phantasien von Lesben. „Eine sexuelle Erfahrung entsteht aus Interaktionen zwischen unseren Phantasien, unseren emotionalen Reaktionen und körperlicher Empfindung."[14] Das gilt nicht notwendigerweise für Sexualität, wohl aber für objektifizierende Sexualität. Lesbische Sexualität kann aus leidenschaftlicher emotionaler und körperlicher Interaktion mit einer Frau rühren, bei der bewußtes Phantasieren und Planen sexueller Szenarien keine Rolle spielt. Dabei erfahren Lesben, indem sie ihre Körper erkunden, von und miteinander, was Sexualität ist. Das ist ein anderes Modell für Sexualität. Califia gehört in den USA zu den prominentesten Verfechterinnen des Sadomasochismus, für den Objektifizierung fundamental wichtig ist. Sadomasochistinnen können sich mit beiden Geschlechtern einlassen, macht Califia klar, denn es zählt allein das Szenario. Auch Tiere können gebraucht werden, es gibt in *Sapphistrie* ein Kapitel dazu.

Auch Loulan findet Objektifizierung positiv. Sie schreibt: „Statt Phantasien zurückzuweisen, weil du glaubst, das sei falsch, versuch sie als ein Geschenk anzunehmen, das dein Sexualleben bereichert."[15] Lesben hätten ein Recht darauf zu imaginieren, sie seien mit einer anderen zusammen, während sie mit ihrer Geliebten schlafen. „Ob du es deiner Partnerin sagst oder nicht, ist deine Entscheidung... Was du auch tust, vergiß nicht, daß du Anspruch auf ein geheimes Phantasieleben hast." Und Califia rät der Partnerin der phantasierenden Lesbe: „Wenn deine Partnerin bekennt, daß sie sich erotischen Phantasien hingibt, während sie mit dir schläft, solltest du geschmeichelt statt eifersüchtig sein." In ihrer Begeisterung für die Objektifizierung vergessen die Sextherapeutinnen, daß dies die Basis für sexuellen Mißbrauch und Ausbeutung ist.

Ganz wichtig finden sie, daß die enge Verbindung, die Lesben zwischen Sexualität und Gefühl ziehen, aufgebrochen werden muß.

„Frauen müssen lernen, ihr Gefühlsleben mehr von ihrer Sexualität zu trennen, als wir das in der Regel tun... Im Kampf um sexuelle Befreiung in unserer Gemeinschaft, der sich in der Publikation lesbischer Sexmagazine und den Kontroversen um Pornographie und Sadomasochismus äußert, beginnen wir, die Sex/Liebe-Fesseln zu lösen und unsere Erotik zu benennen."[16] Stack meint, wir müßten Sex von Gefühl trennen. Die Aktivitäten, die sie befürwortet, sind mit Gefühlen verbunden: Haß und Wut, Verachtung, Gleichgültigkeit, Entfremdung. Sexualität kann nicht emotionslos ausgeübt werden, denn Menschen sind keine Maschinen. Wir können wählen, mit welchen Gefühlen wir Sexualität verbunden sehen möchten, wir können positive oder negative wählen. Therapeutinnen empfehlen One-Night-Stands als Mittel gegen die Atrophie in langjährigen Beziehungen. Das heißt, daß Lesben neue, effiziente Formen der Objektifizierung lernen sollen.

Anti-Lesbianismus

All diese bisher beschriebenen sexualwissenschaftlichen Vorstellungen können wir als anti-lesbisch bezeichnen, denn sie dienen nicht der Befreiung der Lesben. Einige Therapeutinnen sind bemerkenswert offen, was ihre Verachtung für Lesben betrifft. Margaret Nicholls etwa definiert sich selbst als bisexuell. Nach ihrer Meinung sind Lesben sexuell geradezu jämmerlich defizitär, besonders im Vergleich zu schwulen Männern.

„Wir haben mehr sexuelle Konflikte als Männer, gleich ob schwul oder heterosexuell, geringere sexuelle Bedürfnisse und weniger Möglichkeiten, unsere Bedürfnisse zu artikulieren. Unsere Beziehungen repräsentieren die Paarung zweier sexuell relativ gehemmter Individuen; es ist also kein Wunder, daß in diesen Beziehungen Sex weniger häufig vorkommt als in schwulen oder heterosexuellen Beziehungen... Mehr noch, unsere

Sexualität ist weniger vielfältig und variabel als die sexuellen Techniken schwuler und wahrscheinlich auch heterosexueller Paare."[17]

Nach dieser Meinung wäre Sexualität nur dann einigermaßen in Ordnung, wenn ein oder mehrere Männer beteiligt sind. Nur Männer verstehen wirklich etwas von Sexualität – nicht nur, weil sie einen Penis haben, sondern weil sie irgendwie wissen, was richtiger Sex ist. Nicholls glaubt, Lesben sollten schwule Männer nachahmen. „Lesbische Sexualität braucht eine ‚männlichere' Orientierung, mehr Gewicht auf der Sexualität als solcher und weniger auf der Romanze." Jede lesbische Feministin erkennt auf den ersten Blick, daß eine Debatte, die unterstellt, Lesben seien schwulen oder heterosexuellen Männern unterlegen, nicht pro-lesbisch ist. Nicholls aber weist gewissenhaft jede Einsicht, die eine feministische Perspektive auf das Konstrukt Sexualität ihr geben könnte, zurück. Lesben sind einfach Männern unterlegen und müssen ihnen mehr gleichen. Basta!

Das Dildo-Bedürfnis

Einige lesbische Therapeutinnen lehnen dankenswerterweise viele der männerbeherrschten Annahmen über Sexualität ab, z.B. das Boom-Baisse-Modell. Loulan etwa lehnt die Tyrannei der Vorstellung ab, jede sexuelle Aktivität müsse auf einen Orgasmus hinauslaufen. Aber in der lesbischen Sextherapie wird viel Werbung für den Gebrauch von Dildos gemacht. Die lesbischen Magazine befürworten Dildos und informieren Lesben, wo sie sie erhalten. Sollte es beim Gebrauch irgendwelche Probleme geben, bieten Therapeutinnen ihren Rat an. Die bizarre Vorstellung, Frauen mit einem Dildo zu penetrieren, taucht z.B. in einem Artikel in *Women and Sex Therapy*, in dem es um die Heilung von Vaginismus geht. Vaginismus wird definiert als „spastische reflexartige Zusammenziehungen der Muskulatur im äußeren Drittel der Vagina... Er kann Geschlechtsverkehr unmöglich oder zumindest unangenehm machen."[18] Die Therapeutin empfiehlt die brutale Behandlung mit Vaginaldilatoren (Dehnsonden) aus Plastik in unterschiedlicher Größe. Die Frau wird unterwiesen, sie selbst zu benutzen, bis sie „in der Lage ist, einen Dilator, der dem Umfang des Objekts entspricht, das sie und ihre Partnerin zur vaginalen Einführung benutzen, schmerzlos anzupassen". Sexualwissenschaftler halten Penetration von grundlegender Bedeutung für die Aufrechterhaltung männlicher Vorherrschaft. Die Einführung von Gegenständen in Lesben aber ist ein offensichtlich freiwilliger Akt. Wenn eine individuelle Beziehung darauf nicht verzichten kann, täte es sicher auch ein kleineres Objekt.

Anti-Feminismus
Die lesbischen Sextherapeutinnen attackieren lesbische feministische Politik auch ganz direkt. Margaret Nicholls macht sich lustig über feministische Prinzipien und nennt sie un-sexy und Ursache für lesbische Erotophobie. Lesbische Feministinnen neigen ihrer Ansicht nach zu wenig attraktivem Aussehen.

> „Der lesbisch-feministische Klon trägt Arbeitsstiefel oder Klotten, Arbeitshemden aus Flannel, Weste (mit oder ohne Schlips), kurze Haare, kein Makeup, vorzugsweise unrasierte Beine und Unterarme, vielleicht sogar Haare im Gesicht, die weder gebleicht noch entfernt sind. Bei dem Versuch, männliche Definitionen weiblicher Schönheit zurückzuweisen, sahen viele von uns am Ende wie kleine Jungen aus."[19]

Das war „sexuell langweilig", sagt sie und beschreibt als positiv die Anstrengungen von Butch/Femme-Paaren, „die Bedeutung körperlicher Attraktivität und unterschiedlichen Aussehens durch Kleidung und Schmuck für das sexuelle Begehren" zu erkennen. Zu lesbisch-feministischen Versuchen, sich nicht von Äußerlichkeiten abhängig zu machen, meint sie: „Was vielleicht gut für die Politik ist, ist vielleicht nicht gut für Sex." Ihre Prioritäten sind klar. Überraschend ist nur ihre Annahme, daß Lesben in Flannelhemden notwendigerweise für andere Lesben unattraktiv sein müssen. Auch Loulan hält lesbischen Feminismus für reizlos. In den Siebzigern, sagt sie,

> „waren Flannelhemden, Jeans, kein Makeup, kein Schmuck und kurze Haare Voraussetzung, dazuzugehören. Unsere Kleiderordnung hat uns erfolgreich desexualisiert. Es war nicht mehr klar, wer mit wem schlief."[20]

Auf diese Weise haben lesbische Therapeutinnen sich auf die Befürwortung konventioneller, heterosexistischer Vorstellungen, was attraktiv und sexy ist, festgelegt. In fehlendem Rollenspiel und der

Abwesenheit von „Weiblichkeit" vermögen sie erotische Attraktivität nicht zu erkennen, können sie sich auch nicht vorstellen und gehen davon aus, daß ihre Leserinnen das gleiche Problem haben. Lesbische Sextherapeutinnen haben sich dem sexualwissenschaftlichen Verspotten und Begraben feministischer Einsichten in die Politik der Sexualität angeschlossen. Glauben wir ihnen, dann war Feminismus ein Irrweg für die Sexualität, und Lesben sollten ihre Schwerpunkte richtig setzen.

Die Politisierung der Sexualität

Sexualtherapie, wie sie gewöhnlich verstanden wird und wie die Therapeutinnen, die hier besprochen wurden, sie praktizieren, beruht auf der Privatisierung der Sexualität. Das widerspricht dem feministischen Prinzip, daß das Private politisch ist. Als Feministinnen sollten wir sehr mißtrauisch auf das Argument reagieren, der „Privatbereich" müsse von politischer Kritik freibleiben. Wenn das feministische Ziel der Gleichgewichtigkeit in persönlichen Beziehungen und der Beendigung erotisierter Ungleichheit des Genderfetisichismus „Sex" tatsächlich so bedroht, wie einige Therapeutinnen annehmen, gibt es zwei Möglichkeiten: entweder Sexualität zu privatisieren und zum Schutz der heteropatriarchalen Definition von Sexualität feministische Einsichten auszuschließen oder zu begreifen, daß Sexualität für die Unterdrückung von Frauen von fundamentaler Bedeutung ist und den Mut und die Vision lesbischfeministischer politischer Analyse auf das zu richten, was Lesben im Bett tun.

Anmerkungen

1   JoAnn Loulan, *Lesbian Sex*, San Francisco 1984, S. 47.
2   Susan Hamadock, „Lesbian Sexuality in the Framework of Psychotherapy", in: Ellen Cole und Esther Rothblum (Hg.), *Women and Sex Therapy*, New York 1988, S. 208.
3   ebd., S. 211.
4   Margaret Nicholls, „Lesbian Sexuality: Issues and Developing Theory", in: Boston Lesbian Psychologies Collective (Hg.), *Lesbian Psychologies*, Illinois 1987, S. 97f.
5   *Feminism and Psychology* 2, 1, 1992, S. 7 – 25.
6   Carolyn Stack, *Bad Attitude*, S. 21.
7   Margaret Nicholls, „Doing Sex Therapy with Lesbians: Bending a Heterosexual Paradigm to Fit a Gay Lifestyle", in *Lesbian Psychologies*, a.a.O., S. 259.
8   ebd, S. 113.
9   ebd.

10 Lilian Faderman, *Odd Girls and Twilight Lovers. A History of Lesbian Life in Twentieth Century America*, New York 1991, S. 248.
11 JoAnn Loulan, *The Lesbian Erotic Dance*, New York 1990, S. IX.
12 Pat Califia, *Sapphistry. The Book of Lesbian Sexuality*, Talahassee 1980, S. 80 (deutsch: Sapphistrie. Das Buch der lesbischen Sexualität, Berlin 1981).
13 Carolyn Stack, a.a.O., S. 21.
14 Pat Califia, a.a.O., S. 1.
15 JoAnn Loulan, a.a.O., S. 63.
16 Carolyn Stack, a.a.O., S. 21.
17 Margaret Nicholls, „Lesbian Sexuality: Issues and Developing Theory", a.a.O., S. 100.
18 Jo Marie Kessler, „When the Diagnosis is Vaginismus: Fighting Misconceptions", in: Cole und Rothblum, a.a.O., s. 176.
19 Margaret Nicholls, a.a.O., S. 114.
20 JoAnn Loulan, a.a.O., S. 27.

DAS ESSENTIELL LESBISCHE

In den siebziger Jahren bekämpften AktivistInnen der Homosexu-
ellenbefreiung und lesbische Feministinnen die Ansicht, sexuelle
Orientierung sei biologisch begründet. Die Sechziger und Siebziger
waren die große Zeit sozialer Deutungen. Gesellschaftstheoretiker-
Innen wiesen nachdrücklich biologische Argumente für rassische
Unterlegenheit, Geschlechterdifferenzen, Geisteskrankheiten zurück. Man erkannte, daß biologische Erklärungen die wissenschaftliche Begründung für konservative Gesellschaftspolitik lieferten.
Biologische Argumente, Argumente über die „Natur" erklärten,
warum die Unterdrückung der Frauen, die Ungleichheit der Rassen, die heterosexuelle Hegemonie und die Behandlung geistig
und seelisch Kranker mit Medikamenten und Kasernierung richtig
und unumstößlich waren. In den achtziger Jahren wurde die
Überzeugung von der gesellschaftlichen Bedingtheit erschüttert,
weil einige Lesben und schwule Männer sich einer neuen Welle
biologischen Determinismus zur Erklärung sexueller Orientierung
anschlossen. Lesbische Theoretikerinnen erklärten das Butch/
Femme-Rollenspiel und die stereotypen Prinzipien von Männlichkeit
und Weiblichkeit als für Lesben natürlich, sogar unausweichlich.
  Der Glaube an die Biologie stammt hauptsächlich von schwulen
Theoretikern. Das kann uns nicht überraschen, denn schwule
Aktivisten haben nie den Slogan unterschrieben: „Jeder Mann kann
schwul sein." Traditionelle schwule Männerpolitik stützte sich auf
die Überzeugung, Homosexualität müsse toleriert werden, weil
schwule Männer nicht anders könnten. Sie seien eine unterdrückte
biologische Minderheit, oder wenn nicht die Biologie schuld sei,
dann zumindest ein „gewisses Etwas", das schwule Männer anders
macht. Lesben waren oftmals von der Unausrottbarkeit biologischer Begründungen bei schwulen Männern, selbst solchen mit
sonst progressiven Ansichten, schockiert. In den frühen achtziger
Jahren hatte ich ein lesbisch-schwules Seminar, in dem die Studenten ihren Glauben an die Biologie formulierten, während die

meisten Studentinnen diesen Gedanken weit von sich wiesen. Die Lesben waren sehr oft heterosexuell gewesen, Ehefrauen und Mütter, und hatten bis weit über ihre Pubertät hinaus nicht gedacht, Frauen zu lieben. Weder ihre Erfahrungen noch ihre politische Überzeugung ließen eine biologische Erklärung zu.

Die beträchtlichen Meinungsverschiedenheiten zu diesem Thema wurden in der Kampagne gegen das britische Homosexuellengesetz 1988 sichtbar. Im Fernsehen argumentierten prominente Sprecher der Schwulen, der Zusatz gegen „die Förderung der Homosexualität" sei Unsinn, denn Homosexualität sei angeboren und könne gar nicht befördert werden. Lesbische Aktivistinnen waren verblüfft. Dies stand im direkten Widerspruch zu lesbisch feministischer Politik, und ausgehend von der Debatte im Parlament konnte durchaus der Anschein entstehen, gerade die lesbisch feministische Förderung des Lesbianismus habe die konservativen Gesetzgeber alarmiert. Der politische Widerspruch konnte nicht größer sein – die wenigen Schwulen, die die biologische Position ablehnten, hatten keine Bedeutung.[1]

1987 fand in Amsterdam eine Konferenz statt mit dem Thema „Essentialismus und sozialer Konstruktionalismus". Die Kontroverse schien denen, die die Konferenz organisiert hatten, am Herzen zu liegen, denn in der Einleitung zu den Konferenzunterlagen heißt es: „Seit einem Jahrzehnt nimmt die Kontroverse zwischen schwulen und lesbischen AkademikerInnen über zwei rivalisierende wissenschaftliche Theorien und ihre Implikationen für die Homosexualität zu: Essentialismus und Konstruktionalismus." Lesbische Feministinnen waren erstaunt, daß eine Frage, die sie seit zwanzig Jahren beantwortet glaubten, 1987 noch soviel Interesse wecken sollte. Daß die Frage für wichtig genug gehalten wurde, ihr eine ganze Konferenz zu widmen, zeigte, daß der Glaube an Essentialismus irgendwo außerhalb der lesbischen Gemeinschaft noch am Leben sein mußte. Lesbische Feministinnen nahmen die Institution Heterosexualität aufs Korn, behaupteten, alle Frauen könnten sich entscheiden, lesbisch zu sein – wenn sie nicht zur Heterosexualität gezwungen wurden –, und erklärten, ob sie dem Wesen nach lesbisch seien, sei keine Frage.

In den neunziger Jahren wurde der gesellschaftliche Konstruktionalismus weiter zurückgedrängt. 1991 veröffentlichte Simon LeVay, ausdrücklich als schwuler Aktivist charakterisiert, in den USA seine Forschungsergebnisse. Er hatte die Gehirne schwuler Männer, die an AIDS gestorben waren, und von Männern, die behaupteten, sie seien nicht schwul, und ebenfalls an AIDS gestorben waren, untersucht und dabei herausgefunden, daß ein winziger Bereich des Hypothalamus (Kontrollzentrum des zentralen Nervensystems) bei heterosexuellen Männern im Durchschnitt doppelt so groß war wie bei Frauen oder schwulen Männern. Er behauptete, unterschiedliche vorgeburtliche Hormonpegel „schalteten" den Hypothalamus auf Hetero- oder Homosexualität. Eine Untersuchung der University of California Medical School hat seine Ergebnisse inzwischen untermauert.

LeVay sieht durch seine Arbeit das Ende der Diskriminierung von Schwulen nähergerückt. Er hatte stets an die biologische Begründung der Homosexualität geglaubt und wollte sie beweisen, um der Diskriminierung mit dem Argument begegnen zu können, Schwule seien von der Natur zu ihrem Verhalten verdammt und müßten mit dem Mitgefühl behandelt werden, das auch jeder anderen Gruppe, die sich nicht selbst helfen kann, entgegengebracht wird. Das Argument ist alt, es geht auf die Jahrhundertwende zurück und scheint nicht aus der Welt zu schaffen. Aber es deckt sich weder mit lesbischer Erfahrung noch mit lesbisch feministischer Theorie. LeVay hatte bisher noch keinen Zugriff auf die Gehirne von Lesben, ist aber überzeugt, daß sie in dem entscheidenden Bereich denen heterosexueller Männer ähneln.

LeVay glaubt, daß die unterschiedlichen Verhaltensweisen von Männern und Frauen biologisch bestimmt sind. Aufgrund von Gehirnunterschieden hält er Frauen für verbal kompetenter als Männer und Männer für räumlich kompetenter. Es gelingt ihm sogar, diese Gehirnunterschiede mit dem Faktum in Verbindung zu bringen, daß schwule Männer „weniger ausgeprägt Rechtshänder sind als heterosexuelle Männer". LeVay ist offensichtlich überzeugt, daß alle stereotypen Unterschiede zwischen Männern und Frauen biologisch festgelegt sind, ohne irgendeinen Beweis abgesehen von seinem Gefühl. Besonders erschreckend ist seine Annahme, männlicher wie weiblicher Sexualtrieb seien biologisch festgelegt. Eine wesentliche Einsicht der feministischen Theorie ist, daß männliches Sexualverhalten nicht angeboren, sondern erlernt ist. Es gäbe sonst keine Hoffnung, die Gewalt gegen Frauen könne je aufhören. LeVays Weisheit dagegen sagt:

„Im allgemeinen sind bei allen Säugetieren die Männchen promiskuitiver als die Weibchen. Die Männchen sind in der Lage, eine unbegrenzte Zahl von Nachkommen zu zeugen. Es kostet sie nichts, ein Weibchen zu begatten, also ist es ihr Interesse, so promiskuitiv wie irgend möglich zu sein. Für die Weibchen ist das ganz anders... Für mich ist keine Frage, daß diese Eigenschaft biologisch bestimmt ist. Irgend etwas in den Gehirnen von Männchen und Weibchen veranlaßt sie, so zu sein. Wenn wir nun schwule Männer und lesbische Frauen betrachten, ist diese Eigenschaft nicht umgekehrt. In Wahrheit wird sie bei schwulen Männern nicht länger durch den Widerwillen der Frauen eingeschränkt – nur der Himmel ist die Grenze. Die meisten heterosexuellen Männer haben nicht soviel Sex, wie sie wollen, weil die Frauen sie nicht lassen."[2]

LeVay zeigt, daß biologische Annahmen über „schwule Gene" direkt zu biologischen Annahmen führen, die die Unterdrückung der Frauen rechtfertigen.

Erschreckend ist, daß LeVays Theorie von der schwulen Presse begeistert und vom Rest zumindest mit sympathisierender Neugier aufgenommen wurde. Die Rückkehr zum Essentialismus ist in vollem Gang. Feministinnen haben biologische Begründungen immer abgelehnt, denn die eigentliche Idee des Feminismus, das, was ihn überhaupt erst geboren hat, ist der Kampf gegen alle biologisch festgelegten psychologischen Unterschiede zwischen den Geschlechtern. Auf dieser Grundlage ist es für lesbische Feministinnen unmöglich, heiteren Gemüts biologische Erklärungen der Homosexualität anzuhören. Schwule Männer können da optimistischer sein, denn ihre Freiheit als Männer hängt nicht im gleichen Maß vom Kampf gegen den Biologismus ab.

Die „Andersartigkeit" der Frauen, ihre Weiblichkeit hat die lesbisch feministische Theorie als eine männliche Erfindung benannt, die Unterwerfung der Frauen unter ihre „Weiblichkeit" als die Projektion männlicher Phantasien auf Frauen.

„Männer projizieren auf Frauen alle ihre Unzulänglichkeiten (Feigheit, Unlogik, Geistlosigkeit, Unehrlichkeit, Treulosigkeit, Kleinlichkeit usw.); sie schieben auf Frauen eine Menge von

Männern erfundene weibliche Künstlichkeiten und Manierismen, die Schwachheit, Abhängigkeit, Unterwürfigkeit und Verfügbarkeit signalisieren."[3]

Weiblichkeit haben lesbische Feministinnen ganz einfach als brutale Einschränkung ihrer Freiheit, als körperliche Folter erfahren. Lesben waren frei genug, diese Diktate zurückzuweisen.

„Wir sollen glauben, daß es natürlich ist, auf hochhackigen Schuhen zu trippeln, sich stinkende, schauerliche Chemikalien ins Gesicht zu schmieren, mit blutigen Klauen als Nägel, diätisiert-aufgemotzt-enthaart-plastiziert zugerichtete Körper in aufreizenden Kleidern zur Schau zu stellen, die Stimme unnatürlich in die Höhe zu schrauben, mit niedlichen Gesten herausfordernd zu flirten, und mit dem Kopf nur bei einer Sache: um jeden Preis den Männern zu gefallen."[4]

Heterosexuelle Feministinnen haben den Mythos Weiblichkeit ebenfalls erfolgreich demontiert, besonders Naomi Woolf in *Der Mythos Schönheit.*[5] Wie andere feministische Theoretikerinnen vor ihr zeigt sie, wie die Mode- und Kosmetikindustrie Frauen veranlaßt, ihrem Körper schweren Schaden zuzufügen – bis hin zum Tod durch Eßstörungen. Um so überraschender ist es, daß gegenwärtig Weiblichkeit in die lesbische Kultur als eine neue, revolutionäre erotische Möglichkeit wieder eingeführt wird.

In den Siebzigern trugen wir Abzeichen, auf denen „Jede Frau kann eine Lesbe sein" stand, und wir glaubten das. Wir glaubten es nicht nur politisch gut begründet, z.B. durch unseren Widerstand gegen biologische Theorien über Gender und sexuelles Verhalten, sondern weil es für viele von uns persönliche Erfahrung war. Tausende Frauen, die bis dahin Lesbianismus nicht als Möglichkeit in Erwägung gezogen hatten, verließen ihre Männer und widmeten all ihre emotionalen und sexuellen Energien Frauen – und tun das noch heute.[6] Die Vorstellung politischen Lesbianismus, wie dies Phänomen genannt wurde, war schon damals kontrovers. Politische Lesben wurden beschuldigt, keine „richtigen" Lesben zu sein, weil sie sich Frauen aus politischen Gründen zuwenden würden und nicht wegen einer lebenslangen Bestimmung. Aber keine lesbische Feministin hätte gesagt, daß lesbische und heterosexuelle Frauen einfach zwei verschiedene biologische Kategorien seien.

Joan Nestle, die führende Propagandistin des neuen lesbischen

Rollenspiels, stellt kategorisch fest: „Ich halte den Satz, jede Frau ist eine potentielle Lesbe, nicht länger für nützlich."[7] Das sei eine rhetorische Forderung gewesen, nun sei für Lesben und heterosexuelle Frauen es an der Zeit, ihre unterschiedliche „Wahl" zur Kenntnis zu nehmen. Lesben sollten „aufhören, Frauen in sexuelle Haltungen zu drängen, zu behaupten, nur Lesben träfen eine Wahl". Das Drängen, von dem sie spricht, schließt vermutlich die theoretischen Arbeiten lesbischer Feministinnen wie Adrienne Rich und Monique Wittig ein, die Heterosexualität als politische Institution analysierten. Mit den Sprüchen über „Wahlmöglichkeiten" kommt ein neuer Determinismus einher, der die sexuellen Kategorien des männlich beherrschten Geschlechterverhältnisses konkretisiert. Der neue Essentialismus kommt von den Pornographinnen des neuen Rollenspiels, den Therapeutinnen des Rollenspiels. Das kann nicht überraschen.

Weiblichkeit und Männlichkeit kehrten in die lesbische Gemeinschaft im Kontext der Rehabilitation des Rollenspiels in den frühen achtziger Jahren zurück. Das Nachlassen des Genderfetischismus und der Einfluß des Feminismus in den Sechzigern bot vielen Lesben, die vorher Rollen benutzt hatten, Befreiung, auch wenn nicht alle Lesben von dieser Entwicklung beeinflußt wurden. Julia Penelope, eine lesbische Theoretikerin, hatte entschieden, auf die Butch-Rolle zu verzichten. Ihre Wiedereinsetzung erfüllte sie mit Entsetzen; 1984 attackierte sie das neue Rollenspiel aus einer klaren radikalfeministischen Perspektive.

„Die Muster Butch und Femme wiederzubeleben und ihrer Bedeutung nachträglich eine gewisse politische Respektabilität zu verleihen, ist die lesbische Variante des gegenwärtigen rechten Backlash, unterstützt durch nostalgische Erinnerungen an die fünfziger Jahre und die Illusion, wir seien sicher, wenn wir in die sogenannte gute alte Zeit (eine Vorstellung vor allem bei denen, die damals noch nicht gelebt haben) zurückgehen und über die Rückgabe unseres Erbes reden."[8]

Penelope zeigt, wie das neue Rollenspiel mit Berufungen auf die lesbische Geschichte, vor allem die fünfziger Jahre begründet wurde. Noretta Koertge, die ebenfalls die Butch-Rolle aufgegeben hat, erzählt, wie sie sich Mitte der Fünfziger als Butch definierte, eine „Große Böse Butch" sein wollte, Femmes für „zu feige oder zu unzulänglich hielt, um Butch zu sein". Daß irgendeine Lesbe heutzutage „Unkenntnis der frauenfeindlichen Elemente, die die traditionelle Butch/Femme-Identität durchdringen, vorschützen könnte", erstaunt sie sehr.

„Nostalgie gegenüber den guten alten, schlechten alten Zeiten zu empfinden, ist nicht schwer... Da ist der Prickel der Eroberung. Der Prickel, jemanden zu überwältigen, buchstäblich oder bildlich. Für mich aber waren diese alten Rollen schrecklich lähmend, ich habe lange gebraucht, bis ich mich von ihnen befreit hatte."9

Erst die Hippie-sechziger Jahre milderten die rigiden Rollenvorschriften, erlaubten Männern lange Haare und Perlenketten. Aber der wirkliche Durchbruch kam mit der Frauenbewegung, die ihr zeigte, wie „Stärke mit Sensibilität verknüpft werden kann, und unsere Vorstellungen von Sexualität und Sinnlichkeit erweiterte".

„An diesem Punkt scheint es verrückt, dieses Ethos in Frage zu stellen um des billigen Prickels von schwarzen Lederjacken und Puppenkleidern... Es gibt keine Entschuldigung, wenn wir uns... vorschreiben lassen, was sexy ist, romantisch, wofür es sich zu leben lohnt."

Die Suche nach dem „billigen Prickel" mittels Rollenspiel hat in der lesbischen Gemeinschaft in den achtziger und neunziger Jahren eher noch zugenommen und gefährdet tatsächlich das Überleben der lesbisch feministischen Kritik an den Männlichkeits- und Weiblichkeitsmustern. Das Nachahmen der politischen Klassen der Heterosexualität äußert sich in der schwindelerregenden Genauigkeit der dazugehörigen Literatur. Die Rollenspielerinnen entwickeln nicht den geringsten Humor, auch nicht in absonderlichen Situationen, vielleicht weil Humor das erotische Geschwätz durchlöchern könnte. In *The Persistent Desire*, einer von Joan Nestle herausgegebenen Anthologie, wird sichtbar, wie weit die Befürworterinnen des Rollenspiels bei der Imitation gerade der besonders unterdrückerischen Seiten der Heterosexualität zu gehen bereit sind. Und sie weisen jeden Hinweis, ihre Praxis sei politisch konstruiert und aus der Unterdrückung von Frauen abgeleitet, als Unterstellung zurück.

Ein Artikel von Paula Austin, einer „schwarzen Femme", ist ein gutes Beispiel für die Nachahmung herkömmlicher Heterosexualität.

Austin merkt in der Beziehung mit Rhon, daß sie eine Femme ist. „Ich war überzeugt, daß sie irgendwo in den Tiefen ihrer Kleider einen Penis verborgen hatte." Rhon ist attraktiv, weil sie „hart ist, die härteste Dyke, mit der ich je zusammen war". Über eine andere Geliebte, Buddy, heißt es: „Ich liebe die Härte, den Anflug von Macht und Gewalt, die Stärke, die Ahnung, Besitz zu sein." Austin bekennt, sich vor ihrer „Femme-ität" zu fürchten und sich zu fragen, ob es richtig ist, entscheidet sich aber, ihre Bedenken in den Wind zu schlagen.

„Femme zu sein heißt für mich, einen kurzen engen Rock zu tragen, Strapse und neun Zentimeter hohe Hacken, wenn ich ausgehe. Es heißt vor dem Spiegel stehen und Mascara und rötlich-braunen Lippenstift auflegen. Es heißt in den Boutiquen nach einer weit ausgeschnittenen Bluse zu suchen, die den Brustansatz sehen läßt. Es heißt lächeln, manchmal auch schmollen, wenn meine Frau ihren Arm um meine Taille legt und mit der anderen Hand mein Gesicht hebt, um es zu küssen. Es heißt flüstern, ich bin dein, nimm mich, wenn sie mit mir schläft. Es heißt sich sexy fühlen."[10]

Diese und andere Beschreibungen des neuen Rollenspiels haben etwas von Heftchenromanen. Die Ironie der Geschichte ist, daß heterosexuelle Frauen derartige geschlechtsspezifische Ungleichheit inzwischen ablehnen. Die heterosexuellen jungen Frauen von heute würden einen solchen Stoff für ein Heteropublikum reichlich peinlich finden, und selbst die Heftchenromane bieten in den Neunzigern gleichberechtigtere Muster. Der „Anflug von Macht und Gewalt", der Austin erregt, bedeutet realen Mißbrauch – in heterosexuellen und manchmal auch in lesbischen Beziehungen.

Die Rollenmuster der Beziehungen, die in dieser Anthologie beschrieben werden, haben etwas von Zurück ins Heim, Volkstümlichkeit, Arbeiterklasse, das Herz Amerikas, Heterosexualität der fünfziger Jahre. Femmes begrüßen ihre Butches daheim nach einem anstrengenden Arbeitstag und machen es ihnen gemütlich. Wie Nestle sagt: „Wenn sie zu mir nach Hause kommt, muß ich die Stellen besonders zärtlich streicheln, die bei ihrer Arbeit in der Männerwelt dünngescheuert wurden."[11] Und was tun die Femmes den ganzen Tag? Kuchen backen? Von der Femme wird erwartet, ihrer Butch ein Gefühl von Sicherheit zu vermitteln, was sich darin äußert, mit ihr zu schlafen und gleichzeitig ihre Männlichkeit zu beschützen. „Ich weiß mit deinem Frauenkörper Liebe zu machen, ohne dir deine Männlichkeit zu nehmen."[12] Die Rolle der Femme, wie die der traditionellen Hausfrau, ist, ihre Butch so aufzumöbeln, daß sie ihren Platz draußen in der herrschenden Männerklasse und die Macht zu Hause über sie behält.

Auch wenn es aus einer feministischen Perspektive höchst verwunderlich erscheint, sehen die neuen Rollenspielerinnen die Idealisierung genau der Machtstrukturen, die in heterosexuellen Beziehungen zur Unterordnung und zum Mißbrauch der Frauen führen, als positiv. Außerdem scheinen sie auf einer Unabhängigkeitserklärung gegenüber der feministischen Bewegung zu bestehen. Einige distanzieren sich von ihrem früheren Feminismus, andere sagen, sie seien nie Feministinnen gewesen. Lyndall MacCowan, eine Femme, erklärt, sie habe sich nie mit Feminismus oder ihrem Frausein identifiziert. Bei ihrem Coming-out in den Siebzigern sei es

„geradezu ketzerisch gewesen – und ist es ja heute noch –, als Lesbe zu sagen, der Feminismus bedeutet mir nichts; ungefähr wie im vierzehnten Jahrhundert in Europa Atheist sein zu wollen. Trotzdem stimmt es, und es ist wichtig, es auszusprechen, weil der Feminismus überschattet, was Lesbianismus eigentlich ist. Nicht daß ich glaubte, Frauen seien nicht unterdrückt, aber ich habe mich mit dieser alle umfassenden Gruppe ‚Frau' nie identifizieren können. Nie bin ich als Frau so unterdrückt worden, wie ich es als Lesbe werde."[13]

MacCowan erklärt, eine Lesbe zu sein „heißt, daß ich keine Frau bin". Doch eine lesbische Femme zu sein, unterwirft sie direkt der Unterdrückung von Frauen. Paula Austin beschreibt die Schwierigkeit, den männlichen sexuellen Belästigungen zu entgehen, weil sie wie eine heterosexuelle Frau aussieht, und wir dürfen annehmen, daß MacCowan das gleiche Problem hat.

Wütende Äußerungen über das autoritäre Verhalten lesbischer Feministinnen gegen Frauen wie MacCowan oder JoAnn Loulan, die wirklich Femme sein wollen, kommen in dieser Rollenspielliteratur häufig vor. Das enthebt sie der Verantwortung, in den siebziger Jahren selbst feministische Ideen vertreten zu haben. Sie waren nicht Opfer, als sie noch in der lesbisch feministischen

Bewegung waren, sie haben nur ihre Meinung geändert und sich dem konservativen Backlash angepaßt.

In den Erklärungen für das Rollenspiel wird der Essentialismus hinter der Butch/Femme-Ideologie am deutlichsten. Nicht immer werden unverblümt biologische Erklärungen angeboten, obwohl auch die vorkommen. Loulan behauptet, daß Homosexualität erblich ist, eine Vorstellung, die sogar die meisten Sexualwissenschaftler ablehnen, seit die Psychoanalyse populär geworden ist.

„Einige von uns sind eben so geboren. Es ist vermutlich genetisch; in einigen Familien kommt Homosexualität verstärkt vor. Ich kenne eine Frau, die sechs Geschwister, Brüder und Schwestern hat, und alle außer einer sind schwul."[14]

Sie sagt, „wir können uns verlassen" auf Erzählungen, daß Homosexualität vererbt wird, „um zu beweisen, daß eine der Komponenten unser DNA ist". Die Tatsache, daß die große Mehrheit der Lesben und Schwulen heterosexuelle Eltern hat, scheint die Zugkraft des Erbarguments nicht zu erschüttern. Interessanterweise möchte sie eine Kombination von Erklärungen benutzen: genetische für die einen, „Wahl" für die anderen. Die genetische Gruppe identifiziert sich selbst: Wenn du sagst, du habest deine Homosexualität geerbt, dann ist das so. Die Kombination erinnert an die alte sexualwissenschaftliche Vorstellung, daß Homosexuelle Inverse oder Perverse sind. Die Inversen waren die erblichen, die nichts dafür konnten und Mitleid verdienten, und die Perversen hatten sich freiwillig zum Bösen entschlossen. Daß jede Homosexualität genetisch bedingt ist, traut Loulan sich denn doch nicht zu sagen, weil sie weiß, daß daraus ein „genetischer Defekt" abgeleitet werden könnte, und sie hält Lesbianismus nicht für „pathologisch".

Um das Rollenspiel zu erklären, entscheidet sich Loulan für eine psychologische Erklärung in archetypischen Begriffen. Sie sagt, im kollektiven Unbewußten der Lesben seien bestimmte Archetypen eingelassen, „ein Bild, das Verhalten und emotionale Reaktionen unbewußt festlegt". Rollenspiel ist danach nicht biologisch, sondern psychologisch determiniert. Die verbreitetsten lesbischen Archetypen sind „die Konzepte von Butch und Femme und seit kurzem auch Androgynie".[15] Archetypisches Rollenspiel ist augenscheinlich so bestimmend, daß alle Lesben irgendwie in Rollenspiele eingebunden sind, selbst wenn sie das nicht zugeben. Sie beschreibt „diesen lesbischen Erotizismus von Butch und Femme" als etwas, „mit dem jede von uns verbunden ist und das jede von uns gelernt hat zu leugnen, zu unterdrücken, sich seiner zu schämen". Das bringt die, die immer noch geneigt sind, es abzustreiten, zu einer Art falschem Bewußtsein. Ihr Publikum neigt zu diesem unbedarften Zustand; sie berichtet, wann immer sie ihr Publikum frage, ob sie sich je auf einer Butch/Femme-Skala eingeordnet hätten, antworteten 95 Prozent mit ja, auf die Frage, ob Rollenspiel für sie wichtig sei, antworteten 95 Prozent, es sei nicht wichtig.[16] Loulans einzige Erklärung dafür ist, daß 95 Prozent aller Lesben leugnen, und Loulans traurige Pflicht ist, sie für die Freuden des Rollenspiels empfänglich zu machen. Sexualwissenschaftler haben traditionell solche Mühen auf sich genommen und nicht verzagt bei der Vorstellung, sie müßten das sexuelle Verhalten der Frauen massenhaft ändern, damit sie in ihre Vorschriften passen.

1985 bot Joan Nestle bei einer Podiumsdiskussion ihre Version der Archetypen-Lehre. Wenn sie eine Butch treffe, erlebe sie „ein gewisses grundlegendes, prähistorisches Vorwissen".[17] Jewelle Gomez, eine weitere Podiumsteilnehmerin, beteuerte, Rollenspiel sei natürlich und zwangsläufig. Butch und Femme repräsentierten „die beiden Pole, die die Natur uns allen mitgegeben" habe.[18] Als Beweis nannte sie Volksweisheit und das Yin-und-Yang-Prinzip. In den westeuropäischen puritanischen Religionen sei diese alte Weisheit verloren gegangen, so daß die Menschen vergessen hätten, daß „in jedem Individuum zwei Seiten sind". Der Feminismus, der die Volksweisheiten patriarchaler Ideologien über die Natur der Geschlechter grundsätzlich in Frage stellte, hat vermutlich zu diesem tragischen Vergessen beigetragen. Sie beschreibt diesen grundlegenden Dualismus als „ein natürliches Prinzip, ein natürliches, psychologisches, biologisches, emotionales und physiologisches Prinzip". Für Kriegsdienstverweigerinnen bleibt da wenig Raum.

Neben den Therapeutinnen beteiligen sich auch lesbische Wissenschaftlerinnen an der Begründung des Rollenspiels. Saskia Wieringa, eine Anthropologin, bekennt, aus feministischem Bewußtsein fälschlicherweise die Butch/Femme-Kultur im Westen für überholt erklärt zu haben. Dann erlebte sie lesbische Bars in Djakarta und Lima und merkte, „wie eng mein sogenannter politischer Lesbianismus war".[19] Die Entdeckung, daß es in anderen Kulturen etwas dem westlichen Rollenspiel Vergleichbares gibt, überzeugte sie von der geringen Bedeutung gesellschaftlich vermittelter Zugänge zum Lesbianismus. Sie entschied, psychologische Faktoren müßten beteiligt sein. Daß es auch in nicht-westlichen Kulturen Rollenspiel gibt, könnte den feministischen gesellschaftlichen Ansatz unterstützen. Wenn lesbisches Rollenspiel mit heterosexuellem Rollenspiel verknüpft ist, müßte es zu Zeiten und in Kulturen, in denen die Geschlechterunterschiede betont werden, besonders ausgeprägt sein. Das würde die Barkultur von Djakarta und Lima leichter erklären als die Erfindung eines essentiellen Rollenspiels.

Feministische Erklärungen, die Rollenspiel in Verbindung zu männlich bestimmten Geschlechterrollen bringen, werden von den Befürworterinnen rundweg abgelehnt. Für Loulan ist die feministische Vorstellung, rollenspielende Lesben ahmten Männer- und Frauenrollen nach, der Ausdruck lesbischen Selbsthasses, unserer Angst, Lesben könnten nur eine zweitklassige Version der Heterosexualität sein. „Irgendwo tief in unserem homophoben Selbst", sagt sie, „stimmen wir zu, daß Lesben ein Ersatz des heterosexuellen Modells sind", während in Wahrheit „Butch und Femme mit männlich und weiblich nichts zu tun haben."[20] Rollenspiel ist „etwas zutiefst Weibliches", das aus anderen Wurzeln als der Männer/Frauenrolle kommt, aus einem Archetyp, von dem sowohl die Männer/Frauenrollen wie die lesbischen Rollen abstammen, ein naturgegebener Dualismus. Das heißt, Lesben imitieren nicht ein heterosexuelles Original, sondern erhalten ihre Rollen unabhängig und aus der gleichen natürlichen Quelle wie heterosexuelle Männer und Frauen. Da überrascht es schon, daß der große originale natürliche Dualismus so genau festlegt, wer staubsaugt und tratscht. Die „Kraft der Femme" in Loulans Worten:

> „Eine gewisse Anmut, ein gewisses Leuchten, ein gewisses Interesse an den kleinen Details, die meine beste Freundin zu dieser Person sagte, die sie beim Gemüsehändler traf. Eine Verbindung zu den Klatschkolumnen voller Leute, die ich nicht kenne und nie kennenlernen werde."[21]

Lesben, die an Depressionen leiden, können vermutlich nicht Femme sein, es fehlt ihnen das gewisse Leuchten. Einige, die auf ihren Überblick antworteten und sich als Femme identifizierten, belästigten Loulan, weil sie „vor allem damit beschäftigt waren, das

Haus zu putzen und zu schmücken, für Kinder zu sorgen, soziale Aktivitäten zu organisieren und gesellschaftlich aktiv zu sein". Das ist denn doch der üblichen Frauenrolle zu ähnlich. Es könnte sogar heißen, daß Femmesein etwas zu tun hat mit der gelernten weiblichen Unterwürfigkeit und nicht mit den Archetypen da oben.

Lyndall MacCowan behauptet, daß heterosexuelle Männlichkeit und Weiblichkeit nur zwei Gender sind, während es eigentlich sehr viel mehr geben könnte. Auch Butch und Femme seien Gender, „spezifisch lesbische Gender" und Teil der großen potentiellen Vielfalt. Sie glaubt, daß „Gendersysteme ein kultureller Allgemeinbegriff" sind und es nicht stimmt, daß „ein Gendersystem immer Sexismus oder Homophobie impliziert".[22] Gender unterdrückt nur dann, wenn es in einer Gesellschaft auf zwei begrenzt wird und „rigide mit biologischem Sex korreliert". Passend zu dieser ungewöhnlichen Interpretation von Gender als einer erotischen Kategorie sieht sie in „Androgynie" ebenfalls ein – lesbisches – Gender. Natürlich müssen Rollenspielerinnen eine feministische Genderanalyse ablehnen, wenn sie ihre Selbstachtung behalten und dabei bleiben wollen, daß ihre Spiele harmlos sind. Also versuchen sie den Genderbegriff zu vernebeln.

Eine feministische Analyse betrachtet Gender als politische Kategorie, sogar als politische Klasse, in die Menschen eingeordnet werden, je nachdem, ob sie einen Penis besitzen oder nicht. Dieser Besitz macht das männliche Gender aus, nicht bloß eine interessante erotische Kategorie, sondern die herrschende Klasse in einem System, das männliche Herrschaft genannt wird und in dem Frauen leiden und sterben. Die Machtdifferenz zwischen den beiden Genderklassen ist erotisiert zum männlich dominierten Sex. Deshalb müssen viele, um Sex zu haben, ein Gender haben und sich mit jemandem des anderen Gender verbinden. „Gender" als Möglichkeit für Sex ist direkt abgeleitet von Gender als dem Mechanismus, der das Klassensystem der Männerherrschaft reguliert. MacCowan endet mit dem Satz, es sei „Zeit, unser Recht, Gender zu verarschen, einzufordern". Es ist schwer einzusehen, wie die sklavische Wiederholung der weiblichen Rolle, zu der Frauen erzogen werden, die versuchen wie die Heldinnen der Heftchenromane zu leben, irgend etwas „verarschen" könnte. Und die Möglichkeiten für heterosexuelle Frauen, zu „verarschen", scheinen noch begrenzter. Probieren sie es mit Weiblichkeit, wird niemand es merken, probieren sie es mit Männlichkeit, werden sie den Widerstand der Männer zu spüren bekommen.

Lesbische Feministinnen, die das Rollenspiel ablehnen, heißen in der Rollenspielliteratur „Androgyne". Lesbische Feministinnen verwenden im allgemeinen dies Wort nicht, weil es nicht die Aufhebung von Männlichkeit und Weiblichkeit trifft, die das feministische Ziel ist, sondern nur die Kombination von Männlichkeit und Weiblichkeit in einer Person beschreibt. Für Janice Raymond ist Androgynie grundlegend, um Heterosexualität als politische Institution zu rechtfertigen.

„Hetero-Realität und Hetero-Beziehungen bauen auf dem Mythos der Androgynie auf. ‚Du als Frau sollst dich einem Mann verbinden', um das angebliche kosmische Ziel der Wiedervereinigung dessen, was mythisch in männlich und weiblich getrennt wurde, zu erfüllen. Die Argumente, mit denen Primat und Allgemeingültigkeit der Hetero-Beziehungen gestützt werden, beruhen in gewisser Weise auf der Vorstellung von einer kosmischen Mann-Frau-Polarität, bei der die sogenannten verlorenen Hälften danach streben, wiedervereinigt zu werden."[23]

Das Konzept Androgynie lehnen lesbische Feministinnen ab. Nicht zufällig also beziehen Rollenspielerinnen es auf Feministinnen. Sie versuchen, jene, die ausdrücklich Gender ablehnen und zu entschleiern versuchen, in seine vergiftete Herrschaft zu ziehen. Loulan nennt das feministische Projekt der Zerstörung der Machthierarchien und die Suche nach Gleichheit den „androgynen Imperativ". Sie steht dem Streben nach Gleichheit in sexuellen Beziehungen besonders ablehnend gegenüber.

„Die Lesbe, die dem androgynen Imperativ zustimmt, idealisiert eine Beziehung, in der es keine Machtunterschiede gibt... Es gibt keine Möglichkeit, irgendeine Beziehung machtfrei zu halten. Die Tatsache, daß zwei Menschen Energie austauschen, heißt, daß sie Macht hin und her gehen lassen."[24]

Die erregenden erotischen Möglichkeiten der Machtunterschiede, die durch Rollenspiel in lesbischen Beziehungen eingeführt oder formalisiert werden, erklären dessen neue Popularität. Es rührt nicht aus der Natur, einem psychischen Imperativ oder der Tradition. Die neuen Rollenspielerinnen berufen sich auf die lesbische

Geschichte, um ihre Praxis zu legitimieren, als führten sie einfach nur eine ehrenwerte Tradition fort. Andernorts habe ich argumentiert, daß die, die seit den achtziger Jahren Rollenspiel zu rehabilitieren suchen, dies aus anderen, vor allem erotischen Gründen tun.[25] Das neue Rollenspiel ist eine Variante des heute modischen Sadomasochismus. Es hat mit seinem historischen Gegenstück nichts zu tun, denn die Genderrollen sind durch die feministische Theorie widerlegt und kein Zwang mehr, schon gar nicht für die, die sie jetzt befürworten und die sich in dieser Theorie gut auskennen. Die politische Unterdrückung der fünfziger Jahre hatte aus dem Rollenspiel eine Art Schutz gemacht, wenn wenigstens eine von einem lesbischen Paar über die Straße gehen konnte, und es manchen Lesben schwergemacht, angesichts der allgemeinen Propaganda über getrennte Sphären und die Andersartigkeit der Frauen über die Genderdifferenz hinauszudenken. Heute ist eine andere Zeit. Eine weit gefächerte feministische Kritik – von Jill Johnston bis Adrienne Rich und Monique Wittig – hat die Leere der traditionellen Heterosexualität ausgesprochen und sie als eine Institution politischer Kontrolle der Frauen beim Namen genannt. Eine Imitation der Regeln dieser Institution kommt nicht aus der Ignoranz derjenigen, die an dieser Theorie beteiligt waren.

In den achtziger Jahren ist Rollenspiel der Softporno, verglichen mit der harten Pornographie lesbischen S/M. Es bietet den Kick erotisierter Machtunterschiede ohne die Extreme der Gewalt und Vulgarität. Merril Mushroom beschreibt die Vorteile des Rollenspiels unter Verwendung der Schlagworte des Sadomasochismus: Verwundbarkeit, Vertrauen und Macht.

„Die grundlegende Dynamik der Butch/Femme-Verbindung hängt mit Macht, Vertrauen, Verwundbarkeit, Zärtlichkeit und Fürsorge zusammen. Wenn ich als Butch von meiner Geliebten verlange: Gib es mir, Baby, jetzt, und so tief in ihr drin bin, wie ich nur kann, und sie sich vollkommen fallenläßt und über mich ergießt... Manchmal möchte ich, daß sie mich sofort nimmt, dann verführe ich sie, wie eine Femme eine Butch verführt – verführe sie, mich zu nehmen statt zu wünschen, daß ich sie nehme. Manchmal überwiegt ihr eigener Butchanteil, und sie will es mit mir auf ihre Weise machen, und ich lasse sie."[26]

Trotz des kontrollierten kleinen Rollentauschs betrachtet Mushroom sich als Butch. In dieser neuen Version, die angeblich nur spielt und nicht Ernst macht, sind die Nachteile des Rollenspiels vergessen. Es gibt andere Gründe für die Wiederbelebung des Rollenspiels. Lesben wollen Probleme ihrer Beziehung beschreiben, vor allem sexuelle Probleme, und in Abwesenheit einer feministischen Sprache, in einer Zeit, in der der Feminismus verachtet und aus der Mode gekommen ist, scheint die Sprache des Rollenspiels nützlich.

JoAnn Loulan ist der Meinung, daß Rollenspiel der Konstruktion erotischer Kategorien dient. Butch/Femme geht um die Wahl einer sexuellen Partnerin; Lesbianismus ist eine sexuelle Praxis, und die sexuelle Praxis ist das Revolutionäre am Lesbianismus. Feministische Kritik am Rollenspiel „desexualisiert" den Lesbianismus. Loulan glaubt, sie müsse „unbedingt zur Desexualisierung unserer Kultur Stellung nehmen". Madeline Davis argumentiert ähnlich.

„Offen gesagt, ich verstehe nicht, wie eine nicht rollenidentifiziert sein kann. Gut, ich glaube ihnen, wenn sie das sagen, aber es kommt mir alles so einheitlich vor und ziemlich langweilig. Sie halten ununterbrochen Händchen, wiegen sich und singen etwas von ‚Auftanken und Ausgießen'."[27]

Arlene Istar klagt: „Wir haben unsere Möglichkeiten durch die Desexualisierung unserer Gemeinschaft eingeschränkt". Lyndall MacCowan erklärt, Butch und Femme seien „Genderkonstruktionen, die aus einer sexuellen Definition des Lesbianismus herrühren"; „Butch/Femme wurden unsichtbar gemacht, weil lesbische Sexualität unsichtbar gemacht wurde"; die feministische Unverschämtheit, Lesbianismus mit einer politischen Bedeutung zu versehen, weist die empört zurück.

„Es ist an der Zeit, laut und deutlich zu sagen, daß die lesbisch-feministische Analyse, nach der die Unterdrückung der Frauen mit Gender, Geschlechtsrollen, Sexualität und sexueller Orientierung zusammenhängt, sowohl vereinfachend wie ungenau ist und schon lange nicht mehr in der Lage, eine Bewegung zur Befreiung der Frauen – von Lesben ganz zu schweigen – anzutreiben."[28]

Rollenspielende Sexualität, wie sie in Anthologien wie *The Persistent Desire* vorgeführt wird, imitiert klassische heterosexuelle Fellatio und Geschlechtsverkehr geradezu andächtig mit dem Ziel, diese Praktiken für sadomasochistische Befriedigungen heranzuziehen.

Eine Butch erklärt freundlicherweise die Freuden der Penetration: „Ficken zwischen Gleichen ist leidenschaftslos... Wenn wir ficken, besitzen wir. Wenn wir gefickt werden, werden wir besessen." Joan Nestle beschreibt das Gevögeltwerden mit einem Dildo: „Sie greift nach unten und schiebt den Schwanz in mich hinein... sie bewegt ihre Hüften in kurzen scharfen Stößen." Pat Califia wünscht sich in einem Gedicht einen Schwanz mit Zeilen wie „Sich das Schwellen und die Länge vorstellen, die in dich stößt", „Dich vögeln, bis es mir kommt, in dir bleiben, bis ich wieder hart bin". Die Wörter für Ficken in diesem Text sind „stoßen und schieben und bumsen", „bohren", „verletzen, zustopfen und hämmern".

Überraschender als die Imitation brutalen Geschlechtsverkehrs ist die Praktik des Schwanzlutschens, was bedeutet, Fellatio mit einem Dildo zu machen. Nach Jan Brown ist der Grund, daß dies das Äußerste an Dominanz und Unterwerfung darstellt. „Es hat zu tun mit dem Drang zu dominieren, zu nehmen und zu erniedrigen. Es hat zu tun mit dem glühenden Bedürfnis, sich zu unterwerfen, zu dienen."

Die beschriebenen Praktiken schließen bei ihren Anstrengungen, traditionellen heterosexuellen Geschlechtsverkehr zu imitieren, Gewalt mit ein. Das Gedicht Pat Califias behandelt auch den Alkoholismus der Butch und ihre Gewalttätigkeit. Scarlet Women beschreibt, was in einem heterosexuellen Kontext unter Umständen zu einer Anklage wegen Vergewaltigung in der Ehe führen würde. Die Frau erwacht „von festen Händen, die sie sofort in Erregung versetzen", „du kommst zu schnell in mich, als daß ich dir trauen könnte", aber „mein Gehirn schläft". Das wird als akzeptabel dargestellt, weil das Opfer ja im Verlauf der Geschichte erregt wird. Wenn die heterosexuellen Strukturen bis hin zur vollkommenen Aktivität und Passivität imitiert werden, wird Vergewaltigung zu einer realen Möglichkeit zwischen Frauen.

Unter den Verfechterinnen lesbischen Sadomasochismus ist ein offenes Geheimnis, daß die Sexualität der Gewalt mit sexuellem Mißbrauch als Kind verknüpft ist. Ausübende verteidigen S/M mit der Begründung, das sei der einzige Weg, sexuelles Vergnügen zu empfinden, weil der Mißbrauch für sie Mißbrauch und Vergnügen so eng verknüpft habe, daß jede Möglichkeit erotischer Gleichheit ausgeschlossen sei. Aus den Texten der Rollenspielerinnen wird ziemlich deutlich, daß ähnliche Verbindungen zwischen dem zwanghaften „weichen" Sadomasochismus, der dazugehört, und der Unterdrückung von Frauen bestehen. Jan Brown berichtet in *The Persistent Desire*, daß sie mit siebzehn als Straßenprostituierte gearbeitet hat. Als erwachsene Butch sagt sie, sie und ihre rollenspielenden Freundinnen hätten Feministinnen belogen, um ihre sexuellen Praktiken respektabler erscheinen zu lassen. „Wir erzählten ihnen, daß, wenn viele von uns sich bei Gruppenvergewaltigungen, Folter, Vati im Bett und anderen unleugbar unanständigen Vorstellungen einen runterholen, dies kein Grund zur Schlaflosigkeit sei." Sie betonten den Unterschied zwischen Phantasie und Wirklichkeit und daß sie ihre Phantasien unter Kontrolle hätten. Aber sie sagt: „Wir logen." Die Gewalt der Phantasie lügt.

„... aus Begier, überwältigt zu werden, gezwungen, verletzt, benutzt, objektiviert. Wir holen uns einen runter mit dem Vergewaltiger, den Hell's Angels, mit Vati, den Nazis, dem Bullen und all den anderen Bildern, die nichts zu tun haben mit lesbischem Sex, der das Murmeln von Kosenamen, Streicheln der Brüste und lange, langsame Zungen erfordert. Ja, wir träumen auch vom Nehmen. Wir träumen vom Blut einer anderen an unserer Hand, vom Lachen über Schreie um Barmherzigkeit. Wir tragen Uniform und einen Revolver, wir holen unseren Schwanz aus der Hose und schieben ihn in einen widerstrebenden Körper. Manchmal wollen wir uns der würgenden Hand ergeben. Manchmal brauchen wir einen Steifen zwischen unseren Beinen, damit wir das Nein ignorieren oder damit unser Nein überhört wird."[29]

Brown erklärt, daß die Phantasien unmittelbar der Unterdrückung entspringen, denn „viele von uns haben einen Abschluß der Schule der Selbstzerstörung". Sie sind „Überlebende der Straße, Inzestüberlebende", hatten „Freunde, die sie mißbrauchten", „tragen viele Arten von Narben". Ihr Heil ist Sex als erotisierte Gewalt, er „hält sie am Leben". Brown beschreibt freimütig, wie die reale Erfahrung materieller Brutalität durch Rollenspiel erotisiert wird.

Ein Gedicht in der Anthologie sagt das gleiche. Sonja Franetas lyrische Erzählerin erzählt, wie sie hörte, wenn der Vater die Mutter schlug und vergewaltigte, und „entdeckte, wie der Schmerz/direkt auf mich zu übertragen war". Sie wurde ebenfalls geschlagen.

Wieder gilt erotisierte Grausamkeit als die Antwort, wie „der Schmerz sich in Freude verwandelt", diesmal formuliert mit Gürtelschnallen, Stiefeln, Lederjacke, Messer und Brutalität. Die Vorstellung, Rollenspiel sei wie andere Formen von S/M eine Art religiöses Ritual, das realen Schmerz kompensiert, ist ein immer wiederkehrender Refrain.[30]

Nicht nur Rollenspielerinnen unterläuft dieser Trugschluß. Drei radikal-separatistische Lesben mit unbestreitbar feministischen Ansichten über Sadomasochismus und Weiblichkeit benutzen die Bilder von Butch und Femme in einer Weise, die mit den eben beschriebenen tief problematischen Implikationen einiges gemeinsam hat. Bev Jo, Linda Strega und Ruston attackieren, was sie als Unterdrückung der Butch durch die Femme sehen. Butch und Femme sind für sie keine erotischen Kategorien, sie definieren sie politisch. Butches sind „die, die als Mädchen sich gegen die Feminisierung wehrten und sich weigerten, die von Männern für Frauen erfundene Rolle zu spielen", und Femmes „die, die die weibliche Rolle akzeptierten, wenn auch unterschiedlich intensiv". Die Vorstellungen vom Rollenspiel lehnen sie grundsätzlich ab, Lesben sollten ihrer Meinung nach jedes „männliche" oder „weibliche" Verhalten vermeiden. Aber sie glauben, daß Butch und Femme zwei Kategorien sind, die auf alle Lesben zutreffen, ausnahmslos, daß sie die „grundlegende, innerste Identät aller Lesben" sind. Sie fragen: „Ist es möglich, weder Butch noch Femme zu sein?" und antworten mit „Nein".[31]

Sie benutzen das Vokabular des Rollenspiels, um eine wichtige politische Frage zu stellen. Es geht um die Erfahrungsunterschiede zwischen Lesben, die immer als solche erkennbar waren und für ihre Sichtbarkeit bestraft wurden, und denen, die „davonkamen", weil sie sich weiblich kleideten oder erst spät als Lesben sichtbar wurden, nachdem sie heterosexuell gelebt und die Privilegien erhalten hatten, die von Anfang an sichtbare Lesben nie erhalten. Die ersteren sind für die Autorinnen tapfere Heldinnen der Lesbenbefreiung und Butches. Joan Nestle, trotz ihres völlig anderen politischen Standorts, sagt das gleiche. Tatsächlich scheint die Bewunderung, die die Femmes für die offen sichtbaren Butches zeigen, aus einem verständlichen schlechten Gewissen zu rühren, davongekommen zu sein. Viele Femmes betonen, daß sie nur dann sichtbar sind, wenn sie am Arm einer Butch daherkommen. Jo, Strega und Ruston haben einen anderen Ansatz. Sie rufen alle Lesben auf, auf die Privilegien einfach zu verzichten, die Weiblichkeit aufzugeben – dann müßten Butches nicht länger unter ihrer Sichtbarkeit leiden. Ein durchaus positiver lesbischer Vorschlag.

Aber ihr Gebrauch des Rollenspielvokabulars für Situationen, auf die es nicht zutrifft, entwertet ihre wichtigen politischen Aussagen. Zu behaupten, daß zweijährige Kinder, die sich entscheiden, die Weiblichkeitsdressur zu akzeptieren oder zurückzuweisen, sich damit in ein System einsperren, in dem sie ein Leben lang unterdrückerische Butches oder unterdrückte Femmes sein werden, schmeckt nach Essentialismus. Es zementiert die Butch/Femme-Kategorien und läßt keine Änderung zu. Sie wollen die von ihnen festgestellte Unterdrückung der Butch durch die Femme umkehren und erzeugen dabei eine neue Hierarchie. Butches, die sie für sehr selten halten, höchstens fünf von hundert Lesben, sind „viel näher an unserem angeborenen, natürlichen Wesen". Femmes können nie so „natürlich" sein und sind deshalb lebenslang zu einer minderwertigeren Kategorie verdammt. Solche Teilungen helfen dem Aufbau einer lesbisch feministischen Gemeinschaft nicht weiter. Lesben würden nach dieser Analyse ein Leben lang in verschiedenen Statuskategorien eingesperrt.

Nach dieser Analyse wissen Kennerinnen auf den ersten Blick, ob sie eine Butch oder eine Femme vor sich haben, auch wenn die selbst nicht weiß, was sie ist. „Für gewöhnlich kannst du beim ersten Kennenlernen sagen, ob eine Butch oder Femme ist." Unter der Überschrift „Selbsterkenntnis einer ehrlichen Femme" finden sich einige Erkennungsmerkmale. Etwa, daß eine Femme bei anderen Femmes „weniger Unterschiede", bei einer Butch „eine mögliche Barriere" empfindet. Sie bewegt sich dann „automatisch weiblicher". Überdies findet sie, daß „weibliche Aktivitäten wie Nähen, Sticken, Kochen und andere Dinge, die als Frauenarbeit bezeichnet werden, zu ihrer Sphäre gehören". Offensichtlich ist wieder der große Archetypus am Werk.

Trotzdem enthält dies Buch klare, überzeugende feministische Analysen – z.B. Linda Stregas Überlegungen zur Entwicklung Richtung Weiblichkeit innerhalb der lesbischen Gemeinschaft in den achtziger Jahren. Lesbische Weiblichkeit ist für Strega der

„große Ausverkauf". Sie berichtet von Versammlungen, auf denen Lesben sie angriffen, warum sie „eine Uniform tragen wolle". Dieser gesellschaftliche Angriff auf Jeans und T-Shirt ist eine Parallele zu den literarischen Angriffen der Rollenspielerinnen wie JoAnn Loulan und der Therapeutinnen wie Margaret Nicholls. Mit größerem Recht, so Strega, könnte der Vorwurf, Uniform zu tragen, den Lesben gelten, die die traditionelle, von Männern entworfene Weiblichkeit vorziehen. Die neuen femininen Lesben fühlen sich stark genug, die winzige Fraktion lesbischer Feministinnen, die Frauen keine Zwangsweiblichkeit aufdrängen wollen, herauszufordern. Strega stellt fest, daß die Rückkehr zur Weiblichkeit kein heroischer Akt, sondern die Rückkehr zu alten Privilegien ist.

In den achtziger Jahren wurde es zunehmend schwieriger, zu behaupten, die Frau oder die sähe aus „wie eine Lesbe". Manche würden sagen, es gab keine Regel, „wie eine Lesbe aussieht". Ich denke, das stimmt nicht. Lesben haben eine lange historische Tradition, auf unterschiedliche Weise und bis zu bestimmten Grenzen Weiblichkeit zurückzuweisen – aber daß sie sie zurückweisen, ist immer wieder das Thema. Lesben haben immer wieder menschliche Würde gegen die soziale Unwürdigkeit der Weiblichkeitsrolle gesetzt. Die Lesben in den feministischen Diskos der Siebziger und frühen Achtziger unterschieden sich kaum von den Lesben in traditionellen Lesbenbars. Die politische Strategie, wie eine Lesbe auszusehen, ist mehr als nur der individuelle Wunsch nach Wärme und Gemütlichkeit, sie ist wichtig für die lesbische Freiheit. Am Arbeitsplatz, in der Familie, auf der Straße sind Lesben, die „aussehen wie Lesben" – und ihre Angreifer wissen, was das heißt –, in Gefahr. Je mehr Lesben und heterosexuelle Frauen das Weiblichkeitsmuster ablehnen, um so einfacher haben es andere Frauen, den degradierenden Normen zu entkommen, und um so schwieriger wird es, Lesben zu diskriminieren.

Das neue Rollenspiel ist lesbischer Fundamentalismus. Fundamentalismus in patriarchalen Religionen beruht auf der Unterdrückung von Frauen und soll sie aufrechterhalten. Das gilt auch für das lesbische Rollenspiel. Es verlangt gleichfalls die freudige Selbsterniedrigung der Frauen und erhält sie. Es wird durch die gleichen Mythen aus Biologie oder Yin und Yang begründet. Lesbisches Rollenspiel muß als Teil des Backlash gegen die Befreiung der Frauen betrachtet werden, in dem manche Frauen tatsächlich ihre Unterdrückung mit sklavischem Gehorsam und zwanghafter Wiederholung annehmen, viel mehr Frauen aber rebellieren. Der erotische Tanz des Rollenspiels, der Rhythmus, den Loulan besingt, ist der Rhythmus der Sklaverei, männlicher Herrschaft und weiblicher Unterwerfung, ein alter Rhythmus, aber kein natürlicher.

Anmerkungen

1   vgl. Alderson, Lyn und Wistrich, „Clause 29: Radical Feminist Perspectives", in: *Trouble and Strife* 13, Frühjahr 1988.
2   „Are We born to be Gay?", in: *Campaign* Nr. 199, Australien 1992.
3   Bev Jo, Linda Strega und Ruston, *Dykes-Loving-Dykes*, Oakland 1990, S. 168.
4   ebd.
5   Naomi Woolf, *Der Mythos Schönheit*, Reinbeck 1993.
6   Über meine Gründe, eine politische Lesbe zu werden, vgl. Angela Holdsworth, *Out of the Doll's House*, London 1988, Kapitel 7 und 8.
7   Joan Nestle, *A restricted Country*, Essays und Short Stories, London 1987, S. 124.
8   Julia Penelope, „Whoese Past Are We Reclaiming?", in: *Common Lives, Lesbian Lives* Nr. 13, 1984.
9   Noretta Koertge, „Butch Images 1956 – 86", in: *Lebian Ethiks* 2, 2, 1986, S. 103.
10 Paula Austin, „Femme-inism", in: Joan Nestle (Hg.), *The Persistent Desire*, Boston 1992, S. 362.
11 Joan Nestle, „My Woman Poppa", ebd., S. 348.
12 Pat Califia, „The Femme Poem", ebd., S. 418.
13 Lyndall MacCowan, „Re-collecting History, Re-naming Lives: Femme Stigma and the Feminist Seventies and Eighties", ebd., S. 309.
14 JoAnn Loulan, *The Lesbian Erotic Dance*, a.a.O., S. 193.
15 ebd., S. 20.
16 ebd., S. 43.
17 zitiert in Loulan, a.a.O., S. 98.
18 ebd., S. 49.
19 Saskia Wieringa, „An Anthropological Critique on Constructionism: Berdaches and Butches", in: Altmann, Dennis et al. (Hg.), *Which Homosexuality*, a.a.O., S. 215.
20 JoAnn Loulan, a.a.O., S. 48.
21 ebd., S. 102.
22 Lyndall MacCowan, a.a.O., S. 318.
23 Janice Raymond, *Frauenfreundschaft*, München 1987, S. 21.
24 JoAnn Loulan, a.a.O., S. 76.
25 vgl. Sheila Jeffreys, „Butch and Femme: Now and Then", in: The Lesbian History Group (Hg.), *Not A Passing Phase*, London 1989.
26 Merrill Mushroom, „Confessions of a Butch Dyke", *Common Lives, Lesbian Lives* 9, 1984, S. 18.
27 Madeline Davis, „Nine Years Later", in: *The Persistent Desire*, a.a.O., S. 270.
28 Lyndall MacCowan, a.a.O., S. 306.
29 Jan Brown, in: *The Persistent Desire*, a.a.O., S. 411.
30 Sonja Franeta, ebd., S. 375.
31 Bev Jo, Linda Strega und Ruston, a.a.O., S. 139 ff.

Rückkehr zum Gender
Postmodernismus und lesbische und schwule Theorie

In den achtziger Jahren begeisterten sich plötzlich viele für die Meister des Postmodernismus, Lacan, Foucault, Derrida, und bauten sie in die feministische Theorie ein. Feministische Kritikerinnen haben behauptet, dies hätte zu einer Entpolitisierung des Feminismus geführt.[1] In der lesbischen und schwulen Theorie wurde das Werk der postmodernen Heiligen und der von ihnen Inspirierten mit noch größerem Enthusiasmus begrüßt. Das überrascht nicht, denn das, was lesbischschwule Theorie genannt wird, also eine Theorie, die Lesben und Schwule gleichsetzt, muß schwulen Männern gefallen. Alles, was zu vorbehaltlos nach Feminismus schmeckt, wird mit Mißtrauen betrachtet. Das Projekt einer unabhängigen lesbisch feministischen Theorie halten viele für seltsam separatistisch. Die Stars der neuen lesbischschwulen Theorie, Judith Butler und Diana Fuss, sind zwar Frauen, beschäftigen sich aber mit einem Feminismus, der sich auf postmoderne, in der Hauptsache schwule Meister gründet und männlich-schwule Empfindlichkeiten möglichst nicht irritiert. Das ist keine ganz einfache Aufgabe. Wie z.B. läßt sich das Phänomen Transsexualität nicht nur als akzeptabel, sondern sogar als revolutionär interpretieren, wenn es doch der feministischen Theorie im Halse steckengeblieben ist, seit sich Lesben von der Schwulenbewegung distanziert haben. Es muß durch die Rückkehr zum Gender verfeinert werden, die Erfindung einer harmlosen Gendervariante, mit der Lesben und Schwule endlos spielen und trotzdem revolutionär sein können.

Die Gendervariante der lesbischschwulen Theoretikerinnen ist ein ferner Abklatsch des Genderbegriffs, den feministische Theoretikerinnen haben. Gender ist hier entpolitisiert, gereinigt und irgendwie schwer mit sexueller Gewalt, ökonomischer Ungleichheit und Frauen, die an einer Hinterzimmerabtreibung verbluten, in Verbindung zu bringen. Es ist ein Spiel für die, die sich selbst weit weg von der Sache der Frauenunterdrückung sehen. Es kommt gut in der lesbischschwulen Theoriewelt an, weil es Feminismus als

Spaß und nicht Feminismus als irritierende Herausforderung bedeutet.

Sehen wir uns an, wer die lesbischschwulen Theoretikerinnen sind, weil uns das hilft zu begreifen, wie und warum sie zu ihren politischen Einsichten gekommen sind. Während die feministischen Wissenschaftlerinnen der siebziger Jahre in der Regel Politik, Geschichte oder Soziologie studiert hatten, kommen diese aus den Literatur-, Kultur- und Filmwissenschaften. Nehmen wir als Beispiel das Buch *Inside/Out. Lesbian Theories, Gay Theories*, herausgegeben von Diana Fuss.[2] Judith Butler lehrt an einem Institut für Geisteswissenschaften und gehört infolgedessen nicht in den kulturkritischen Bereich. Die anderen achtzehn AutorInnen kommen aus der Literaturkritik, Medien, Film, Fotografie und Kunstgeschichte. Es gibt keinen Grund, warum nicht eine Literaturkritikerin einen Beitrag zur politischen Theorie leisten sollte; wenn aber alles, was von einer neuen Generation lesbischer und schwuler StudentInnen und LehrerInnen „Theorie" genannt wird, eher aus der Kunst als aus den Gesellschaftswissenschaften kommt, dann muß das alarmieren. Es erklärt, warum in der neuen Theorie so wenig Raum ist für das altmodische Gespräch über reale Machtverhältnisse, über Ökonomie, über Macht, die nicht bloß herumtändelt, sondern in den Händen bestimmter Klassen und Eliten liegt. Postmoderne Theorie wies der Sprache einen herausragenden Platz im Politikraum zu, das Wort wurde Wirklichkeit, KulturkritikerInnen wurden politische AktivistInnen, und die Hausfrau, die von ihrem Mann verprügelt wird, weil sie eine Spinnwebe übersehen hat, verschwindet in der Unsichtbarkeit.

Welche Autoritäten werden von den neuen lesbischschwulen Theoretikerinnen zitiert? Die Fußnoten in der Einleitung von Diana Fuss nennen Judith Butler, Lacan, mehrmals Derrida, Foucault und neun weitere Männer plus zwei Frauen. Angesichts einer Fülle inspirierender lesbisch feministischer Theorie mag das überraschen, aber für die neuen Lesbischschwulen existiert diese Theorie nicht. Es gibt keine Verweise auf Mary Daly, Audre Lord, Janice Raymond, Julia Penelope, Sarah Hoagland, Charlotte Bunch. Diese intellektuellen Separatistinnen, die eine Theorie postulieren, in die schwule Männer nicht einfach eingeschlossen werden können, sind verschwunden.

An der Wurzel des Genderproblems in der neuen lesbisch-schwulen Theorie liegt, ausgehend von Lacan und Derrida, die Vorstellung von der Dominanz der Sprache und den in ihr enthaltenen binären Gegensätzen. Sprache wird für überwältigend wichtig gehalten. Während Feministinnen Sprache gleichgewichtig mit anderen Kräften, die die Unterdrückung der Frauen aufrechterhalten, einordnen (z.B. ökonomische Beschränkungen, männliche Gewalt, die Institution Heterosexualität), gilt den postmodernen lesbisch-schwulen Theoretikerinnen Sprache als primär. Sprache wirkt durch die Konstruktion falscher binärer Gegensätze, die auf geheimnisvolle Weise das Denken und also das Handeln der Menschen kontrollieren. Maskulinität/Femininität gilt als eine dieser Binärverbindungen und ist für die Unterdrückung von Frauen, Lesben und Schwulen fundamental.

Für die postmoderne Feministin fallen Männer aus der Analyse heraus. Macht wird – in Foucaultschem Sinn – etwas Freischwebendes, sich immer wieder Erneuerndes ohne eigentlichen Zweck, ohne reale Beziehung zu realen Menschen. So schreibt Judith Butler Macht „Regimen" zu wie im folgenden: „Die Machtregime von Heterosexismus und Phallozentrismus versuchen sich durch konstante Wiederholung ihrer Logik zu vergrößern..."[3] Anderswo vermenschlicht sie Heterosexualität folgendermaßen:

„Diese Heterosexualität arbeitet sich ununterbrochen den Beweis heraus, daß sie permanent in Gefahr ist – daß sie ihre Möglichkeit, ungeschehen zu werden, ‚weiß'."[4]

Eine Heterosexualität mit Doktortitel! Feministische Analyse würde ganz allgemein fragen, in wessen Interesse diese Regime eingesetzt wurden und operieren; die Frage, wem nützt es, scheint nicht unangebracht. Dann würden die Männer ins Bild kommen.

Ähnlich ist auch Butlers Genderverständnis aus dem Kontext von Machtverhältnissen herausgenommen.

„Gender ist die wiederholte Stilisierung des Körpers, eine Reihe wiederholter Akte innerhalb eines strengen Regelwerks, das über die Zeit erstarrt, um den Anschein des Substantiellen, einer natürlichen Existenz zu erzeugen."[5]

Anderswo sagt sie: „Gender ist Travestie". Gender wird so ein Weg, den Körper auszustatten, wird Kleidung, Erscheinung, und Butler kommt denn auch folgerichtig zu dem Schluß, daß alle Formen des

Gendertauschs, wie Transvestiten und lesbisches Rollenspiel, revolutionär sind. Unklar bleibt nur, wie die aktuelle, ganz gewöhnliche Unterdrückung der Frauen in all das hineinpaßt. Wenn eine Frau von dem Mann, mit dem sie zusammenlebt, geschlagen wird, liegt das dann daran, daß ihre Erscheinung das feminine Gender übernommen hat? Wäre es die Lösung für sie, an diesem Tag das maskuline Gender zu übernehmen und im Arbeitshemd daherzukommen? Wenn Gender nur eine Idee oder eine Erscheinungsform ist, verschwindet die Unterdrückung der Frauen. Das tendenzielle Unsichtbarmachen der Machtverhältnisse in der Gender-idee haben radikalfeministische Theoretikerinnen schon früher kommentiert.[6] Bei liberalen und sozialistischen und heute postmodernistischen Feministinnen war das Genderkonzept schon immer populärer.

Wenn Feministinnen jeder politischen Richtung früher über Gender geschrieben haben, sahen sie es als etwas, das überwunden werden würde. Heterosexuelle wie lesbische Feministinnen empfanden es verständlicherweise als Beleidigung, entweder feminin oder maskulin genannt zu werden. Sie protestierten – und die meisten tun es noch heute – bewußt gegen Gender, lehnten ab, irgend etwas damit zu tun zu haben oder es auszuagieren. Einige verfolgten den Weg der Androgynie, aber die Grenzen dieses Wegs haben ebenfalls radikale Feministinnen aufgezeigt. Androgynie, als Vorstellung, wurde als Fortsetzung der Begriffe Maskulinität und Femininität gesehen, als die Verbindung beider Konzepte und deshalb eher als Konkretisierung denn als Überwindung. Das Projekt, in dem Feministinnen und lesbische Feministinnen sich fast zwanzig Jahre engagiert haben – Gender zu widerlegen, indem sie sich weigerten, sich nach Gendergesetzen zu verhalten –, haben nun postmoderne Feministinnen nicht nur für widersinnig, sondern für unmöglich erklärt. Butler identifiziert innerhalb des Feminismus die „Pro-Sexualität-Bewegung", die sagt, Sexualität sei immer innerhalb der Begriffe Diskurs und Macht konstruiert, und Macht als heterosexuelle und phallische kulturelle Konventionen versteht. Dem stimmt sie zu und stellt fest, daß eine Sexualität außerhalb dieser Konventionen undenkbar ist.

„Wenn Sexualität innerhalb bestehender Machtverhältnisse kulturell hergestellt wird, dann ist das Postulat einer normativen

Sexualität ‚vor‘, ‚außerhalb‘ oder ‚jenseits‘ der Macht eine kulturelle Unmöglichkeit und ein politisch unpraktikabler Traum, einer, der die konkrete gegenwärtige Aufgabe, neue subversive Möglichkeiten für Sexualität und Identität innerhalb der Machtstrukturen zu denken, hinausschiebt."[7]

Feminismus, wie wir ihn bisher verstanden, wird für unmöglich erklärt. Die postmoderne Theorie unterstützt das sexuell libertäre sadomasochistische Projekt.

Vermutlich haben sich die meisten Feministinnen der siebziger und achtziger Jahre in der Aufgabe engagiert, Gender und phallozentrische Sexualität abzuschaffen. Wir wollten etwas Neues und anderes. Jetzt erfahren wir, daß wir Unmögliches gewollt haben. Meine jungen lesbischen Studentinnen sagen zu mir: „Natürlich hast du Gender in deiner Beziehung." Sie wissen nicht, daß sie damit mehr als zwanzig Jahre Kampf lesbischer Feministinnen für null und nichtig erklären. Das ist fast so frustrierend wie damals, wenn Männer mir, die ich gerade den Feminismus entdeckt hatte, sagten, es gäbe eine „natürliche" Maskulinität und Femininität. Männer sagen das heute nicht mehr, nur Postmodernisten beiderlei Geschlechts. Als Ergebnis einer Überdosis Postmodernismus akzeptieren die Studentinnen, daß es unmöglich ist, Gender auszuweichen. Nach Derrida kannst du aus einem binären Gegensatz nicht ausbrechen, du kannst höchstens der schwächeren Hälfte des Paars mehr Gewicht geben und ihr Stress und Anstrengung zumuten.

Sich vorzustellen, du könntest ausweichen, heißt heute, essentialistisch zu sein. Eine ganz neue Bedeutung des Worts „Essentialismus", die erlaubt, es gegen alle zu verwenden, die den Glauben, soziale Handlungen könnten sozialen Wandel herbeiführen, nicht aufgeben wollen. Früher einmal mögen wir gewußt haben, woran wir mit dem Essentialismus waren. Es war die Vorstellung, daß Männer und Frauen von Natur und biologisch verschieden sind. Das war nicht die Überzeugung radikaler Feministinnen, die sich immer für die soziale Konstruktion stark gemacht haben, auch wenn einige Feministinnen das Gegenteil behaupteten. Chris Weedon, eine postmoderne Feministin, wiederholt in ihren Arbeiten die verblüffende Behauptung, radikale Feministinnen, die im Interesse der Frauenbefreiung die männliche Sexualität ändern wollten, seien in Wirklichkeit biologische Deterministinnen, die an Veränderung nicht glauben![8] Was heute Essentialismus genannt wird, ist die Vorstellung, daß eine Lesbe Gender entkommen oder daß eine Sexualität denkbar sein könnte, die nicht Penis und Machtungleichgewicht braucht. Solche Vorstellungen werden essentialistisch genannt, weil sie sich auf ein Essentielles im Lesbianismus berufen, das jenseits menschlicher Erkenntnis liegt. Was bekannt oder was denkbar ist, ist gender- und phallusbezogen und nur zu verändern innerhalb der Regeln des Systems. Natürlich wäre es möglich, das Spiel umzukehren und die, die behaupten, Lesben könnten Gender und Phallozentrismus nicht entkommen, als Essentialistinnen zu beschimpfen – mit mehr Berechtigung, als man meinen möchte. Aber ich will mich über neue Varianten des Begriffs nicht weiter aufregen. Es genügt zu sagen, daß die Idee, Gender und Phallozentrismus seien unüberwindbar, grob deterministisch und pessimistisch ist und nur dazu da, das feministische Projekt und die letzten zwanzig Jahre von der Bildfläche zu fegen. Es paßt in die allgemeine postmoderne Tendenz, politisches Handeln und den Glauben an politische Veränderungen als verdächtig, lächerlich und irgendwie vulgär anzusehen.

Sehen wir uns also genauer an, worin Butler die revolutionären Möglichkeiten des Transvestismus sieht. Daß Gender eine soziale Konstruktion ist, ist eine alte und grundlegende feministische Lehre. Aber für die Postmodernen ist sie – wie andere feministische Einsichten – neu und aufregend. In der Tat kann es sein, daß sie aufregend wirken auf eine neue Generation junger Frauen, die keinen Zugang zur feministischen Literatur der sechziger und siebziger Jahre hat, weil diese Literatur in ihren Seminaren nicht vorkommt und nirgendwo zitiert wird. Das revolutionäre Potential von Männern in Frauenkleidern und Rollenspiel, behauptet Butler, liegt darin, daß diese Praktiken die Tatsache beleuchten: Gender ist ein soziales Konstrukt. Sie enthüllen, daß Gender nichts Eigentliches oder Ideales hat, sondern daß alles Verkleidung ist: ob feminine heterosexuelle Frauen oder maskuline heterosexuelle Männer, rollenspielende Lesben, Transvestiten, Tunten oder Klone.

„Verkleidung ist der prosaische Weg, wie Gender angeeignet, theatralisiert, getragen und ausgeübt werden; es bedeutet, daß soziales Geschlecht immer Darstellung und Annäherung ist.

Wenn das richtig ist, und es scheint so, gibt es kein originäres oder primäres Gender, das imitiert würde, sondern Gender ist eine Imitation, für die es kein Original gibt."[9]

Insofern Gender nichts als Gesten, Kostüm und Erscheinung ist, ist es tatsächlich Verkleidung, oder wie Butler auch sagt, „Performance", die nur dazu da ist zu zeigen, daß es kein „inneres Geschlecht oder Wesen oder psychischen Genderkern" gibt. Wenn das eine revolutionäre Strategie ist, was könnte sie ändern? Das ist nicht ganz klar.

„Wie also... Gender, selbst zwangsläufig eine Fälschung, in Anspruch nehmen, um Gender in Begriffen zu erfinden, die jeden Anspruch auf den Ursprung, das Innere, Wahre und Wirkliche als nichts anderes denn den Effekt der Verkleidung entlarven, deren subversive Möglichkeiten gespielt und wiedergespielt werden müssen, um das Gender-‚Geschlecht' zum Schauplatz eines beharrlichen politischen Spiels zu machen?"[10]

Offenbar wird das Publikum, das Gender als Transvestitenvorstellung sieht, realisieren, daß Gender nicht „wirklich" ist oder „wahr". Aber was wird es mit dieser Erkenntnis anfangen? Werden heterosexuelle Frauen und Männer nach der Show nach Hause eilen, ihr soziales Geschlecht abwerfen und dem Gatten/der Gattin erklären, daß es so etwas wie Maskulinität und Femininität nicht gibt? Das ist nicht sehr wahrscheinlich.

Wenn Gender wirklich nur eine Performnce wäre, wenn männliche Vorherrschaft nur deshalb weitergeht, weil versäumt wurde, in den Köpfen von Männern und Frauen ein paar Blitzlichter zu zünden, dann könnte Butlers Strategie von Erfolg sein. Aber ihr Verständnis von Frauenunterdrückung ist liberal und idealistisch. Männliche Vorherrschaft geht nicht deshalb weiter, weil die Menschen nicht realisieren, daß Gender sozial konstruiert ist – wir müßten also nur ihrer Auffassungsgabe ein wenig nachhelfen. Sie geht weiter, weil das den Interessen der Männer dient. Es gibt keinen Grund, warum Männer all die Vorteile, die ihnen ihre Vorherrschaft bietet – ökonomisch, sexuell, emotional –, aufgeben sollten, bloß weil sie sehen, daß auch Männer Röcke tragen können. Ebenso besteht die Unterdrückung der Frauen nicht darin, Makeup tragen zu müssen. Daß sie einen Mann im Rock oder eine Frau mit Schlips sieht, befreit keine Frau aus einer heterosexuellen Beziehung, wenn sie gesellschaftlich, finanziell und bestimmt physisch, manchmal mit dem Verlust des Lebens, dafür zahlen muß, daß sie versucht die Unterdrückung abzuwerfen.

Denen zufolge, die das Genderspiel feiern, ist nicht nur die Annahme des für nicht übereinstimmend angesehenen Geschlechts, also Femininität bei einem Mann, Maskulinität bei einer Frau, potentiell revolutionär. Offensichtlich kann das auch die Performance der erwarteten Genderrolle sein. Diese Idee gab es schon einmal in der Theorie der männlichen Schwulen. Schwule Kommentatoren des Siebziger-Jahre-Phänomens des maskulinen, geklonten Ledermanns waren sich uneins über das revolutionäre Potential dieser Entwicklung. Viele schwule Theoretiker waren verständlicherweise entsetzt. In schwuler Maskulinität sahen sie einen Verrat an den Prinzipien der Schwulenbefreiung, die mit den Genderstereotypen brechen wollte und in Maskulinität das Konzept hinter der Unterdrückung von Frauen sah.[11] Andere argumentierten, der maskuline schwule Mann sei revolutionär, weil er das effeminierte schwule Stereotyp in Frage stelle. Es wurde darauf verwiesen, daß das revolutionäre Potential des maskulinen Schwulen unter Umständen nicht wahrgenommen würde, weil nichtsahnende PassantInnen gar nicht merken, daß er schwul ist, und ihn einfach für maskulin halten. Die Behauptung, von schwulen Männern zur Schau getragene Maskulinität könnte politisch progressiv sein, schien am Ende einfach eine Möglichkeit, zu rechtfertigen, was einige schwule Männer wollten oder wodurch sie sich angezogen fühlten. Das Recht darauf wurde nachträglich erfunden, vielleicht weil einige Schwule das Rückschrittliche der von ihnen angenommenen Maskulinität, um sich machtvoll oder attraktiv zu finden, erkannten und sich irgendwie beruhigen wollten.

Die Rückkehr zum Gender in der schwulen männlichen Gemeinschaft in den Siebzigern in Form einer neuen Beliebtheit der Transvestitenshows und des neuen maskulinen Stils fand in der lesbischen Gemeinschaft ziemlich spät ihre Entsprechung. Erst in den Achtzigern wurde mit dem Phänomen des Rollenspiels und der Lippenstiftlesbe die Rückkehr zum Gender offensichtlich. Da traf es sich gut, daß in den Werken der postmodernen Meister sich einiges fand, das intellektuelle Rechtfertigung bot und gestattete, sich über feministische Bedenken hinwegzusetzen und lustig zu machen. In *Gender Trouble* zeigt Judith Butler, daß die altmodische

Psychoanalyse in Form eines Vortrags von Joan Riviere aus dem Jahr 1929 plus Lacansche Sprüche über Weiblichkeit als Maskerade und Parodie von den neuen lesbischschwulen Theoretikerinnen eingesetzt werden können, um die Weiblichkeitsvorführung von Lesben als politische Strategie zu bezeichnen. Anderswo heißt diese Strategie „Mimicry", obwohl dies Wort zu Butlers Analyse nicht gut paßt, da es voraussetzt, es gäbe ein Original, das nachgemacht werden kann – sie benutzt es deshalb auch nicht. Carol-Anne Tylor erläutert die Mimicry-Idee unter Bezug auf Luce Irigaray.

„Eine Nachahmerin sein, heißt nach Irigaray, ‚die weibliche Rolle bewußt anzunehmen... durch spielerische Wiederholung sichtbar zu machen, was unsichtbar bleiben sollte'... Das Femininum spielen, heißt es ironisch ‚sprechen', es kursiv drucken... es übertreiben... oder parodieren. In der Nachahmung/Mimicry, wie bei der Tunte, ‚tut' eine die Ideologie, um sie aufzuheben, indem sie Wissen über sie herstellt: daß Gender und die heterosexuelle Orientierung, an der es festgemacht ist, unnatürlich und unterdrückerisch sind."[12]

Aber Tyler steht dieser Vorstellung kritisch gegenüber. Sie führt aus, daß, wenn jedes Gender Maskerade ist, es ganz unmöglich wird, Parodie und „Wirklichkeit" zu trennen. Es gibt keine Wirklichkeit. Auf diese Weise muß das revolutionäre Potential verloren gehen.

Mimicry ist die Idee, die hinter den Beifallskundgebungen mancher KulturkritikerInnen für Madonna steht. Madonna untergräbt angeblich Vorstellungen über die Beständigkeit und Zuverlässigkeit des sozialen Geschlechts, indem sie aus Femininität eine Performance macht. Mimicry erfordert, daß Weiblichkeit, um vorgetäuscht zu sein, übertrieben wird. Das zeigt, wie naiv diese BeobachterInnen in bezug auf das Wesen revolutionärer Strategien sind. Das Ausmaß der Bemalung oder die Höhe der Absätze zeige, ob Gender Performance ist. Cherry Smith, Exponentin schwuler Politik, erklärt uns anhand der Arbeiten der lesbischen Fotografin Della Grace, daß traditionelle Frauenkleidung revolutionär sein kann.

„Einiges der Ikonographie ist von Sexarbeiterinnen und der Post-Punk-Mode geklaut, was in den Femme-Chic eine gewalttätige Autonomie bringt, was es kitschig und bedrohlich macht, statt verletzlich und unterwürfig, Minirock und offenherzigen Body zu tragen."[13]

Dieser Stil, sagt sie, sei am besten in Madonna selbst personifiziert, die „vermutlich eines der berühmtesten Beispiele schwuler Grenzüberschreitung ist". Feministinnen, die weder „schwul" noch postmodern sind, haben wahrscheinlich Schwierigkeiten, Madonna in irgendeiner Weise als grenzüberschreitend zu sehen – außer gegen den Feminismus, den Antirassismus und progressive Politik ganz allgemein. Bell Hooks, schwarze US-amerikanische Feministin, sagt, daß Madonna den Regeln weißer männlicher Vorherrschaft gehorcht und sie ausbeutet, aber keineswegs herausfordert. Schwarze Frauen, sagt sie, könnten in Madonnas Wechsel der Haarfarbe zu blond nicht „eine ausschließlich ästhetische Frage" erkennen, sondern die Folge weißer rassistischer Vorherrschaft. In *Truth or Dare: In Bed with Madonna* (deutsch: Im Bett mit Madonna) benutze sie die „Position der Außenseiterin", um „schwarze Erfahrung für ihre opportunistischen Ziele zu kolonisieren und zu enteignen, auch wenn sie versucht, ihre rassistische Aggression als Affirmation zu maskieren". Hooks zeigt, daß Madonna, indem sie das Motiv der unschuldigen Frau benutzt, die es wagt, böse zu sein, sich „auf den immer neu hergestellten rassistischen/sexistischen sexuellen Mythos, daß schwarze Frauen nicht unschuldig sind und nie sein können", stützt.[14]

Hooks zitiert Susan Bordo, die gesagt hat, daß das „destabilisierende Potential von Texten" nur im Zusammenhang mit „aktueller sozialer Praxis" bestimmt werden kann. Betrachten wir das „destabilisierende Potential" der Mimicry, sind wir gezwungen zur Kenntnis zu nehmen, daß überall um uns herum in öffentlichen Verkehrsmitteln, Büros, Restaurants Frauen übertriebene Weiblichkeit vortäuschen. Schwer zu sagen, worin der Unterschied zwischen gedankenloser, gewöhnlicher Weiblichkeit und verfeinerter Weiblichkeit als Maskerade besteht. Auch hier ist Snobismus am Werk. Natürlich gibt es Unterschiede zwischen Frauen, auch wenn sie genau die gleiche Kleidung tragen – je nachdem ob sie unwissend und ungebildet sind oder ob sie Kulturwissenschaften studiert, Lacan gelesen und bewußt und revolutionär beschlossen haben, weitausgeschnittene Spitzenblusen zu tragen.

Warum soviel Aufregung über all das? Es ist schwer zu glauben, daß die postmodernen lesbischen Theoretikerinnen Mimicry oder Rollenspiel ernsthaft für revolutionäre Strategien halten. Aber die

Theorie gestattet es Frauen, die Genderfetischismus für ihre Zwecke – ob nun erotische oder traditionelle – nutzen wollen, dies mit dem blasierten Gefühl politischer Selbstgerechtigkeit zu tun. Mit Gender und all dem herkömmlichen Drumherum von Dominanz und Unterwerfung, Macht und Machtlosigkeit, die männliche Herrschaft je produziert hat, zu spielen, scheint Spaß zu machen. Während für eine Frauengeneration, die in den Sechzigern aufwuchs, Makeup und hohe Hacken Schmerz, Aufwand, Verletzbarkeit und ein geringes Selbstwertgefühl bedeuteten, erzählt uns eine jüngere Generation, das alles sei wundervoll, weil sie es sich aussuchen. Eine neue Generation scheint verwirrt darüber, wie wir es fertigbringen, Spaß zu haben ohne Augenbrauenzupfen und Beinerasieren. Inzwischen scheint die Genderkonstruktion unangefochten. Wir stehen vor dem Phänomen, daß junge Lesben die Weiblichkeitsfassade abstützen helfen. Es gab eine Zeit, da gehörte es zur lesbischen Bewußtseinserweiterung, in der Öffentlichkeit oder im Fernsehen in einer Aufmachung zu erscheinen, die Weiblichkeit definitiv ausschloß. Wir glaubten, das würde Frauen zeigen: Es gibt eine Alternative zur Weiblichkeit. Nun sagen uns die Parodistinnen, Mimikerinnen, Performancekünstlerinnen, es erschüttere die Männerherrschaft mehr, wenn eine Lesbe sich herausputzt auf eine Art, wie sie eher von einer extrem weiblichen heterosexuellen Frau erwartet wird. Erschüttert sind höchstens die Feministinnen und Lesben, die sich unterminiert und erniedrigt fühlen von Lesben, die der Welt sagen, sie wollten aber auch weiblich sein.

Neben der Rückkehr zum Gender gibt es einen zweiten Aspekt im postmodernen Ansatz lesbischer und schwuler Wissenschaft, der gleichfalls offensichtlich keine sinnvolle revolutionäre Strategie zu sein scheint: die grundsätzliche Ungewißheit über lesbische und schwule Identität. Benennen (Naming) und Entwickeln einer Identität galt in den Siebzigern für die lesbische und die schwule Bewegung als fundamental wichtige politische Aufgabe. Benennen war vor allem für lesbische Feministinnen von großer Bedeutung, denn ihnen war nur zu bewußt, auf wie vielen Wegen Frauen aus der Geschichte, der Wissenschaft, den Urkunden entfernt wurden. Sobald sie heirateten, verloren sie ihren Namen. Wir wußten, wie wichtig es ist, uns sichtbar zu machen und darum zu kämpfen, es auch zu bleiben. Besonders wichtig war das Wort lesbisch, denn es gab Lesben eine von Schwulen separierte Identität. Lesbische Feministinnen suchten diese Identität mit Leben zu füllen. Wir schufen uns eine bewußte politische Identität. Lesbische Feministinnen waren in ihrem Zugang zum Lesbianismus immer radikale Anhängerinnen des sozialen Konstruktivismus. Durch Poesie, theoretische Arbeiten, unsere Konferenzen, Kollektive und die tägliche politische Arbeit entstand eine lesbische Identität, die feindliche und kontrollierende Stereotypen bekämpfte und die Grundlage unserer politischen Arbeit war. Eine historisch ganz spezifische Identität. Die neue, von Theoretikerinnen einer schwulen Nation und libertären Sexualität geschaffene Identität ist ganz anders und entspricht den angepeilten politischen Strategien.

Postmoderne lesbischschwule TheoretikerInnen wollen jede auch nur zeitweise stabile Identität über Bord werfen. Diesem Bemühen scheinen drei Dinge zugrundezuliegen. Das erste ist, Essentialismus unter allen Umständen zu vermeiden. Das scheint für lesbische Feministinnen von untergeordneter Bedeutung – ihnen ist sehr wohl klar, daß ihre lesbische Identität eine bewußte und absichtliche soziale Konstruktion ist. Aber gerade für männliche schwule Theoretiker ist es sehr wichtig, denn sie sehen sich einer schwulen männlichen Kultur gegenüber, die weit stärker in Vorstellungen einer essentiellen Identität verankert ist als die lesbische Kultur. Die schwul-männliche Beziehung zum Essentialismus hat verfügt, daß lesbischschwule TheoretikerInnen insgesamt sich daran halten. Richard Dyer stellt fest, daß

„die allgemeinen Vorstellungen über Homosexuelle zu nahe an den biologischen Ableitungen der Homosexualität liegen, die schon immer gegen gleichgeschlechtliche Beziehungen eingesetzt wurden, und, indem sie ein unerbittliches Modell dessen liefern, was wir angeblich sind, uns davon abhalten sollen, politisch zu definieren, was wir sein wollen."[15]

Dem Bedürfnis nach radikaler Ungewißheit liegt zweitens der Wunsch zugrunde, Ethnozentrismus zu vermeiden. Eine feste Vorstellung, was eine Lesbe oder ein Schwuler ist, würde immer nur die Vorstellungen der dominanten rassischen oder ethnischen Gruppe spiegeln und davon abweichende Erfahrungen und Praktiken anderer Kulturen nicht zulassen.

„Was versuchte, die Kontinuität lesbischschwuler Identität über Zeiten und Kulturen hinweg zu etablieren, schien das, was lesbischschwule Sexualität für ‚uns' darstellt, der Vielfalt und radikalen Differenz sowohl der Vergangenheit wie der ‚anderen' (Nicht-Weißen-, Dritte Welt-)Kulturen aufzuzwingen und die Differenzen zwischen Lesben und Schwulen auszulassen."[16]

In der Frauenbewegung und im lesbischen Feminismus haben schwarze Frauen und Frauen aus ethnischen Minderheiten auf ihren unterschiedlichen Identitäten bestanden, ohne den Gedanken, es gäbe eine lesbische Identität, grundsätzlich in Frage zu stellen. Schwarze Lesben, jüdische Lesben, Chicana-Lesben, asiatische und indigene Lesben bestanden auf ihrer lesbischen Identität. Möglicherweise kommt diese gemeinsame Identität aus der westlichen städtischen Kultur und läßt sich nicht ohne weiteres übertragen. In Australien z.B. haben indigene Lesben die Bedeutung eines Wortes, das von einer griechischen Insel abgeleitet ist, für ihre Identität hinterfragt und klargemacht, daß Frauenliebe in einer traditionellen indigenen Kultur keinen Platz für eine städtische lesbische Identität läßt. Trotzdem gab es unter politischen Lesben aller Seiten Einigkeit, daß die lesbische Organisierung in der westlich städtischen Kultur eine erkennbare Identität braucht. Daß diese Identität für indigene oder nicht-städtische Lesben überflüssig ist, ändert nichts an ihrer Bedeutung in ihrem eigenen Kontext.

Eine weitere Begründung des Mißtrauens gegen lesbische oder schwule Identität beruft sich auf Foucaultsche Bemerkungen über „die Ausübung der Macht durch Regulierung des Begehrens, von der angenommen wurde, lesbischschwule Politik und Theorie sei dagegen". Wenn die Kategorien der Homosexualität als Werkzeuge sozialer Kontrolle erfunden sein sollten, sagt Dyers, dann müssen wir wir darauf achten, sie so zu gebrauchen, daß es diese Regulierung nicht noch begünstigt. Es ist gut und sinnvoll, daran erinnert zu werden, daß wir unsere politische Praxis und auch das, was wir für politisch selbstverständlich halten, überprüfen, um nicht auf wenig hilfreiche oder gar gefährliche Abwege zu geraten. Aber wenn wir uns ansehen, wie radikale Unsicherheit sich in lesbischen Texten ausdrückt, müssen wir doch fragen, ob dieser Frühjahrsputz nicht zu weit gegangen ist. Postmoderne Autorinnen sind ganz versessen darauf, ihre subjektive Position klarzumachen, damit ja niemand auf die Idee kommt, sie erhöben Anspruch auf Universalität und Objektivität. In den Achtzigern entwickelten feministische Lesben, die von postmoderner Theorie keine Ahnung hatten, ihre eigene Version dieser Identifizierung qua biografischer Notizen – „Ex-het., Mittelkl., dick, unterdrückt, fem., Waage" oder so ähnlich. Aber dieser Aspekte ihrer Identität waren sie sich sicher. Elizabeth Meese gibt ein Beispiel der postmodernen Version radikaler Ungewißheit.

„Wie kommt es, daß die Lesbe einem Schatten gleicht – einem Schatten neben/in der Frau, neben/in dem Schreiben? Eine Gestalt in einem Schattenspiel, ein wenig formlos, die Ränder verwischt durch die Krümmung des Felds, die Tücher, auf die ein Drama projiziert wird. Das lesbische Subjekt ist nicht alles, was ich bin, und es ist in allem, was ich bin. Ein Schatten dessen, was ich bin, der bestätigt, daß ich da bin, nie bin ich mit dieser/ohne diese Lesbe. Und immer drehen wir uns, hierhin und dorthin, hier und woanders. Schon allein die Schatten, vom Körper ganz zu schweigen, vollführen in unserem Kampf, plausibel zu sein, eine komplexe Choreographie."[17]

Postmoderne Texte über lesbische Themen beginnen oft mit mehreren Seiten dieser Art Selbstbetrachtung der lesbischen Identität der Schreiberin. Ähnlich neigen postmoderne Akademikerinnen bei Vorträgen dazu, die ersten zwanzig Minuten der Befragung ihrer subjektiven Position zu widmen, was für den eigentlichen Inhalt, auf den das Publikum geduldig wartet, nur noch wenig Zeit läßt. Es kann gut sein, daß viele lesbische Leserinnen sich nie wie ein Schatten vorgekommen sind oder den Eindruck hatten, sie führten einen großen Kampf um ihre Plausibilität; in postmodernen Texten aber wird verzweifelt gerungen, wie schwer das Sprechen oder Schreiben ist. Ein qualvolles Ringen, das viele von uns, die schlicht nur versuchen sich auszudrücken, in unserem ordinären politischen Kampf nicht leisten können. Judith Butler beginnt ihren Text in *Inside/Out* ebenfalls mit einer Selbstbetrachtung, wer sie ist, wenn sie gefragt wird und bereit ist, als Lesbe eine Rede zu halten.

„Zuerst nahm ich mir vor, einen etwas anderen Essay zu schreiben, einen mit einer philosophischen Tönung: das ‚Sein' des Homosexuellseins. Die Aussicht, irgend etwas zu sein, selbst gegen Bezahlung, hat in mir immer eine gewisse Angst erzeugt, denn lesbisch zu ‚sein' scheint mir mehr als die simple Verfügung, zu werden, wer oder was ich schon bin. Und in keiner Weise beruhigt es für mich die Angst, wenn ich sage, dies sei ein ‚Teil‘ dessen, was ich bin. Als Lesbe zu sprechen oder zu schreiben erscheint eine paradoxe Erscheinung dieses ‚Ich‘, eine, die weder richtig noch falsch erscheint. Denn es ist ein Produkt, gewöhnlich als Antwort auf eine Aufforderung, im Namen einer Identität aufzutreten oder zu schreiben, das, einmal hergestellt, manchmal als ein politisch wirkungsvolles Phantasma funktioniert. Ich fühle mich mit ‚lesbischer Theorie, schwuler Theorie‘ nicht wohl, weil... Identitätskategorien tendenziell Regulierungsinstrumente von Regimen sind... Das soll nicht heißen, daß ich nicht bei politischen Anlässen unter dem Signum Lesbe auftreten werde, sondern daß ich es gern im Unklaren ließe, was das Signum genau bezeichnet."[18]

Ich finde diese Art zu schreiben politisch beunruhigend. Im ersten Satz benutzt Butler das Wort homosexuell in bezug auf sich selbst, was die durchschnittliche lesbische Feministin wohl nicht täte. Homosexuell ist stärker männlich konnotiert als das Wort schwul, jedenfalls für die meisten Lesben, die in den siebziger Jahren politisch wurden und die sich nicht in einer Kategorie mit schwulen Männern sehen, die mit einem einzelnen Wort zu bezeichnen wäre. Butler gehört zu den neuen lesbischschwulen Theoretikerinnen, die beschlossen haben, eine getrennte lesbische Politik aufzugeben. Der Gebrauch bestimmter Wörter hilft uns, Butler politisch einzuordnen, aber das große Problem für lesbische oder schwule Politik ist ihre Angst, sich selbst einzuordnen. Es inspiriert nicht gerade, mit radikaler Ungewißheit konfrontiert zu sein, aber als Kritik reicht das nicht aus. Die Frage muß lauten – und viele heterosexuelle Feministinnen, schwarze Frauen und Lesben fragen dies –, ob es politisch hilfreich ist, so zweifelnd mit dem Wort Lesbe oder anderen politischen Begriffen wie Frau oder schwarz umzugehen, wenn die unterdrückten Gruppen, die diese Identitätsbegriffe benutzen, gerade erst beginnen, sich historisch, kulturell und in den Wissenschaften Raum zu schaffen.

Der Sinn der Frage nach dem Standort des Subjekts war, daß die Angehörigen herrschender Gruppen ihre Vorurteile offenlegten, damit die LeserInnen manche Texte leichter als Teil eines Herrschaftssystems erkennen würden. Das ist gut und schön, aber es sind gerade nicht die Angehörigen herrschender Gruppen, die die Möglichkeit ergriffen, radikal unsicher zu sein, und es gibt keinen Grund anzunehmen, sie hätten den Wunsch danach. Nicht die Vizekanzler der Universitäten beginnen ihre Reden mit zwanzig Minuten verzweifelten Ringens um ihren subjektiven Standort und ihr Recht zu sagen, was sie sagen werden. Männliche heterosexuelle weiße Akademiker ergreifen keineswegs scharenweise diese Chance. Es scheinen hauptsächlich Frauen, Lesben, Schwule und Angehörige ethnischer Minderheiten zu sein, die sich zu radikaler Ungewißheit gedrängt sehen. Solange die Gewißheiten herrschender Regime ihren Platz behaupten, ist es vermutlich politisch besser, selbst einige Sicherheit zu haben, wer wir sind und was wir tun. Es könnte sein, daß die Aufforderung, unsicher zu sein, ganz einfach gut in die allgemeine Schwierigkeit von Unterdrückten paßt, sich zuversichtlich und selbstbewußt gegen die dominante Mythen erfindende Maschinerie zu stellen; sie hilft uns, uns ohnmächtig zu fühlen.

In ihrem Buch *Essentially Speaking* widmet Diana Fuss ein ganzes Kapitel der Frage nach lesbischer und schwuler Identitätspolitik. Sie behauptet, lesbische Theoretikerinnen hätten mehr als schwule Männer der Idee einer essentiellen/wesensmäßigen Identität zugeneigt.

„Im allgemeinen ist die gegenwärtige lesbische Theorie weniger bereit, die Idee einer ‚lesbischen Essenz' in Frage zu stellen oder sich von ihr und einer darauf gegründeten Politik zu trennen. Auf der anderen Seite haben schwule männliche Theoretiker, Foucault folgend, sich rasch der Hypothese der sozialen Konstruktion angeschlossen und detailliertere Analysen der historischen Konstruktion von Sexualität entwickelt."[19]

Welche Überraschung für lesbisch feministische Leserinnen. Unsere Erfahrung sagt das Gegenteil. Als Dozentin habe ich wieder und wieder erfahren, daß die Vorstellung, männliche Homosexualität sei gesellschaftlich geformt, für einige schwule Studenten ein Greuel und für die meisten schwer zu akzeptieren ist, aber kein Problem für Lesben. Viele Lesben haben sich ohnehin aus politischen Gründen für Frauen entschieden, oft nach einem halben Menschenleben als Ehefrauen und Mütter, in dem sie nie daran dachten, Frauen anziehend zu finden. Schwule Männer machen diese Erfahrung selten. Selten finden wir einen, der sagen würde, seine sexuelle Vorliebe sei politisch und das Ergebnis der bewußten Entscheidung, Frauen und Heterosexualität zu verlassen. Vielleicht meint Fuss, daß lesbische Autorinnen den Gedanken der sozialen Konstruktion nicht befördert hätten, obwohl die meisten Lesben ihn auf der Ebene der Erfahrung akzeptiert haben. Aber auch das ergibt keinen Sinn. Die Literatur über politischen Lesbianismus und Heterosexualität als politischer Institution, die der Unterdrückung der Frauen dient, ist immens. Fuss ignoriert diese Literatur, abgesehen von Adrienne Rich, die sie einige Male erwähnt, hat sie vielleicht nie gelesen, obwohl vieles davon auch heute in den Women's Studies unterrichtet wird. Ihre Erklärung, warum Lesben eher als schwule Männer dem Essentialismus zustimmen, ist: Als Frauen sind wir eine Randgruppe, und die Gewißheit einer wesensmäßigen Identität gibt uns mehr Sicherheit. Das ist nun in der Tat das Gegenteil der Frage, die eigentlich interessant ist: Warum schwule Männer, die für ihre Sicherheit gewiß weniger einer essentiellen Identität bedürfen, ihr soviel hartnäckiger anhängen.

Laut Fuss und anderen postmodernen lesbischschwulen TheoretikerInnen stammt der Gedanke, Sexualität sei ein soziales Konstrukt, von Foucault. Vor allem hat er uns gelehrt, daß sexuelle Identität in unterschiedlichen historischen Perioden unterschiedlich erfahren wird. Also, spekuliert Fuss, könnte die größere Neigung der Lesben, sich dem Essentialismus zu verschreiben, daran liegen, daß „Foucaults Analysen lesbischer Sexualität eher rar sind, gemessen an der Überfülle seiner Untersuchungen des Schwulenthemas". Ganz abgesehen von der Ungenauigkeit, mit der Essentialismus hier mit lesbischer Theorie zusammengebracht wird, gibt es noch ein Problem. Warum sollten Lesben Foucaultsche Analysen betreiben? Warum sollten sie die Arbeiten eines schwulen Mannes, der in seiner Theorie Frauen gar nicht wahrgenommen hat, von Lesben ganz zu schweigen, und dessen Einsichten vom lesbischen Feminismus vorweggenommen wurden, für die Beschreibung ihrer Erfahrung benutzen? Lesbische Feministinnen, vor allem Lillian Faderman, haben selbst bahnbrechend über die unterschiedlichen Arten und die Entwicklung der Frauenliebe in der Geschichte gearbeitet. Aber Fuss beruft sich nicht auf Faderman.

Wie bringt sie es fertig, den lesbischen Feminismus zu übersehen und anzunehmen, Lesben seien theorieunfähig, wenn sie sich nicht flugs in die ungeeigneten Konzepte eines schwulen Mannes einfügen? Wahrscheinlich weil ihr Ausgangspunkt weder lesbische Theorie noch lesbischer Feminismus sind. Sie realisiert, daß schwule Männertheorie Lesbianismus nicht vollständig einbeziehen kann. Z.B. behauptet sie – wenn sie über die Bedeutung sozialer Konstruktionstheorien für lesbische und schwule Identität spricht –, daß diese bei der Theoretisierung der Unterschiede zwischen Lesben und Schwulen hilfreich sind.

> „Sie erlauben uns, die bedeutenden Unterschiede zwischen männlichen Homosexuellen und Lesben zu sehen, zwei Gruppen, die in der Forschung über sexuelle Minderheiten (Forschung mit eindeutigem Übergewicht in Richtung männlicher Schwuler) regelmäßig zusammengesehen werden, die aber nicht in genau gleicher Weise konstruiert sind."[20]

Wir können das durchaus schärfer formulieren und sagen, Lesben und schwule Männer sind genau gesagt in sehr verschiedener Weise konstruiert, aber Fuss mit ihrem konsequent lesbischschwulen Ansatz zieht es vor, eher zögerlich zu formulieren. Interessanterweise stellen wir fest, daß postmoderne Theoretikerinnen sich für so unübertroffen in ihrer Aufmerksamkeit für „Differenz" halten, daß sie manchmal aus lauter Vorsicht Differenzen wie die politisch konstruierten zwischen Männern und Frauen gar nicht mehr sehen. Fuss' Ausgangspunkt sind die schwule männliche Theorie im besonderen und postmoderne Männer im allgemeinen. Sie bezieht sich zwar nicht auf Faderman, hat gleichzeitig aber neunzehn Titel von Derrida in der Bibliographie.

Vor allem sein Werk scheint bei manchen lesbischen und feministischen Theoretikerinnen die Verwirrung über Essentialismus erzeugt zu haben. Fuss berichtet uns von seinen „jüngsten Anstrengungen, ‚Essenz' zu dekonstruieren". Das Wort Essentialismus wird in diesen postmodernen Texten nicht in seinem ursprünglichen Sinn gebraucht. Viele Kritikerinnen der radikalfeministischen Theorie beschuldigen diese – wenig überzeugend –, essentialistisch in der alten Bedeutung biologisch deterministisch zu sein. Die Anti-Porno-Kampagnen z.B. wurden bezichtigt, männliche und weibliche Sexualität für essentiell verschieden zu halten. Fuss benutzt das Wort anders. Wie andere postmoderne TheoretikerInnen neigt sie

dazu, damit jede Politik zu beschreiben, die auf einem Identitäts-
konzept, konstruiert oder nicht, beruht, aber auch jede Politik, die
von einer Ähnlichkeit unter den Angehörigen einer Klasse ausgeht,
auf die sich politische Theorie oder politisches Handeln berufen
könnte. Dieses Konzept von Essentialismus wurde so oft gegen alle
verwendet, die an politische Aktion glauben, sie einfordern, daß
einige Feministinnen und andere AktivistInnen inzwischen überzeugt sind, das Wort sage bloß noch, daß jede politische Handlung
vulgär ist. Vielleicht haben die Postmodernen an dem Wort Verbizid
verübt, so daß es nicht mehr sinnvoll benutzt werden kann.

Die Schwierigkeiten, die Butler, Fuss und andere mit Konzepten
wie Gender, Identität und Essenz haben, kommen aus den Arbeiten ihrer männlichen Autoritäten. Diese lesbischen Theoretikerinnen sind nicht in lesbischer oder feministischer Politik verankert,
sondern versuchen auf der Grundlage einer männlich schwulen
Theorie eine lesbischschwule Politik zu schmieden. Wenn sie
lesbisch feministische Theorie überhaupt erwähnen, kritisieren sie
sie mit den Begriffen ihrer männlichen Meister und bemühen sich,
lesbische Politik nahtlos in die Lehren postmoderner Schwuler
einzupassen. Währenddessen kritisieren lesbische Feministinnen in
seltsamem Schattenboxen diese Einmischungen einer Theorie, die
eindeutig unangemessen ist, ohne die Originale zu kennen. Die
wenigsten von uns haben neunzehn Bücher von Derrida gelesen,
die meisten wollen es auch gar nicht, aber wir strengen uns
gewaltig an, seine Fragen zu beantworten, die seine weibliche
Gefolgschaft bei uns eingeführt hat.

Ich möchte behaupten, daß, wie wagemutig auch immer
postmoderne Theoretikerinnen sich selbst sehen, sie in Wirklichkeit nur dem altmodischen Liberalismus und Individualismus einen
modischen intellektuellen Anstrich verpassen. Ein gutes Beispiel
dafür ist die Wirkung auf eine ehrliche politische Analyse wie die
der Pornographie, wenn sie postmoderner Theorie ausgesetzt wird.
Kobena Mercer, früher Mitglied der Londoner Gruppe „Gay Black",
unterrichtet heute Kunstgeschichte an der Universität von Kalifornien.
Damals nutzte er die Ergebnisse feministischer Anti-Pornographie-
Aktivistinnen für seine Kritik an den Arbeiten des weißen schwulen
US-amerikanischen Fotografen Robert Mapplethorpe, der vorwiegend schwarze männliche Akte fotografierte. Mercer interpretierte

ein Foto mit dem Titel „Man in a Polyester Suit" – zu sehen war „die Seitenansicht eines Mannes mit angeschnittenem Kopf, sozusagen ‚geköpft', dem sein halbsteifer Penis aus dem Unterhosenschlitz hing" –, es verewige „das rassistische Stereotyp, daß der schwarze Mann nichts ist als sein Penis". Er sah in derartigen Fotos „rassistischen Fetischismus", die „ästhetische Idealisierung rassischer Unterschiede, die nichts anderes tut als den kolonialistischen Diskurs auf den Kopf zu stellen". Dann, sagt er, wurde er sich als Ergebnis gründlicherer Kenntnis der poststrukturalistischen Theorie der widerstreitenden Bedeutungen in Mapplethorpes Werk bewußt. Einmal in der Gelehrtengesellschaft angekommen – und Mercer ist heute Akademiker –, ist es nicht leicht, auf Positionen zu beharren, die als ganz ordinär politisch betrachtet werden können. Aufgrund der Ideen postmoderner Kulturwissenschaft wurde ihm klar:

„Die Vielfalt miteinander streitender Interpretationen des Mapplethorpeschen Werks würden bedeuten, daß der Text nicht eine einzige, einzigartige und unwiderrufliche Bedeutung hat, sondern offen ist für eine große Zahl konkurrierender Interpretationen."[21]

Er beschließt, daß die Frage, ob Mapplethorpes schwarze männliche Akte „rassistische Mythen über schwarze Sexualität verstärken oder untergraben", nicht zu beantworten ist, weil in der poststrukturalistischen Theorie vom „Tod des Autors" die Rede ist. Was seine eigene Haltung den Fotos gegenüber angeht, fragt er sich, ob „meine Wut auch mit Gefühlen wie Eifersucht, Rivalität und Neid gemischt war", Wut und Neid als Ergebnis seiner „Identifikation sowohl mit dem Objekt wie dem Subjekt des Blicks". Kulturkritik dieser Art verläßt sich auf das Individuelle. Es ist nur Meinung, und Meinungen sind nun mal verschieden. „Viel hängt vom Lesenden ab und der sozialen Identität, die sie oder er in den Text trägt." Mercer ist radikal ungewiß geworden und heute so kleinlaut wegen seines früheren eindeutigen anti-rassistischen Standpunkts wie viele Lesben über ihren früheren unangenehmen Feminismus.

Ein weiteres Beispiel, wie Postmodern-Sprech politische Bedeutung ausbleichen kann, ist die Einladung zu einer Konferenz mit dem Thema „Kräfte des Begehrens" im Juni 1993 am renommierten Humanities Research Center der Australian National University in Canberra.

„Kernfrage wird die Untersuchung einer Sexualität ohne die Dominanz eines vorherrschenden Musters und die Strukturierung und Restrukturierung von Begehren sein. Die Vortragenden werden aufgefordert werden, eine Reihe von Themen anzusprechen, wie: multiple Sexualitäten als Praktiken und Lebensstile jenseits der Dominanz herrschender Muster mit Investitionen in die Reproduktionssexualität; die Kosten der Aufrechterhaltung dieser Modelle; Vielfalt der Sexualitäten – Masochismus, Sadismus, Perversionen, Heterosexualitäten, schwule Sexualitäten; normative Sexualität und Möglichkeiten und Ziele des Widerstands gegen diese Normen und ihrer Transformation; Wissen im Zusammenhang mit sexuellen Praktiken – die Erotik der Wissensproduktion, das Verlangen nach Wissen; die Interaktionen von Sexualität, Wissen, Macht und Gewalt."

Möglicherweise fragen sich lesbisch feministische Leserinnen an dieser Stelle, wie ihre Analyse hier überhaupt noch hineinpaßt. Lesben sind auch gar nicht erwähnt. Sie sind in den „schwulen Sexualitäten" verschwunden. Wie viele davon gibt es? Die Vielfalt der Sexualitäten beginnt mit Masochismus und Sadismus und scheint an keiner Stelle etwas spezifisch Gleiches einzubeziehen. Die lesbisch feministische Kritik an der Institution Heterosexualität scheint nicht willkommen, denn in diesem „Muster" gibt es nur „Heterosexualitäten", und der Plural eignet sich irgendwie nicht für diese Analyse. Überhaupt sind die Pluralformen überall aufgetaucht, wie wir es bei einem postmodernen Ansatz erwarten müssen, der alle Eventualitäten mit Hilfe des Plurals abdecken möchte und so am Ende Lesben und Feministinnen und alles, das politische Analyse genannt werden könnte, ausschließt. Im Namen der „Differenz" ist hier alles gleich. Ich frage mich, wie die Plurale und Singulare beschlossen wurden. Es gibt so etwas wie Politik, sogar ein „herrschendes Muster"; ich vermute, die Politik ist die sexuell libertäre sexueller Minderheiten, die Politik der Mainstream-Schwulen. „Schwule Sexualitäten" könnten Pädophilie, Transsexualismus und so fort mit enthalten, alle irgendwie gleichwertig mit Lesbianismus, falls das überhaupt noch hierher gehört. Auf der Liste der Eingeladenen ist keine radikale Feministin, wohl aber Gayle Rubin, die lesbischen Sadomasochismus und lesbischen Butch-Transsexualismus verficht, Jeffrey Weeks, schwuler Historiker in der Nachfolge Foucaults, Carol Vance, eine führende lesbischschwule Theoretikerin, und Cindy Patton, der wir in Kapitel 3 schon begegnet sind. Für Sadomasochistinnen wie Rubin, die „am Rand der Sexualität hausen", wird es schwierig zu behaupten, daß sie wirklich etwas riskieren, wenn sie von einer so renommierten Institution eingeladen und finanziell unterstützt werden.

Postmoderne lesbische und schwule Theorie hat die nützliche Funktion, denen, die nur die Werkzeuge und das Drumherum des Sexismus und Rassismus gebrauchen wollen, das Gefühl zu vermitteln, sie seien nicht nur dazu berechtigt, sondern gleich revolutionär. Lesbisches Rollenspiel, Sadomasochismus, männlich schwule Maskulinität, Transvestismus, Madonnas Mimicry, ihr Gebrauch schwarzer Männer und schwarzer Ikonographie, Mapplethorpes rassistische sexuelle Stereotypen – aus allem läßt sich das Vergnügen und der Profit herausholen, die eine männlich beherrschte Kultur bietet, in der Ungleichheit der Macht als das gilt, was Sex ist oder sein könnte. Der Genuß des Status quo wird „Parodie" genannt, damit Intellektuelle sich darin wiederfinden, die sonst vielleicht wegen der Erregung, die sie erfahren, beunruhigt wären. Für die anderen lesbischschwulen TheoretikerInnen, die sich ihr Vergnügen nicht auf diese Weise holen wollen, bieten die Prinzipien der radikalen Ungewißheit und des utopischen oder essentialistischen Charakters allen sozialen Wandels den theoretischen Halt für vornehmen Liberalismus und Individualismus.

Anmerkungen

1   vgl. Somer Brodribb, *Nothing Mat(t)ers. A Feminist Critique of Postmodernism*, Melbourne 1992.
2   Diana Fuss (Hg.), *Inside/Out. Lesbian Theories, Gay Theories*, London/New York 1991.
3   Judith Butler, *Gender Trouble. Feminism and the Subversion of Identity*, London/New York 1990, S. 32 (deutsch: Das Unbehagen der Geschlechter, Frankfurt a.M. 1992).
4   dies., in: Fuss, a.a.O., S. 23.
5   dies., *Gender Trouble*, a.a.O., S. 33.
6   Eine gute Einführung bietet Denise Thompson, *Reading Between the Lines. A Lesbian Feminist Critique of Feminist Accounts of Sexuality*, Sydney 1991.
7   Judith Butler, *Gender Trouble*, a.a.O., S. 30.
8   vgl. Chris Weedon, *Feminist Practice and Poststructuralist Theory*, Oxford 1987.
9   Judith Butler, in: Fuss, a.a.O., S. 21.
10 ebd., S. 29.

11 vgl. Martin Humphries, „Gay Machismo", in: Andy Metcalf/Martin Humphries (Hg.), *The Sexuality of Men*, London 1985; Seymour Kleinberg, „The New Masculinity of Gay Men and Beyond", in: Michael Kaufman (Hg.), *Beyond Patriarchy, Essays by Men on Pleasure, Power and Change*, Toronto/New York 1987.

12 Carol-Anne Tylor, „Boys Will Be Girls: The Politics of Gay Drag", in: Fuss, a.a.O., S. 53.

13 Cherry Smith, *Lesbians Talk: Queer Notions*, London 1992, S. 44.

14 Bell Hooks, *Black Looks: Race and Representation*, Boston 1992, S. 157 ff.

15 Richard Dyer, „Believing in Fairies: The Author and the Homosexual", in: Fuss, a.a.O., S. 186.

16 ebd.

17 Elizabeth Meese, „Theorizing Lesbian: Writing – A Love Letter", in: Karla Jay und Joanne Glasgow (Hg.), *Lesbian Texts and Contexts. Radical Revisions*, New York 1990, S. 70.

18 Judith Butler, in: Fuss, a.a.O., S. 13 f.

19 Diana Fuss, *Essentially Speaking. Feminism, Nature and Difference*, London/New York 1990, S. 98.

20 ebd., S. 109.

21 Kobena Mercer, „Just looking for Trouble: Robert Mapplethorpe and Fantasies of Race", in: Lynne Segal/Mary McIntosh (Hg.), *Sex Exposed. Sexuality and the Pornography Debate*, London 1992, S. 96 ff.

LESBISCHE OUTLAWS

In den achtziger und neunziger Jahren rebellierten viele Lesben eher gegen den Feminismus als mit ihm. Einer der Gründe dafür ist der lesbische Flirt mit dem Status des Outlaws. Für viele ist dieser Status eine wichtige Quelle der Genugtuung. Neben allen Nachteilen sozialer Mißbilligung und Strafe bietet der Lesbianismus damit doch Glamour und Reiz. Für all die, die in Ruhe leben wollen und nicht die Freuden der Verwegenheit genießen, ist das vielleicht keine ausreichende Kompensation für fehlende soziale Achtung; aber selbst wenn vollkommen auf den Kopf begrenzt statt auf gelebte Erfahrung, scheint Ausgestoßensein eine Art Trost zu sein. Feministische wie Lifestyle-Lesben ziehen daraus Befriedigung. Feministische Lesben haben das zweifelhafte Vergnügen, ausgestoßen zu sein, gleich doppelt: aus der heterosexuellen Welt und – dank ihrer Politik – aus der lesbischen. Die Herausforderung der politischen Institution Heterosexualität bietet zwar die Erfahrung des Ausgestoßenseins und Märtyrerinnentums, aber diese Variante ist heute nicht mehr so aufregend, wie sie es für junge Lesben noch vor zehn Jahren war.

Lifestyle-Lesben, die gar nicht daran denken würden, der Heterorealität die Stirn zu bieten – weil sie sexuelle Orientierung schlicht als eine Frage der Vorlieben betrachten –, können den Outlaw-Status erreichen, indem sie übernehmen, was als „Outlaw-Sexualität" gilt, Sadomasochismus. Die neuen „sexuell ausgestoßenen" Lesben kompensieren die Probleme, vor die sie der lesbische Feminismus und die Verbreitung lesbischer Kultur stellen. Wo früher bereits die Übernahme lesbischer Sexualität und Lebensweise Ausgestoßensein garantierte, scheint es, daß die dank der Lesbenbewegung größer gewordenen sozialen Möglichkeiten die Dinge zu einfach gemacht haben. Eine Figur in Sarah Schulmans Roman *Ohne Delores* äußert diese Empfindung:

„Es ist heutzutage zu einfach, in New York City lesbisch zu sein. Ich stamme noch aus einer Zeit, als sexuelle Erregung nur an versteckten Orten stattfinden konnte. Süße Frauen mußten sich ständig in Gefahr bringen, um mit mir zu schlafen. Mein ganzes Liebesleben hat mit Affären und Heimlichkeiten zu tun. Sie können das heute nicht mehr, überhaupt nicht. Lesben werden nie mehr so sexy sein."[1]

Vor allem dank der Kämpfe lesbischer Feministinnen ist die lesbische Szene größer geworden. Lesben, denen ein relativ behagliches lesbisches Leben nicht genügt, die ihr Lesbischsein vor allem in den grenzüberschreitenden Reizen finden, die das Ausgestoßensein bietet, können ihre Erregung nur wiedergewinnen, indem sie sich einem Stil und Praktiken zuwenden, die die lesbische Gemeinschaft, die es ihnen auch zu leicht macht, schockieren sollen. Nach Ruby Rich entspringt lesbischer Sadomasochismus dem Versuch, sexuelle Erregung wiederzufinden. Der Reiz, den manche Lesben darin finden, sich als Verliererinnen zu sehen, ist für sie einer der Erfolge des lesbischen Feminismus.

„Aus der Ausgestoßenen wurde eine ehrenwerte Bürgerin. Vor 1969 war die Lesbe eine kriminelle Person, ihre Sexualität in vielen Gesetzen kriminalisiert, ihr Begehren unakzeptabel und ihre Kleidung tabu (jedenfalls die der Butch, die damals die einzige sichtbare Lesbe war). Viele Frauen kamen zum Lesbianismus nicht nur aus sexueller Neigung, sondern weil sie Outlaws sein wollten – wie andere Subkulturen, die Beatniks zum Beispiel, die auf die ‚falsche‘ Seite der Straße wechselten, und sei es auch nur bildlich. Mit der hart erkämpften Respektabilität war da auch ein starkes Verlustgefühl: der Verlust des Tabus und damit der Erotik."[2]

Außenseitertum und Dekadenz waren wichtige Themen in der lesbischen Literatur des zwanzigsten Jahrhunderts. Es gab eine Zeit, in der die Lesbenbar der Ort für die Wonnen des Außenseitertums war. Überraschenderweise ist über die Bedeutung der Bar für die lesbische Kultur wenig geschrieben worden. Von Karla Jay gibt es einen kurzen Text zu diesem Thema, *Life in the Underworld: The Lesbian Bar as Metaphor*, in dem sie ausführt, daß die Bar die Entwicklungen überlebt hat, die eigentlich ihr Verschwinden hätten herbeiführen müssen – z.B. die Schwulenbefreiung.

„Es wird Zeit zuzugeben, daß wir auf die Lesbenbar zwar keine Loblieder singen, sie aber auch nicht beerdigen können. Wie in der Zeit vor der Schwulenbewegung spielen Bars im Leben lesbischer Frauen und schwuler Männer eine große Rolle... Die Subkultur der Bars ist seit 1969 nicht ausgelöscht, sondern hat sich noch ausgedehnt."[3]

Einige Bars sind sehr fein geworden, aber es gibt noch genügend schummrige, heruntergekommene; im Zusammenhang mit S/M entstehen neue. Natürlich haben bestimmte Lesben der Bar und der lesbischen Barkultur abgeschworen, aber auf viele übt sie immer noch große Anziehung aus. Die Bar bietet Selbstaffirmation, nicht nur denen, die sich noch nicht geoutet haben. Die Bar ist für Lesben ein Platz, an dem sie sie selbst sein können. Mit Jays Worten: „Es ist die Bühne, auf der die Schauspielerinnen sich selbst spielen, denn in der Außenwelt tragen sie Masken und spielen Rollen." Die Bar ist Hilfe. Lesbische Romane und private Erinnerungen sind voll von Hinweisen auf diese Unterstützung – besonders nach zerbrochenen Liebesaffären. Ironischerweise bietet die Bar Selbstbestätigung und Unterstützung trotz einer oft feindlichen Atmosphäre. Jay berichtet von ihrer Reaktion anläßlich ihres ersten Besuchs in einer Lesbenbar.

„Ich war entsetzt über die Schmuddeligkeit und die unverhohlene Taxierung durch die Frauen, die an der Theke lehnten, die Hände in die Hüften gestemmt. Ich habe nicht geglaubt, je das Gefühl zu verwinden, Außenseiterin in einer Welt zu sein, die angeblich meine war. Und ich habe es nicht verwunden."[4]

Jay weist darauf hin, daß zu den mit der Lesbenbar zusammenhängenden Problemen massiver Alkoholmißbrauch gehört. Lesbenbars liegen seit jeher in Kellern und Souterrains, mit verstopften Toiletten, Gedränge, Rauch und scheußlichem Essen. In der Regel sind sie nicht gerade der Ort, den eine zum Essen und Trinken gern aufsucht. Die Schäbigkeit kommt daher, daß Lesben ausbeutbar sind. Ihre Treffpunkte hängen vom guten Willen der Vermieter ab, die feststellen, daß Lesben trinken, und bereit sind, sie unter dieser Voraussetzung zu akzeptieren, sie aber für gewöhnlich nicht gegen männliche Angriffe und Überfälle schützen. Wir sind an die Schäbigkeit dieser Orte so sehr gewöhnt, daß wir ganz erstaunt sind, wenn wir einen Treffpunkt für Lesben betreten, an dem wir uns wie ganz normale Menschen fühlen können.

Doch trotz all dem treffen sich in diesen Bars schwarze und

weiße Lesben, Lesben aus ganz verschiedenen Klassen und Lebensweisen. Selbst schäbige Bars strahlen noch Glamour aus, weil sie Dekadenz verkörpern. Das Konzept der Außenseiterin ist durchtränkt von der Neigung zur Dekadenz, die eine mächtige lesbische und schwule Triebkraft ist. Deutlich wird das an der Haßliebe vieler Lesben zur Barszene. In der Bar findet die lesbische Außenseiterin ihr Zuhause. Radclyffe Hall gibt in *Quell der Einsamkeit* eine klassische Definition der lesbischen und schwulen Bar.

„Ihr ganzes Leben lang vergaß Stephen nicht ihre ersten Eindrücke von der Bar, die als Alec's bekannt war – dieser elende Treffpunkt der Armseligsten aus der Armee der Bejammernswerten. Dieser Schlupfwinkel, in dem mit Drogen, mit dem Tod gehandelt wurde, in dem sich die geschlagenen Überreste derjenigen zusammendrängten, die von ihren Mitmenschen niedergetrampelt worden waren; die, von der Welt verachtet, sich selbst verachteten – ohne Hoffnung, so schien es, auf Rettung. Da drängten sie sich aneinander, schäbige und doch aufgedonnerte, verängstigte und doch herausfordernde Kreaturen. Und ihre Augen, Stephen vergaß nie ihre Augen, die gehetzten, gequälten Augen der Homosexuellen."

Hall will ihre LeserInnen überzeugen, daß das kein wünschenswertes Bild sei. Sie war nicht besonders erfolgreich. Für die, die Außenseitertum attraktiv finden, ist es nicht ohne Reiz.

Den Flirt mit Dekadenz und Außenseitertum gibt es auch in der heterosexuellen und ganz besonders in der schwulen Kultur. In der Gegenkultur der Heterosexuellen, die aus der Opposition gegen kleinbürgerliche Wertvorstellungen ihre Befriedigung ziehen, genügt ein schäbiger Jazzclub. Für Heterosexuelle ist Dekadenz eine Möglichkeit, die sie jederzeit zugunsten angepaßter Lebensweisen wieder aufgeben können. Für Lesben und Schwule ist das schmutzige Aussehen unserer sozialen Treffpunkte das Ergebnis der Unterdrückung. Lesben sind nicht zur Dekadenz verdammt, weil es ihnen so paßt, sondern durch ihre Lebensumstände, den Zwang, sich zu verstecken, und die Schwierigkeiten, in einer anti-lesbischen Welt lesbische Gesellschaft zu finden.

Lesben suchen sich ihr Außenseitertum nicht aus, den Pariastatus gibt ihnen eine lesbenfeindliche Gesellschaft. Der Flirt mit der Dekadenz ist eine Möglichkeit, sich der aus der Unterdrückung entstandenen Situation anzupassen, das Beste aus ihr zu machen. Lesben, die gezwungen sind, Gleichgesinnte in schmuddeligen Bars zu finden, lernen den Mut, den Humor, die Kultur der Lesben schätzen, die sie dort finden. Für immer von den Wonnen der Gewöhnlichkeit ausgeschlossen, beziehen sie Trost aus ihrem Außenseitertum. Aufsässigkeit, Mut, Exzentrizität haben auch ihren Reiz, besonders wenn es keine Alternative gibt. Die meisten Lesben wollen auch gar nicht „wie die Normalen" sein. Lesbische Existenz zeigt der heterosexuellen Gesellschaft und der eigenen, möglicherweise längst verlorenen Familie rebellisch die lange Nase.

Vielleicht ist auch die „Sehnsucht nach dem Schmutz" (nostalgie de la boue) ein Grund für die Anziehung, die die Bar auf viele Lesben ausübt. Am Ende des vorigen Jahrhunderts bezeichnete dieser Begriff die Faszination der Unterschicht für die Bourgeoisie. Heterosexuelle Mittelschichtsmänner gaben sich dieser Faszination hin, vor allem durch den Verkehr mit Prostituierten. Dieser Zeitvertreib steht Frauen im allgemeinen nicht offen – wegen der Risiken körperlicher Verletzungen und sexueller Ausbeutung. Männliche Forderungen nach Dekadenz zu erfüllen, ist Frauenarbeit, nicht Frauenvergnügen. Lesben dagegen stehen die Freuden der Nostalgie de la boue bis zu einem gewissen Maß zur Verfügung. Oscar Wilde faszinierte eine spezielle Version von Schmutz, nämlich junge männliche Prostituierte aus der Arbeiterklasse und Drogen, und das nicht so sehr in der Praxis, sondern in der Kunst. In *Das Bildnis des Dorian Gray* zeichnete Wilde ein romantisch dekadentes Bild der Opiumhöhle. Auf seinem Weg dahin sinniert Gray:

> „Häßlichkeit war das einzig Reale. Die groben Schlägereien, die widerliche Höhle, die rohe Gewalt des unordentlichen Lebens, die Gemeinheit des Diebs und Ausgestoßenen waren in ihrer grellen Wirklichkeit lebendiger als all die zierlichen Formen der Kunst, die träumerischen Schatten der Musik. Sie waren, was er brauchte, um zu vergessen."

Die Opiumhöhle ist entsprechend.

> „Die Tür öffnete sich leise, und er trat ein, ohne ein Wort an die untersetzte unförmige Gestalt zu richten, die sich bei seinem Vorübergehen in den Schatten drückte. Am Ende des Gangs hing ein zerfetzter grüner Vorhang, der in dem bögen Wind, der ihm von der Straße gefolgt war, hin und her schwang. Er zog ihn

beiseite und betrat einen langgestreckten, niedrigen Raum, der wie ein drittklassiger Tanzboden aussah. Grell flackernde Gasleuchten, von fliegenverschmutzten Spiegeln gedämpft und verzerrt, säumten die Wände."

So ungefähr sahen in den siebziger Jahren die Lesbenbars in London aus. In der Beschreibung einer Lesbenbar in ihrem Roman *The Microcosm* beschwört Maureen Duffy etwas von dieser unheimlichen gedämpften Atmosphäre.

„Und auch dies ist Märchenland, verkehrte Welt, gesehen durch eine geheimnisvolle Lupe. Die Touristen, mit dem Rücken an der Wand, stehen herum, erstaunt, amüsiert über das Unterwasserleben, das in diesem unscharfen Aquarium eingesperrt ist, dessen dünne transparente Wände womöglich unter einem prüfenden Finger zerbrechen und diese sonderbaren Lebewesen mit dem plumpen Goldfisch im Gartenteich schwimmen ließen."[5]

Auch die romantische Melancholie, die so oft mit der Lesbenszene assoziiert wird, wird in der Gestalt einer der Stammkundinnen der Bar beschrieben.

„Glänzend, traurig, umgeben von einem Satellitenkranz, einige näher, andere blasse, trostlose Monde am Rande des Lichts, je nachdem ob ihre Augen positiv oder negativ funkeln, geht sie zur Theke. Schüchtern drehen sie sich um, schwanken, welche an diesem kalten Abend in ihre wärmende Sonne gerufen wird, während die anderen zurückbleiben und sich nur noch gegenseitig in ihren Augen spiegeln oder in den Schatten an der Wand zurückziehen können."[6]

Duffy zeigt die ganze Traurigkeit der lesbischen Barszene. Hilfe und Freundschaft und Rebellinnentum, die positiven Werte, die die Bars auch boten, werden in der Literatur weniger oft benannt. Dafür gibt es viele Beispiele für die Deprimiertheit des lesbischen und schwulen Subs vor den Siebzigern. Beschrieben wird eine Welt, in der Beziehungen kurz und tragisch sind und die armen Opfer sich auf der Toilette die Handgelenke durchschneiden und im Alter ein unerwünschtes und unausgefülltes Leben führen. Die Bar ist der Hafen für die aus der Gesellschaft Ausgestoßenen.

Ann Bannon bietet uns diesen Blick auf die lesbische und schwule Kultur mit den Augen von Jack in *Women of the Shadow*.

Der Titel deutet an, daß es sich um ihren pessimistischsten Roman handelt. Jack ist deprimiert über die schwule Szene und den Kummer, den sie ihm immer wieder bereitet, und versucht Laura davon fernzuhalten, damit sie ihn heiratet – zu beider Vorteil und damit sie in einen respektablen Vorort ziehen können.

„Nichts wissen wir über eine Liebe, die dauert, oder ein Leben, das einen Sinn hat. Wir verbringen unsere Zeit auf den Knien und singen den Heteros Hallelujah. Versuchen einen guten Eindruck zu machen. Versuchen zu vergessen, daß wir nicht heil und gesund sind wie andere Menschen."[7]

Seine Vorstellung, in der lesbischen Gemeinschaft alt werden zu müssen, ist noch negativer.

„Hast du die bemitleidenswerten alten Frauen mit ihren Männerhalbschuhen und abgehackten Haaren gesehen, die herumstreifen wie verlorene Seelen, von einer Bar zur nächsten ziehen, die hübschen jungen Frauen anstarren und weinen, weil sie sie nicht mehr haben können? Oder zu zweit zusammenleben, häßlich und fett und faltig, nichts mehr zu tun haben außer der guten alten Zeit nachzutrauern, die vorbei ist?"[8]

Begeistert begrüßten Lesben die neuen positiven Lesbenromane nach 1969 wie *Patience und Sarah* oder *Rubinroter Dschungel*.[9] Wir hofften und glaubten, die Geschichten über verlorene Lesben gehörten der Vergangenheit an. Das war ein Irrtum.

In einem veränderten pessimistischen politischen Klima bietet uns die lesbische Kultur der neunziger Jahre fiktionale Abrechnungen mit dem Außenseiterleben, die beifällig aufgenommen wurden, z.B. den Roman *Ohne Delores* und den Film *Kamikaze Hearts*. Die Romanze mit Unterschicht, Einsamkeit und Verzweiflung lebt wieder auf. Der Roman spielt in schäbigen Bars in heruntergekommenen New Yorker Vierteln.

„Ein Typ mit Iron-Maiden-Tätowierung erbrach sich in unsere Richtung, als Coco mich an all den neuen Häusern mit Eigentumswohnungen und den wenigen billigen Absteigen vorbeiführte, die an der Bowery noch übriggeblieben waren. Wir ließen das Heim für obdachlose Männer hinter uns, das Hummerrestaurant mit den singenden Kellnerinnen, die ekelhafte Kneipe ‚Phebe's' und gingen durch die verrußte Toreinfahrt zum ‚CBGB's', dem Punk-Palast."[10]

Die Erzählerin ist tief verstrickt in die Beendigung einer Beziehung. Aber der deprimierende Tonfall hat noch andere Gründe. Ein wichtiges Hintergrundthema ist die Sexindustrie. Statt sie zu kritisieren, nimmt die Erzählerin munter an ihr teil.

„Ich trank noch etwas Bier und versuchte mich zu entscheiden, ob ich der Tänzerin ein Trinkgeld geben sollte oder nicht... In einem besonders öden Moment, als ich einen Anflug von ,Junge, ist das langweilig' über ihr Gesicht huschen sah, lehnte ich mich über den Tresen, streckte meine Hand aus und hielt ihr einen Dollar hin... Der kleine Schatz, Gott segne sie, schenkte mir ein strahlendes Ein-Dollar-Lächeln, nahm das Geld und stopfte es in ihr Höschen, als wäre ich niemand Besonderes."[11] Eine lesbische Identität zu wählen, klingt in dem Roman nicht positiv. Die Erzählerin beschreibt ihre Wahl als die des kleineren Übels. „Als ich merkte, daß Frauen ganz schön widerlich sein können, habe ich tatsächlich fünf Minuten über Jungs nachgedacht, bis ich mich erinnerte, daß sie mich schnell langweilten..." Die Sexszene im Roman ist eine lesbische Vergewaltigung, die die Heldin angeblich wünscht, obwohl sie große Schmerzen und eine Verletzung der Vagina zur Folge hat.

Romane dieser Art werden als realistisch verteidigt, als willkommene Gelegenheit zu sagen, „wie es ist", statt aus Reklamegründen ein freundliches Gesicht aufsetzen zu müssen. Wir sind zurückgekehrt in die deprimierende Welt der verlorenen Lesben, aber ohne das Glück und das Lachen, den grimmigen Humor und den Mut in Ann Bannons Romanen. Der Unterschied heute ist: Es gab den Feminismus. Lesben müßten sich nicht mehr so schlecht fühlen, und feministische Verlage veröffentlichen vermutlich auch positive Romane. Es genügt nicht zu sagen, ein Roman sei „realistisch", das behaupten Männer auch von *Lolita* oder *American Psycho*. Romane zu schreiben, besonders lesbische Romane, ist eine politische Handlung. Die Entscheidung, Lesben als Versagerinnen, Verlorene, Verzweifelte, Sadomasochistinnen zu beschreiben, ist eine politische Entscheidung.

Der Film *Kamikaze Hearts* wird als lesbische Romanze gepriesen. Zwei Frauen, von denen eine wie ein Mann-zu-Frau-Transsexueller aussieht, haben eine Folterbeziehung. Beide arbeiten in der Pornoindustrie. Mitch schmollt und posiert auf schwankenden

Absätzen und mit leuchtend rotem Lippenstift, sieht aus wie eine Tunte, wird im Pornofilm im Film gefickt und behauptet, ihre Arbeit zu lieben. Sex auf dem Bildschirm und Sex in der Wirklichkeit sind für sie ein und dasselbe. Mitch nimmt Heroin. Nach unendlichen Qualen unerwiderter Liebe erliegt Tigr Mitchs Charme und wird heroinrückfällig. In der Schlußszene hält Mitch eine Spritze hoch und sagt: „Ich habe sie mit meinem Stachel gefickt, und sie liebte es." Das im Film gezeigte Pornographiemodell ist falsch, denn Frauen arbeiten in der Pornoindustrie nicht, weil es ihnen Kicks gibt und weil Sex ihnen Spaß macht, sondern für Geld. Aber wenn Dekadenz romantisiert wird, erscheint auch die Sexindustrie in strahlendem Licht. Der Film wie der Roman *Ohne Delores* haben die gleichen Themen: Drogen, Sadomasochismus, Prostitution und Hoffnungslosigkeit.

Prostitution ist in der dekadenten Szene allgegenwärtig. Das Machtverhältnis der Männerherrschaft bestimmt, daß Männer, die von Dekadenz träumen, sich für gewöhnlich nicht als Prostituierte sehen, sondern als die, die Prostituierte benutzen. Wenn Lesben sich für Dekadenz entscheiden, dann entsprechend ihrer genderdefinierten Rolle. Wie Männer sehen sie Prostitution möglicherweise als reizvoll und sexuell befriedigend für die, die sie ausüben, aber weibliche Phantasien und Praxis sind eher darauf beschränkt, Objekt und nicht Subjekt der Sexindustrie zu sein. In der Absicht, Prostitution als eine Form sexuellen Außenseiterinnentums für Frauen zu rehabilitieren, berichtet Joan Nestle uns von der Interessensgleichheit zwischen Lesben und Prostituierten, die eine gemeinsame Geschichte und gemeinsame Unterdrückung teilten. Ihr Essay „Lesbians and Prostitutes: An Historical Sisterhood" will zeigen, „wie Lesben und Prostituierte schon immer miteinander verbunden waren, nicht nur in der männlichen Phantasie, sondern in ihrer realen Geschichte". Prostituierte und Lesben haben bis zur Entstehung des lesbischen Feminismus ein gemeinsames Revier.

„In den Bars der späten Fünfziger und frühen Sechziger, in denen ich meinen lesbischen Weg begann, waren Huren Teil unserer Welt. Wir saßen nebeneinander auf den Barhockern, wir feierten zusammen, und wir schliefen miteinander."[12]

Diese glückliche Schwesterlichkeit zerbrach, so Nestle, am lesbischen Feminismus, in dem die Ansichten und die Anwesenheit

„arbeitender Frauen" nicht gern gesehen waren. Um die Schwester-schaft zwischen Lesben und Prostituierten zurückzugewinnen, sagt Nestle, hat sie sich vor einigen Jahren entschieden, als Prostituierte zu arbeiten.

> „Ich schreibe Sexgeschichten für Lesbenmagazine, ich posiere für lesbische Fotografinnen, ich trage sexuell anschauliche Ge-schichten in sexuell aufreizender Kleidung vor, und ich nehme für sexuelle Handlungen Geld von Frauen."[13]

Irgendwie ist schwer vorstellbar, daß Oscar Wilde seiner „Sehn-sucht nach dem Schmutz" auf diese Weise nachgegeben hätte, aber er war ja auch ein Mann aus der Mittelschicht und benutzte andere zur Prostitution, statt benutzt zu werden.

Nestle romantisiert Prostitution und fällt auf den Köder der Dekadenz herein. Prostitution hat für sie soviel Reiz, daß sie ein bißchen darin dilettiert. Nichts deutet darauf hin, daß je in der Geschichte Lesben sich mit Prostituierten gesellschaftlich mischten, weil sie es prickelnd fanden, oder daß Lesben als Prostituierte arbeiteten, weil es sexuell erregend oder reizvoll war. Aber Prostitu-tion, zu einer prickelnden Phantasie hochstilisiert, spielt im sexuel-len Leben vieler heterosexueller und lesbischer Frauen eine Rolle. Das liegt daran, daß Frauen gelernt haben, ihre Unterdrückung zu erotisieren; zur Prostitution benutzt zu werden, kann als der Inbe-griff sexualisierter Unterdrückung gesehen werden.

Die Verherrlichung der Prostitution ist aber nur ein Teil der politischen Bewegung sexuellen Außenseitertums, die in den achtziger Jahren entstand. Die neue lesbische Politik der Grenz-überschreitung ist ein Ausläufer einer älteren Tradition männlich schwuler Kultur und Politik. John Rechy erklärt in *The Sexual Outlaw*, daß – was für ein Zufall – die herkömmliche männlich schwule Sexualpraxis gleichzeitig revolutionär ist.

> „Promiske Homosexuelle... sind die Stoßtruppen der sexuellen Revolution. Das Schlachtfeld sind die Straßen, die Revolution ist die Sexjagd, jedesmal wenn ein Mann mit einem anderen Mann Sex auf der Straße hat, ist das eine radikale Aussage."

Was heißt es demnach, ein sexueller Outlaw zu sein? Als archetypischer Außenseiter ist er,

> „... der am äußersten Rand lebt, über Bedrohung, Unterdrückung, Schikane, Verfolgung, Angriff, Denunziation, Haß, die seit Be-

ginn der ‚Zivilisation' ihn niederwerfen wollen, triumphiert, Symbol des Überlebens."[14]

Durchaus möglich, daß niemand zur Kennis nimmt, wenn er unter einer Brücke oder im Gebüsch revolutionär tätig ist. Das Aufreizende seiner Grenzüberschreitung liegt gerade in seiner Heimlichkeit. Die Rebellion, der Rechy anhängt, ist weder neu noch spezifisch schwul. Früher gehörte er zum Umfeld der Beatniks, was neben der Homoerotik eines Jack Kerouac und William Burroughs die wütende Rebellion gegen jede Respektabilität und die „Ordnung" der Frauen einschloß. Rechy hat nur die eine Rebellion gegen die andere ausgetauscht.

Traditionell haben sich Lesben an dieser Praxis nicht beteiligt. Dafür gibt es einleuchtende Gründe. Für Frauen wäre ein solches Verhalten auf der Straße extrem gefährlich. Und außerdem ist lesbische Sexualität tendenziell nach dem gleichen Muster konstruiert worden wie die heterosexueller Frauen. Tendenziell war sie mehr auf Beziehung und Intimität gerichtet, denn Frauen sind nicht die herrschende Klasse und haben keine ihnen unterlegene Klasse, die sie sexuell benützen könnten, um ihren Status zu beweisen. Wie heterosexuelle Frauen gewinnen auch Lesben im allgemeinen keinen höheren Status, wenn sie sich sexuell ausleben, deshalb hat der Geschlechtsakt mit Fremden als Selbstzweck auch keinen besonderen Stellenwert. Lesben hatten keine Männlichkeit, die sie sich bestätigen müßten, selbst wenn heutzutage einige alles dafür gäben und dies unter Umständen zu verändertem sexuellen Verhalten führt.

Aber wir haben heute eine Situation, in der Lesben eine lesbische Sexualität zu konstruieren versuchen, die deutlicher das sexuelle Außenseitertum schwuler Männer reflektiert. In lesbischer und schwuler Forschung ist die Hoffnungslosigkeit lesbischer Sexualität, verglichen mit schwulen Männern, eine neue politische Wahrheit geworden. So beziehen sich Catherine Saalfield und Ray Navarro munter auf die „lesbische Sexpanik", als wenn das ein allgemein anerkanntes Phänomen sei. „Lesbische Sexpanik (Schüchternheit, Unterdrückung und ‚feminines Verhalten') gab es lange vor AIDS."[15] Die Kanadierin Chris Bearchell gibt ein Beispiel, wie einige Lesben lesbische Sexualität zu rekonstruieren versuchen, um diese Panik zu überwinden.

„Viele Dykes, darunter auch solche, die sich Feministinnen nennen, sind zwanghafte Regelverletzerinnen. Wir nehmen Frauen mit an den Strand, oder finden sie dort, und verdrücken uns mit ihnen in die Dünen, oder wir schnappen uns eine Barmieze für einen Quicky in der Toilette. Den Playboy-Lesbianismus verachten wir, weil er nicht scharf genug ist, und holen statt dessen unsere Polaroids hervor. Wir suchen uns für S/M-Vorführungen Geliebte, denen wir trauen können, oder spielen Sexspiele, die ein gewisses Risiko haben. Wir sind unverantwortliche Rangen, die einst nicht erwachsen werden wollten und heute sich weigern, eine Gleichgesinnte aus unserem Leben, auch unserem Liebes- und Sexleben, herauszuhalten, bloß weil sie erst fünfzehn oder sechzehn ist. Es stimmt nicht, daß Sex in der Öffentlichkeit, Porno, S/M und Sex mit Kindern keine lesbischen Themen sind."[16]

Diese Praktiken sind keine herkömmlich lesbischen, aber Bearchell scheint zu hoffen, ihre Übernahme werde Lesben die Erregung verschaffen, die sie schwule Männer genießen sieht. Die Politik dieser Sexualität ist antifeministisch. Die Sexualität der herrschenden männlichen Klasse gefährdet die Interessen der Frauen und beruht auf der sexuellen Sklaverei eines Großteils der Frauen. Diese unbequeme Wahrheit wird hier dem Wunsch einer Lesbe, gleichwertige sexuelle Außenseiterin zu sein, untergeordnet.

Die Theoretikerinnen des lesbischen Sadomasochismus haben die Kleider der Außenseiterin aus Wut gegen den Feminismus und seine Erfolge übergestreift. Die Sprache der Outlaws stammt zwar aus der schwulen Männerkultur, aber S/M-Befürworterinnen wie Pat Califia und Gayle Rubin haben sie sich zu eigen gemacht. Rubin stellt bewußt eine Analogie zwischen dem Coming-Out als Lesbe und als Sadomasochistin her. Als sie ihr lesbisches Coming-Out hatte, fühlte sie sich um die Freuden des Außenseiterinnenseins betrogen.

„In den Siebzigern eine Junglesbe zu sein, bedeutete, großes moralisches Selbstvertrauen zu empfinden. Es war möglich, in dem Bewußtsein zu schwelgen, nicht eine schmierige Perverse zu sein, sondern sexuell auf gesegnetem politischen Grund zu stehen. Als Folge davon habe ich nie die Erfahrung des Schwulseins im Angesicht schonungsloser Verachtung gemacht."[17]

Rubin vergleicht die Erfahrung, um 1980 Sadomasochistin zu sein, mit der eines kommunistischen Homosexuellen um 1950 – das Romantischste an Außenseitertum, das sie sich vorstellen kann. Bewußt wählt sie die Analogie zum Coming-Out als Schwuler, um die Sympathien jener zu wecken, die der Unterdrückung der Homosexuellen mit liberalen Gefühlen gegenüberstehen. Die Entdeckung der sadomasochistischen Gemeinschaft beschreibt sie so:

„Die Zugangswege sind fast noch versteckter. Die Aura von Terror ist noch intensiver. Die sozialen Strafen, das Stigma und das Fehlen jeder Legitimität sind noch größer."[18]

Erinnert das nicht an die Opiumhöhle? Folgen wir Rubin, ist das Außenseitertum des Sadomasochismus politisches Außenseitertum. SadomasochistInnen sind für sie nur eine von vielen sexuellen Minderheiten, von denen die meisten ohnehin nur auf schwule Männer zutreffen. Diese sexuellen Minderheiten sind im einen Augenblick religiöse HäretikerInnen und im nächsten politische DissidentInnen. In jedem Fall aber sind sie „Outlaws".

„Die sexuellen Outlaws – Knabenliebhaber, Sadomasochisten, Prostituierte und Transis, unter anderem – wissen besonders viel über das herrschende System sexueller Hierarchie und wie sexuelle Kontrolle funktioniert. Diese Dissidentengruppen..."[19]

Für Lesben, die beschlossen haben, sexuelle Outlaws zu sein, ist Feminismus langweilig und Teil der repressiven Hierarchie der Heterogesellschaft. In *Coming to Power* benennt Gayle Rubin den „Femininismus" – mit diesem Namen belegt sie Feministinnen, die gegen Männergewalt und Pornographie kämpfen – als Feind.

„Durch eine Reihe unglücklicher Zufälle und durch die vermittelnde Pornographie ist S/M eine Herausforderung für diese ganze politische Richtung geworden, die an die Macht kam, weil sie die Ängste der Frauen über Sex und Gewalt manipuliert hat."[20]

Die Feministinnen der Anti-Pornobewegung sind die Muttergestalten, gegen die sie ihre jugendliche Rebellion richten kann. Sie erklärt: „Ich für mein Teil bin nicht in die Frauenbewegung gegangen, um gesagt zu bekommen, wie ein gutes Mädchen zu sein hat." Libertäre Lesben gewinnen bemerkenswerte Befriedigung aus der Überschreitung der Grenzen zur relativ sicheren Umgebung der Frauenbewegung, auf der Suche nach einer treffenden Beschimpfung.

Am Ende überrascht aber doch, daß Sadomasochistinnen ausgerechnet eine Form des Außenseitertums wählen, die für die Heterogesellschaft weit akzeptabler ist, als lesbischer Feminismus und insbesondere radikaler Lesbianismus oder lesbischer Separatismus je sein könnten. In Großbritannien z.B. erhielt der wachsende lesbische Sadomasochismus die schmeichelhafte Aufmerksamkeit der Medien. In der Sadogesellschaft sind Leder und Litzen weit fotogener als eine Schar lesbischer Separatistinnen, und die Botschaft, daß Frauen andere Frauen mißbrauchen können und deren Unterwerfung lieben, ist allemal verdaulicher. Bei einer ACT UP-Demonstration zu Safe-sex-Praktiken in der Fußgängerzone der Bourke Street Mall in Melbourne simulierte eine Lesbe in Lederstiefeln und ohne Schlüpfer mit einer Frau im Rock, die vor ihr kniete, oralen Sex und den Gebrauch von Latextüchern. Das Publikum jubelte – es ist ja auch klar, daß Männer, die in ihren Pornomagazinen an simulierten lesbischen Sex gewöhnt sind, dies aufregend finden, aber vielleicht nicht revolutionär. Es ist schwer einzusehen, wie Erfüllung pornographischer Männerphantasien die männlich beherrschte Sexualitätskonstruktion aus den Angeln heben könnte.

Grenzüberschreitung ist kaum als eine Philosophie zu begründen, die aus der ganz anderen Sexklassenzugehörigkeit von Frauen abgeleitet ist. Frauen haben entweder die Rolle des guten oder des bösen Mädchens. Weder die eine noch die andere führt in die Freiheit. Daß Frauen, die freiwillig oder gezwungen den Weg des „bösen Mädchens" in die Prostitution einschlugen, dies als revolutionäre Grenzüberschreitung sehen, ist eher unwahrscheinlich. Böse Jungen zu sein, war für Männer immer eine befreiende Erfahrung, die sie in der Regel mit Hilfe der Körper von Frauen oder machtlosen Männern und Jungen machten. Männer verwirklichten sich auf eine Weise, die Frauen nie offenstand. Ich behaupte, daß die Rolle des bösen Mädchens, gewählt in der Absicht, gegen feministische Ethik und Politik zu rebellieren, sich als ebenso restriktiv herausstellen wird, wie die Böse-Mädchen-Rolle unter männlicher Vorherrschaft immer gewesen ist.

Wissenschaftlich wurde die Romantisierung des schwulen und lesbischen Außenseitertums durch eine postmoderne Theorie legitimiert, die Outlaw-Verhalten aufwertet. Gayle Rubin etwa gilt als Foucault-Anhängerin. Postmoderne Theorie und besonders ihre lesbischen und schwulen Ableger reden viel vom revolutionären Potential der Grenzüberschreitung. Jonathan Dollimore baut sein Buch *Sexual Dissidence* auf dem grenzüberschreitenden Heldentum Oscar Wildes auf. Er zeigt, wie Wilde die bürgerlichen Werte viktorianischen Mittelschichtlebens zu sprengen versuchte. Z.B. half er André Gide, mit seiner Homosexualität – oder, wie Dollimore sagt, Päderastie – ins Reine zu kommen. 1899 kaufte er in Algier einen kindlichen Musiker, an dem Gide Interesse gezeigt hatte. Dollimore schreibt, daß „Gides Erfahrung in Afrika eine der bezeichnendsten modernen Schilderungen homosexueller Befreiung" ist.[21] Wahrscheinlich war es für den Jungen keine Befreiung, sondern einfach einmal mehr Ausbeutung durch einen weißen Kolonialherren. Die Geschichte ist ein gutes Beispiel, wie nicht nur Wilde und Gide, sondern auch Dollimore nicht zur Kenntnis nehmen, daß die sexuelle Befreiung einer Person die Unterdrückung einer anderen sein kann. Und sie zeigt ein weiteres Mal die Asymmetrie, mit der Männer und Frauen sich in der Regel die Dekadenz der Prostitution leisten. Für Wilde und Gide war Grenzüberschreitung an dieser Stelle eine individualistische und rücksichtslose Philosophie.

Historisch gesehen hat weißen Oberschichtmännern ihre Aufsässigkeit noch nie geschadet. Es war ein Durchgangsstadium. Sie reisten in die Unterwelt der Frauen- und Knabenprostitution, probierten ein bißchen mit Drogen und ausbeuterischem, mißbräuchlichen Sex herum und kehrten dann in die Familie und ins Geschäft zurück. Diese Rebellion ist spezifisch männlich und geht generell auf die Kosten von Frauen. Die Unterwelt ist eine notwendige Kehrseite, sie entspannt und erinnert gleichzeitig daran, wie wichtig eine respektable Heirat ist. Lesbische und schwule TheoretikerInnen machen uns weis, daß die Unterwelt ein Ort der Rebellion sein kann, daß das Zentrum nicht gehalten werden kann, wenn sich Heteroleute nur schändlich genug verhalten, daß Lesben, Schwule, Transsexuelle, Pädophile, Prostituierte, SadomasochistInnen aus dem Schatten treten und die begrenzte Welt der heterosexuellen Kleinfamilie umstürzen werden. Die Umkehrung der Argumente, mit der die sexuell Abweichenden sexualwissenschaftliche Kategorien für sich beanspruchen und in revolutionäre Bewegungen verwandeln, wird grundsätzlichen sozialen Wandel herbeiführen.

Es gibt keinen Grund anzunehmen, daß das funktioniert, daß ein heteropatriarchales System, das sich zum Überleben eine sexuelle Unterwelt eingerichtet hat, in sich geht, bloß weil die Wesen, mit denen es diese Unterwelt bevölkert hat, auf der Straße demonstrieren. Erschwerend kommt hinzu, daß, sollte die Politik der lesbisch-schwulen TheoretikerInnen erfolgreich sein, genau dies den Spaß an ihrer Praktik beseitigt, weil es das grenzüberschreitende Element darin beseitigt.

Die „hohe" Theorie, mit der Grenzüberschreitung als revolutionäre Möglichkeit gerechtfertigt wird, ist der Poststrukturalismus. Foucault und Derrida liefern für lesbisches Rollenspiel und Sadomasochismus das theoretische Unterfutter. Danach in lesbisch feministischer Forschung zu suchen, wäre vergeblich. Derrida wird wegen seiner Vorstellungen, wie binäre Gegensätze durch die subversive Unterstützung des schwächeren Teils zerstört werden können, herangezogen. Dollimore bezieht sich auf Derrida, um seine eigenen Vorstellungen über die subversive Kraft der Grenzüberschreitung zu bekräftigen.

„Derrida hat darauf bestanden, daß die Metaphysik nur von innen heraus angefochten werden kann, indem ihre Strukturen gesprengt und ihre Kraft gegen sich selbst gerichtet wird. Er definiert den binären Gegensatz als ‚gewalttätige Hierarchie', in der eine Seite die andere zwingend beherrscht, und sagt, daß ein kritischer Zustand in ihrer Dekonstruktion ihre Umkehrung mit sich bringt, eine Umwälzung, die nach unten bringt, was vorher oben war. Tatsächlich ist die Umkehrung der Gegensätze ein notwendiger Schritt für ihre Aufhebung... Er fügt hinzu, den binären Gegensatz nicht umzukehren, zu versuchen, sozusagen hinter ihn in eine von Gegensätzen freie Welt überzuspringen, heißt politisch gesehen in der Welt, die wir haben, den Gegensatz intakt zu lassen."[22]

Dieser Theorie zufolge ist Inversion notwendig und revolutionär und das lesbisch feministische Projekt lächerlich. Der Wunsch, nur als Beispiel, über Gender hinauszugehen statt es durch Rollenspiel oder S/M zurückzubringen, scheint danach zum Scheitern verurteilt. Feministische Kritik an dem, was die Postmodernen binär nennen – maskulines/feminines Gender, gute Mädchen/böse Mädchen, Dominanz/Unterwerfung – sagt, sie zu reproduzieren bedeute nicht, Unterdrückungsstrukturen aufzubrechen, sondern sie zu beleben. Die postmoderne Rechtfertigung für Transgression und Inversion fällt in eine sehr konservative Periode, in der Feminismus überall attackiert wird. Die einzige politische Veränderung, die für die Beteiligung am revolutionären Projekt nötig ist, ist für Lesben nach dieser Analyse, den schwulen Männern ähnlicher zu werden. Feminismus wollte die Frauen aus dem Gefängnis des Gender und der Dichotomie gutes Mädchen/böses Mädchen befreien. Feministin sein, hieß – und heißt für viele immer noch –, bewußt, hartnäckig und rebellisch gegen das Spiel mit dem Gender, mit Dominanz und Unterwerfung Widerstand zu leisten, im festen Glauben, daß trotz postmodernen Skeptizismus ein Leben ohne sie möglich ist.

Die Politik der Grenzüberschreitung ist die Basis der neuen „Queer"-Politik. Entstanden ist diese Politik aus dem verständlichen Zorn schwuler Männer und lesbischer Frauen auf die mörderische Untätigkeit der US-Regierung in Sachen AIDS, die Welle des Hasses auf HIV-positive schwule Männer in den Medien und bei den Ärzten. Das Wort „queer" wird den Wörtern „schwul" oder „homosexuell" vorgezogen, weil es sich nicht nur auf weiße Männer bezieht, sondern alle einschließt. Problematisch wird es, wenn Lesben sich darauf einlassen. Und ein besonderes Problem der auf Transgression gegründeten Queer-Politik ist, daß Lesben sich unter Umständen mit sehr unpassenden Bettgenossen wiederfinden. Ein „Queer Power" überschriebenes Flugblatt definiert „queer" folgendermaßen:

„Queer meint, auf Gender zu scheißen. Überall in diesem apathischen Land gibt es Hetero-Queers, Bi-Queers, Transi-Queers, Lesben-Queers, Pädo-Queers, S/M-Queers, Faustfick-Queers."[23]

Das Wort repräsentiert „queer" eine Politik, für die alle, die Grenzen überschreiten, miteinander verwandt, einander gleich sind. Diese Politik unterstreicht das revolutionäre Potential „sexueller Minderheiten", wie sie die Sexualwissenschaftler definiert haben: Wenn sie sich gemeinsam für ihre Rechte einsetzen, sind sie eine revolutionäre Kraft. Jeffrey Weeks, schwuler Historiker aus Großbritannien, hat diese Politik schon 1982 formuliert.

„Wohl oder übel liegt die Verteidigung freier Wahl und sexueller Freiheit bei denen an den Außenrändern des sexuellen Spektrums: S/Mler, rollenspielende Lesben und Schwule, aktive Pädophile genauso wie die konventionelleren libertären SozialistInnen und Radikalen."[24]

Die Umkehrung sexualwissenschaftlicher Kategorien, die sexuelle Kontrolle steigern und sexuelle Minderheiten ausschließen und stigmatisieren sollen, in eine affirmative Politik, die das sexuelle System herausfordert, ist also nicht neu.

Lesben haben gelegentlich diese Politik benutzt. Sie zu akzeptieren, heißt aber gleichzeitig zu akzeptieren, daß Lesbianismus nur ein weiterer unanständiger Umgang mit Genitalien ist, auf einer Ebene mit Pädophilie. Ganz abgesehen davon, daß lesbischer Feminismus im Lesbianismus weit mehr als eine sexuelle Praktik sieht, sind die anderen hier genannten Sexualpraktiken für Feministinnen höchst fragwürdig. Mit Ausnahme der Kategorie „schwul" repräsentieren sie Formen der Sexualität, die Feministinnen als gegen die Interessen von Frauen gerichtet anklagen, als weitere Verfestigung der Frauenunterdrückung. In „Queer" eingeschlossen sind Praktiken, die Genderfetisichisierung und Dominanz/Unterwerfung verstärken. Selbst angenommen, die unakzeptabelsten Praktiken wie Pädophilie wären ausgeschlossen, würde dies aus feministischer Sicht eine Umformulierung nötig machen, die an den Kern der Bewegung rühren könnte.

Vielen Lesben gefällt der Outlaw-Status. Wären wir keine Rebellinnen, hätten wir vermutlich auch nicht den Mut und die Stärke, als Lesben in einer lesbenfeindlichen Welt zu leben. Wo also wäre der erfolgreichste Weg für dieses rebellische Außenseitertum? Lesbische sexuelle Outlaws mögen S/M im Fernsehen praktizieren und damit kleinbürgerliche Wohnzimmer in Rage bringen; es ist ziemlich unwahrscheinlich, daß das die Welt verändert. Lesbischer Feminismus bietet ebenfalls die Freuden des Außenseiterinnentums, aber auf eine Weise, die geeigneter scheint, die Lebensbedingungen für Frauen und Lesben zu ändern. Monique Wittig hat die Outlaw-Politik lesbischer Separatistinnen formuliert.

„Wir sind unserer Klasse entflohen, so wie die amerikanischen Sklaven, die fortliefen, der Sklaverei entkamen und frei wurden. Für uns ist das absolut notwendig; unser Überleben erfordert, daß wir all unsere Stärke darauf verwenden, die Klasse der Frauen zu zerstören, in der Männer Frauen ausbeuten. Das erreichen wir nur durch die Zerstörung der Heterosexualität als eines Systems, das auf der Unterdrückung der Frauen durch Männer basiert und die Doktrin von den Unterschieden der Geschlechter entwickelt hat, um diese Unterdrückung zu rechtfertigen."[25]

Das ist etwas anderes als in Einkaufszentren schwarze Ledersachen zu tragen. Die, die lesbisch feministische Politik im Heteropatriarchat leben und weiterentwickeln, werden herausfinden, daß all ihre Wünsche nach Erregung und Beschimpfung erfüllt werden ohne jede Notwendigkeit, die Lesben zu imitieren, die in den pornographischen Phantasien der Männer herumgeistern.

Anmerkungen

1   Sarah Schulman, *Ohne Delores*, Hamburg 1992, S. 70 f.
2   zit. in Julia Creet, „Daughter of the Movement: The Psychodynamics of Lesbian S/M Fantasy", in: *Differences. Queer Theory Issue*, 1991, S. 147.
3   Karla Jay, „The Lesbian Bar as Metaphor", in: *Resources for Feminist Research* 12, 1, 1986, S. 18.
4   ebd., S. 19.
5   Maureen Duffy, *The Microcosm*, London 1967, S. 15.
6   ebd., S. 11.
7   Ann Bannon, *Women of the Shadows*, London 1970 (zuerst 1956), S. 78.
8   ebd., S. 79.
9   Isabel Miller, *Patience und Sarah*, Reinbek 1979; Rita Mae Brown, *Rubinroter Dschungel*, Reinbek 1978.
10 Sarah Schulman, a.a.O., S. 126.
11 ebd., S. 34.
12 Joan Nestle, *A Restricted Country*, London 1988, S. 158.
13 ebd., S. 159.
14 John Rechy, *The Sexual Outlaw*, London 1979, S. 299.
15 Catherine Saalfield und Ray Navarro, „Shocking Pink Praxis: Race and Gender on the ACT UP Frontlines", in: Diana Fuss, *Inside/Out*, a.a.O., S. 356.
16 Chris Bearchell, „Wy I am a Gay Liberationist: Thoughts on Sex, Freedom, the Family and the State", in: *Resources for Feminist Research* 12, 1, S. 46.
17 Gayle Rubin, „A Personal History of the Lesbian S/M Community and Movement in San Francisco", in: Samois (Hg.), *Coming to Power. Writings and Graphics on Lesbian S/M*, Boston 1982, S. 209.
18 ebd., S. 221.
19 ebd., S. 224.
20 ebd., S. 217.
21 Jonathan Dollimore, *Sexual Dissidence. Augustine to Wilde, Freud to Foucault*, London 1991, S. 12.
22 ebd., S. 65 f.
23 zitiert in: Cherry Smith, *Lesbian Talk, Queer Notions*, London 1992, S. 17.
24 zitiert in: Sheila Jeffreys, *Anticlimax*, London 1990, S. 212.
25 Monique Wittig, *The Straight Mind and Other Essays*, Boston 1992, S. 20.

EIN BLASSER ABKLATSCH
Lesben und die schwul männliche Kultur

Jeffrey Weeks sagt in seiner Beschreibung des Fin de Siècle in Paris und Berlin: „Es gab so etwas Ähnliches wie eine lesbische Subkultur, aber sie war nur ein blasser Abklatsch der männlichen...“[1] Feministische Analyse kann nicht akzeptieren, daß Lesben das gleiche sind wie schwule Männer, nur kleiner, ihre Kultur weniger glamoureus, ihre Libido ungenügend entwickelt. Ein wichtiger Bestandteil feministischer Theorie ist zu zeigen, wie weit die von Männern gemachte Kultur routinemäßig Frauen ausschließt. Die Kultur schwuler Männer ist nicht notwendigerweise profeministischer oder frauenliebender als die Männerkultur ganz allgemein. Und trotzdem haben wir in den Achtzigern und Neunzigern das Phänomen, daß in manchen ihrer Bereiche die lesbische Gemeinschaft geradezu sklavisch männlich schwule Kulturerscheinungen nachzuahmen sucht, wie wenig sie auch mit lesbischer Erfahrung zu tun haben mögen.

In der schwulen Kultur des zwanzigsten Jahrhunderts haben männlicher Einfluß und männliches Geld dafür gesorgt, daß schwule Männer vorherrschen. Ein davon getrenntes lesbisches Bewußtsein zu artikulieren, war schwierig; Lesben wurden konsequent unsichtbar gemacht. Weil schwule Männer die einzigen „Homosexuellen“ waren, für die sich Sexualwissenschaftler, Medien und Männer im allgemeinen interessierten, wurde unter Homosexualität ausschließlich männliche Homosexualität verstanden. Es gibt viele Beispiele, wie die Lesben verschwanden. Der Beitrag des Historikers A.L. Rowse zur Geschichte der Schwulen hat den Titel *Homosexuals in History*.[2] Lesben kommen darin nicht vor. In der sexualwissenschaftlichen Literatur zur Homosexualität werden Lesben in der Regel im Schlußwort erwähnt oder verschwinden in den Fußnoten.

Mit dem Auftreten des lesbischen Feminismus Anfang der siebziger Jahre schien es vielen von uns, daß die lesbische Stimme endlich zu hören war. Lesben verzichteten auf die Position der kleineren Schwestern, die sie bis dahin in homosexuellen Organisationen einnahmen, trennten sich bewußt von den schwulen Männern, gründeten eigene Organisationen und begannen eine spezifisch lesbische Kultur zu entwickeln. Der Abtrennung lag ein feministisches Bewußtsein zugrunde, das die Anti-Frauen-Aspekte der traditionellen männlichen Schwulenkultur erhellte und zeigte, daß Lesben und schwule Männer sehr unterschiedliche, an einigen Stellen einander widersprechende politische Interessenslagen haben. Lesbische Feministinnen setzten ihre Kraft für die Entwicklung eigener Frauenräume und -dienstleistungen ein und verschafften damit der neuen Generation einen ganz anderen Ausgangspunkt. Heutzutage scheint es, als würde diese separate lesbische Kultur, die Verkörperung spezifisch lesbischer Werte, im Keim erstickt. Eine neue Generation von Lesben übernimmt freudig die Werte und Praktiken der schwulen Männerkultur – so weit, wie einige bereitwillig versichern, daß sie wünschten, sie wären schwule Männer. Die Lesben, die wieder in der Kultur und Politik schwuler Männer untertauchen, attackieren zur gleichen Zeit lesbische Feministinnen im allgemeinen und Separatistinnen im besondern. Bestimmte schwule Sexualpraktiken werden eifrig und angestrengt nachgeahmt, aber den neuen lesbischen Sexwissenschaftlerinnen zufolge nicht gut genug – sie sagen immer noch, sexuell reichten wir an schwule Männer nicht heran.

In der Erfahrung der Unterdrückung gibt es Ähnlichkeiten zwischen Lesben und schwulen Männern, und auf dieser Grundlage haben Lesben wiederholt sich auf gemischt schwul-lesbische Politik eingelassen – Schwulenbefreiung in den siebziger Jahren, „Queer"-Politk heute. Lesben und schwule Männer werden im Beruf, im Steuer- und Versicherungswesen, auf der Straße, in öffentlichen Verkehrsmitteln diskriminiert und belästigt. Lesben und schwule Männer leiden unter dem Angriff auf ihren Stolz und ihr Selbstwertgefühl, weil sie ihre Liebesbeziehungen in der Öffentlichkeit nicht zeigen können. Lesben und schwule Männer leiden unter dem Verlust ihrer Familie und brauchen zu ihrem Überleben Freundschaften und eine Gemeinschaft. Die ganz allgemein schwulenfeindliche Öffentlichkeit macht zwischen Lesben und Schwulen keinen großen Unterschied. In Ländern wie Großbritannien oder den USA litten Lesben zusätzlich unter der Zunahme des Schwulenhasses als Folge der AIDS-Epidemie. Die Verabschiedung feindseliger Gesetze, die in dieser neuen Atmosphäre möglich wurde, traf Lesben und Schwule gleichermaßen. Gesetzesvorlagen wie die in England gegen die „Befürwortung der Homosexualität" haben Lesben und schwule Männer aus gutem Grund gemeinsam bekämpft. Es scheint also, als hätten schwule Männer und Lesben politisch sehr viel gemein. Aber die Geschichte dieser politischen Beziehung ist mühsam, und immer wieder haben Lesben sich entschieden, sie zu beenden.

Lesben neigten dazu, sich mit ihrer Kritik an der schwul-männlichen Politik zurückzuhalten, weil sie sich bewußt waren, daß die Heterowelt Lesben nur für eine unterlegene Variante der Schwulen hält und jede politische Kritik an Schwulen auf die Lesben zurückfällt. Seitdem Angriffe auf die Rechte, die Lesben und Schwule seit den Siebzigern erkämpft haben, zunehmen, scheint Kritik an schwulen Männern noch gefährlicher und unangebrachter. Es schien klug, an der Möglichkeit einer gemeinsamen Front gegen Lesben und Schwule gleichermaßen betreffende Gesetzgebung und Diskriminierung festzuhalten. Immerhin haben schwule Männer mehr Geld, größere politische Macht und Sichtbarkeit als Lesben. Deshalb haben nur wenige lesbisch feministische Theoretikerinnen die politischen Unterschiede, die die Beziehung zwischen Lesben und schwulen Männern belasten, zu benennen versucht. Diese Aufgabe bekommt nun, seit die Nachahmung schwul-männlicher Erscheinungsformen in der lesbischen Gemeinschaft zunimmt, größere Dringlichkeit.

Die US-amerikanische lesbische Philosophin Marilyn Frye gehört zu den wenigen, die an schwuler Politik Kritik üben. Sie stellt fest, daß die Differenzen zwischen Lesben und schwulen Männern „sich inzwischen als so tief erweisen, daß die Annahme, es gäbe irgendeine grundsätzliche kulturelle oder politische Affinität, auf die Bündnisse aufbauen könnten, zweifelhaft wird".[3] Sie sagt, daß schwule und heterosexuelle männliche Kultur die Grundprinzipien der Phallokratie gemeinsam haben: die Annahme männlicher Bürgerrechte, die Anbetung des Penis, männliche Homoerotik oder Männerliebe, Frauenverachtung oder Frauenhaß, Zwangsheterosexualität und Penetration. Lesbischer Widerstand ist für sie die konsequente Zurückweisung dieser Prinzipien.

Männerliebe ist ein ziemlich offensichtlicher Punkt, an dem sich schwule Männer und Lesben unterscheiden. Schwule Männer begehren und lieben Angehörige der herrschenden Klasse. In dieser Hinsicht verhalten schwule Männer sich gegenüber der männlichen Vorherrschaft loyal. Mannhaftigkeit und Maskulinität, Symbole der Zugehörigkeit zur politischen Klasse der Männer, gehören zur schwulen Kultur. Schwule Theoretiker haben ausgeführt, daß in den siebziger Jahren in der westlichen Schwulenkultur ein Umschwung stattgefunden habe, einige nannten ihn „Butch-Shift". Während vor der Schwulenbefreiungsbewegung, als Homosexualität mit weibisch assoziiert wurde, schwule Männer sich eher Partner suchten, die auch in der Heterowelt als „richtige Männer" galten, hätten sie nach der Befreiung ihre Partner häufiger in der nun sichtbaren und selbstbewußten Schwulengemeinschaft gesucht. Die Anziehungskraft des Männlichen aber blieb erhalten, jetzt mußten schwule Männer sie selbst herstellen.

„Nicht-schwule Männer waren begehrte Objekte – unser Ausgleich für das Unerreichbare? – aber der Butch-Wechsel richtete unsere Aufmerksamkeit auf uns selbst. Wenn offensichtlich maskuline Männer andere Männer begehren, widerlegt das die Vorstellung, wir seien feminine Seelen in männlichen Körpern."[4]

Das bedeutete die Aufnahme von Muskeltraining, karierte Hemden, ausgewaschene Jeans, Rockerstiefel, kurze Haare und Schnauzbart, Lederkleidung oder Overalls. Männerliebe kann zum Wunsch werden, Männermacht zu verkörpern, eine Macht, die schwulen Männern fehlt, weil sie nicht an den üblichen heterosexuellen Strukturen beteiligt sind, zu denen der Besitz einer Frau gehört. Die Verwendung maskuliner Symbole und Attribute kann übertriebener sein als in der heterosexuellen Männerkultur. Sie kann sich als Masochismus und Anbetung der aggressiven autoritären Aspekte der Männlichkeit äußern. Den Samen des Mächtigen zu schlucken, gibt Macht. Auch von heterosexuellen Frauen wird erwartet, daß sie Männer und Männlichkeit anbeten. Der Unterschied ist nur, daß sie diese Rolle nicht freiwillig gewählt haben und sie oft heftig ablehnen, wie die Sexualwissenschaft weiß. Heterosexualität ist für Frauen ein Herrschaftsinstrument, das mit Gewalt aufrechterhalten wird. Verglichen mit schwulen Männern sind heterosexuelle Frauen im Nachteil. Wieviel Samen sie auch schlucken, sie werden nie Männer oder mächtig sein können. Frye sagt:

„Wenn Männerliebe das Gesetz der phallokratischen Kultur ist, was ich glaube, und wenn deshalb männliche Homoerotik zwingend vorgeschrieben ist, dann sind schwule Männer brave, loyale, gesetzestreue Bürger, und lesbische Feministinnen sind Verbrecherinnen oder, politisch gesehen, Aufständische und Verräterinnen."[5]

Lesben sind in einer ganz anderen Lage. Trotz aller Nachteile lieben sie Angehörige der unterlegenen Sexklasse. Damit verhalten sie sich gegenüber der männlichen Herrschaft unloyal. Während sich von Lesben sagen läßt, sie hätten das Training überlebt, das ihnen den angeblich angeborenen Ekel und Abscheu von Frauen vor der Liebe zu Frauen eintrichtern wollte, zeigen die Schwulen, die Männlichkeit verherrlichen, einen Frauenhaß, der im Einklang steht mit dem Frauenhaß der Heterogesellschaft. Das radikale politische Potential des Lesbianismus beruht auf eben dieser lesbischen Liebe zu Frauen. Nur Lesben können in der Welt der Heterobeziehungen Frauen unzweideutig achten und auf dieser Basis für die Befreiung derer kämpfen, die sie lieben. Auch heterosexuelle Feministinnen achten und lieben Frauen, aber ihre emotionalen und sexuellen Energien widmen sie in erster Linie Männern. Die Liebe und Achtung, die Lesben für Frauen haben, erzeugt unausweichlich eine Spannung in den Beziehungen zwischen ihnen und schwulen Männern, die sich besonders deutlich in der Einschätzung bestimmter Aspekte schwuler Kultur wie Camp und Drag (Tuntigkeit und Tragen von Frauenkleidern) zeigt. Frye sagt, daß die Liebe lesbischer Frauen zu Frauen das ist, was sie am eindeutigsten von schwulen Männern abhebt.

„Sie liebt Männer nicht; sie bewahrt nicht alle Leidenschaft für Männer. Sie haßt Frauen nicht. Sie unterstellt die Gleichwertigkeit des weiblichen und männlichen Körpers, oder sogar die Überlegenheit des weiblichen Körpers. Sie hat kein Interesse an Penissen, außer der berechtigten Sorge, wie Männer sie gegen Frauen benutzen. Sie fordert Bürgerinnenrechte für Frauen ohne zu behaupten, Frauen seien wie Männer, nur anders gebaut. Sie lebt nicht als Ergänzung des heterosexuellen Gesetzes für Männer. Sie ist für den Penis nicht zugänglich; sie sieht sich nicht als das natürliche Fickobjekt und bestreitet, daß Männer das Recht oder die Pflicht haben, sie zu ficken."[6]

Auf dem Gebiet der Sexualität sind die Unterschiede der politischen Forderungen von Lesben und schwulen Männern am deutlichsten. Feministische Theoretikerinnen haben beschrieben, daß männliche Sexualität, schwule männliche Sexualität eingeschlossen, auf männlicher Identität aufgebaut ist und ausgeübt wird, um diese Identität zu stützen. John Stoltenberg führt die Richtigkeit dieser Analyse besonders deutlich vor.

„So sehr ist die Sexualität der Männer verknüpft mit dem Aktualisieren des Gender – sich zu fühlen wie ein richtiger Mann –, daß sie sich kaum an eine erotische Empfindung erinnern, die nicht eine genderspezifische kulturelle Bedeutung hat... Die ihrer Kultur angepaßte männliche Sexualität hat eine eingebaute Störungssicherung: Entweder wird die Männlichkeit bestätigt, oder die Erfahrung wird nicht als sinnlich empfunden."[7]

Bestimmte Aspekte schwul-männlichen Verhaltens wie Gelegenheitssex, wechselnde Sexualpartner und sexuelle Zwanghaftigkeit lassen sich so politisch statt biologisch erklären. Dauernde sexuelle Aktivität ist nötig, um die männliche Identität zu bestätigen. Schwule männliche Politik neigt dazu, Schwulsein als auf sexuelle Aktivität, auf die sexualwissenschaftliche Definition, was Homosexualität begründet, begrenzt zu akzeptieren. In zwei interessanten Artikeln über schwule Männlichkeit vor und seit AIDS behauptet Seymour Kleinberg, daß an die Stelle der Politik in den späten siebziger und frühen achtziger Jahren sexuelle Aktivität trat.

„Je stärker Sexualität den Lebensstil, von Diskos bis zu Demonstrationen, mit gesicherten Rechten oder ohne, beherrschte, um so geringer war das Bedürfnis der meisten nach Politik – und um so stärker der Eindruck bei den wenigen anderen, Lesben, Feministinnen, Minoritäten, die Schwulenbewegung habe auch keine für sie. Schwule Männer verstanden Sexualpolitik seltsam wörtlich. Promiskuität wurde vor und nach der Befreiungsbewegung als Zeichen individueller Aggressivität anerkannt (egal wie passiv einer im Bett war). Ficken war wie bei den bösen Mädchen der Vergangenheit eine Herausforderung der gesellschaftlichen Vorstellungen von Tugend."[8]

Die radikaleren Forderungen der Schwulenbewegung wurden in die Forderung nach mehr phallischem Zugriff umgelenkt.

Marilyn Frye beschreibt männliche Sexualität, schwule wie heterosexuelle, als die Annahme, jederzeit phallischen Zugang zu haben. Sie erklärt, daß diese Annahme sich

„in dem fast universalen Recht zu ficken zeigt – sich der individuellen Herrschaft über alles, was nicht er selbst ist, zu vergewissern, indem er es für seine phallische Befriedigung oder das Geltendmachen seiner Rechte benutzt, physisch oder symbolisch. Sein Penis darf auf oder in jedes Objekt, jedes Tier, jede Frau pissen, ejakulieren, es penetrieren."[9]

Von Besitzverhältnissen und lokalen Sittenvorschriften abgesehen, wird dieses Recht nur dadurch beschränkt, daß Männer nicht andere Männer, „besonders nicht erwachsene Männer der eigenen Klasse, Rasse, des eigenen Stamms usw." ficken sollen. Insofern schwule Männer dies Verbot verletzen, gehorchen sie dem Prinzip universalen phallischen Zugangs mehr als heterosexuelle, weiten es aus. Frye sieht in dem Verbot der gegenseitigen Penetration von Männern eine Möglichkeit, die Weltherrschaft des männlichen Prinzips aufrechtzuerhalten. Wenn Männer miteinander sexuell machen dürften, was sie mit Frauen machen, würde dies den Männerbund beschädigen und die männliche Vorherrschaft zerstören.

„Das Verbot des Geschlechtsverkehrs zwischen Männern ist die Krone der Maskulinität, die Grenze, die Männlichkeit davor bewahrt, nichts anderes zu sein als ein endloser Feuersturm undifferenzierter Selbstsucht... Die krankhafte Angst des heterosexuellen Mannes vor männlicher Homosexualität kann als die Angst vor unbeschränkter, unbegrenzter, unbeherrschter Männlichkeit gesehen werden."[10]

Natürlich ließe sich auch argumentieren, daß Geschlechtsverkehr zwischen Männern den Männerbund eher stärkt als zerstört. Auch das ist ein Problem für die feministische Analyse, denn der Männerbund ist das Gerüst der männlichen Herrschaft, und es kann nicht das Interesse der Frauen sein, wenn er noch stärker wird.

Für Frye steht schwule Politik in diametralem Gegensatz zum lesbischen Feminismus.

„Ganz generell ist schwule Politik darauf gerichtet, Männlichkeit und männliche Privilegien für schwule Männer einzufordern und die Ausweitung des phallischen Zugangs bis zu jenem

Punkt voranzutreiben, an dem er tatsächlich grenzenlos ist. Lesbisch feministische Politik hat zum Ziel, männliche Privilegien zu demontieren, Maskulinität abzuschaffen und das Gesetz des phallischen Zugangs umzustürzen – die Regel, daß der Zugang erlaubt ist, solange er nicht ausdrücklich verboten ist, durch die Regel zu ersetzen, daß er verboten ist, solange nicht ausdrücklich erlaubt."[11]

Frye schließt nicht aus, daß einige schwule Männer ausbrechen und sich mit dem feministischen Kampf identifizieren könnten. Schwule Männer, sagt sie, haben trotz allem den Vorzug, das Wesen der männlichen Vorherrschaft besonders genau zu kennen. Das könnte auch ein Vorteil sein, schwule Kultur könnte sich „in Richtung einer Suche nach körperlichem Vergnügen entwickeln, die den Tendenzen zu Fetischismus, Phantasie und Entfremdung widerspricht, sie könnte sehr radikale, bisher undenkbare Konzepte entwickeln, was es heißt, in einem männlichen Körper zu leben".

Als sie 1984 ihren Aufsatz schrieb, sah sie keinerlei Anzeichen für eine derartige radikale Entwicklung. Die schwule Männerkultur könnte sich nur durch eine radikal profeministische Bewegung schwuler Männer ändern, und die scheint in den neunziger Jahren nicht wesentlich näher.

Es ist nicht schwierig zu sehen, wie Lesben unter den Einfluß schwuler Männerpolitik und -kultur geraten sind. Männliche Politik wirft ohnehin Lesben und Schwule in einen Topf. Die Finanzierung des 1984 eröffneten Lesbian and Gay Center in London ist ein gutes Beispiel. Das Zentrum bekam 100.000 Pfund für Lesben. Mit dem Geld sollte in einem Haus, in dem alles einschließlich der Bar gemischt war, eine eigens Lesben vorbehaltene Etage eingerichtet werden. Lesbische Feministinnen sahen es nicht als vordringlich an, sich an diesem Unternehmen zu beteiligen – wir hätten ein eigenes Zentrum für Lesben vorgezogen. Als SadomasochistInnen sich an diesem Ort treffen wollten und das Kollektiv entschied, es ihnen zu gestatten, wandten wir uns gegen diese Entscheidung. Wir waren der Ansicht, besonders nachdem ein Teil des Geldes ausdrücklich für Lesben bestimmt war, daß die Lesben, die das Haus nutzten, Anspruch auf einen S/M-freien Raum hatten. Wie vorauszusehen, verloren wir – die große Mehrheit der Lesben stimmte dagegen, und die Schwulen, die uns zahlenmäßig überlegen waren, stimmten für die SadomasochistInnen.

Für die Schwierigkeiten einer ernsthaften gemeinsamen Organisation von Lesben und Schwulen, ohne schwule Prioritäten zu akzeptieren, ist das ein nützliches Beispiel. In gemischten Organisationen sind die Schwulen in der Regel in der Überzahl. Die Arbeit der „Lesbians Against Sadomasochism" (Lesben gegen S/M, zu denen ich damals gehörte) legte einige der Widersprüche offen, die in gemischt lesbisch-schwulen Organisationen auftreten können. Bei einer der Vollversammlungen im „Lesbian and Gay Centre" meldeten sich lesbische Mütter zu Wort. Sie sähen sich nicht in der Lage, ihre Kinder in ein Zentrum zu bringen, in dem Männer und Frauen in schwarzem Leder und Sado-Maso-Insignien allgegenwärtig seien; schließlich kämpften sie darum, ihre Kinder im Widerstand gegen die Sadogesellschaft großzuziehen. Die lesbischen Mütter hatten ihre Kinder mitgebracht, weil sie nicht wußten, wohin mit ihnen, aber auch um ein Zeichen zu setzen. Einige schwule Männer, aber auch Lesben führten vor dem Hintergrund weinender Babys eine abstrakte intellektuelle Debatte über ihr Recht, ihr Vergnügen auf jede Art zu verfolgen, die sie sich wünschten.

Lesbische Mütter im besonderen und lesbische Feministinnen im allgemeinen haben ähnliche Probleme mit Transsexualität, Bisexualität und Pädophilie. Warum sollten Lesben Transsexuelle auf ihren Toiletten akzeptieren, wenn sie nicht glauben, daß Chirurgie aus einem Mann eine Frau machen kann? Ähnlich die Bisexualität: Lesben nahmen die Anwesenheit schwuler Männer hin, die sie ja nicht sexuell belästigten, aber mit bisexuellen Männern, die potentiell für Frauen genauso unangenehm sind wie heterosexuelle, konnten sie sich nicht abfinden. Viele schwule Mitglieder des Zentrums, die für sexuelle Minderheiten eintraten und ihre Homosexualität nur als eine in einer ganzen Reihe mehr oder weniger exotischer sexueller Vorlieben verstanden, vermochten das nicht einzusehen.

Manche schwulen Männer können offenbar mit Pädophilie durchaus liberal umgehen; Lesben, die sich der Realität sexuellen Mißbrauchs bewußt sind, können das nicht. Den Lesben, die die Angebote des Zentrums nutzen wollten, blieb am Ende keine andere Wahl als die schwule Politik zu akzeptieren oder jedenfalls nicht mehr zu kritisieren. Die, die sie unerträglich fanden, kehrten dem Zentrum den Rücken.

Wenn Lesben durch staatliche Zuschüsse oder kommerziellen Druck gezwungen sind, gemischte Einrichtungen zu nutzen, herrschen männliche Prioritäten. Das gilt auch für gemischte Publikationen. Weil sie sahen, daß gemischte Einrichtungen vor allem männliche Einrichtungen sind, haben Feministinnen und Lesben für getrennte Organisationen, Feste, Zeitschriften plädiert. Gemischte, d.h. männliche Einrichtungen umfassen und unterstützen eine Version des Lebianismus, die die Interessen schwuler Männer nicht bedroht. Etwas anderes können wir von ihnen nicht erwarten. In der gemischten schwulen Presse findet die feministische Kritik an Sadomasochismus und Pornographie wenig Gegenliebe. Die Kennzeichen der schwulen kommerziellen Kultur, Leder, Camp und Drag dominieren in diesen Publikationen, denn sie finanzieren sie. Lesbischer Feminismus erntet da nur Hohn. Lesben sind nicht vermögend genug, um für die Anzeigenkunden einen Markt abzugeben; nur Geld würde Lesben Mitsprache erlauben. Währenddessen kämpfen lesbisch feministische Publikationen ums Überleben oder gehen aus Geldmangel ein.

In den frühen siebziger Jahren analysierten nicht nur lesbische Feministinnen, sondern auch Theoretiker der Schwulenbewegung kritisch die Pänomene der Tunte (Camp) und der Verkleidung als Frau (Drag) und zeigten, daß sie auf Frauenhaß basieren. Lesben verließen gemischte Organisationen, weil viele durchaus politisch denkende schwule Männer nicht in der Lage waren, diese Seiten der schwulen Kultur zu hinterfragen. Heute passiert etwas ganz anderes. Die gleichen Praktiken werden von Lesben bewundert, die daraus Varianten für Lesben ableiten wollen. Von der Kritik zur Bewunderung ist ein weiter Weg; das zeigt, wie konservativ und antifeministisch die Zeiten geworden sind und wie tief das Vertrauen der Lesben in die eigene Kraft gesunken ist.

Die lesbische Schriftstellerin Fiona Cooper ist eine, die diesen Weg gegangen ist. 1989 bat das Londoner Magazin *City Limits* sie als eine von vier Lesben und Schwulen um einen Beitrag zu einem Bericht über schwulen Stolz. Cooper ergriff die Gelegenheit, dem Feminismus eins auszuwischen. Als sie Feministin wurde, schnitt sie sich „die Haare, trug Bomberjacke und Overall, trank Guiness, spielte Poolbillard und gaffte mit offenem Mund die Vorbilder an, die in dieser schönen neuen Welt herumstolzierten". Dann kam ihr die Erleuchtung, sie begriff, daß der Feminismus „von Regeln und Gesetzen bestimmt war" und sie keine Lust hatte, sich „Vorschriften machen zu lassen".[12] Also beschloß Cooper, gegen den Feminismus zu rebellieren und eine männlich schwule Identität anzunehmen, als wenn das in einer Zeit, in der viele den gleichen Weg gingen, revolutionär gewesen wäre. Die Männerwelt begrüßte diese Dissidentinnen aus vollem Herzen, und sie waren die Schwierigkeit los, feministische Ideale hochhalten zu müssen.

Cooper wurde vom Anblick eines schwulen Travestiekünstlers zur schwul männlichen Realität bekehrt.

„Als ich fünfundzwanzig war, nahm meine liebe Freundin Maureen mich mit zu *Polyester*, und ich entdeckte Camp, Drag, Kitsch, Ramsch, Dreck und Divine... Ich habe Divine siebenmal auf der Bühne gesehen und mich heiser geschrien. Noch Wochen danach hüpfte ich zu Divines ‚Fuck you all, fuck you 40 times' herum – das einer Nichtphilosophie Ähnlichste, das mir je untergekommen hat. Das war's, was ich brauchte. Wenn ich Glitzer und Tand und Nagellack und Fummel tragen wollte – warum nicht? Die Queens, die in einer schäbigen Bar ihren anarchischen Humor herausbrüllten, hauten mich vom Hocker. Ich war zu Hause. Ich bin oft gefragt worden, warum ich so verrückt nach Frauenkleidern bin, meine Antwort ist: Es macht Spaß. Es ist tapfer, kühn, anarchisch, herrlich, geschmacklos, verrückt und wundervoll."[13]

Sie entdeckte, daß schwule Männer häufig netter sind als Feministinnen, „freundlich und warm und mit einem Tuntenfaktor 10", während Feministinnen „mit armseligen, humorlosen Analysen an allem herumnörgeln". Ihre Lobpreisungen schwuler Kultur enthalten nicht nur tiefe Unzufriedenheit mit dem Feminismus, sondern auch mit der lesbischen Kultur. Lesben hat das exklusiv schwule Phänomen der Tuntigkeit noch nie so recht begeistert. Transvestiten tragen die Kleider, die Frauen aufgezwungen werden. Kleider, die den niederen Status von Frauen symbolisieren. Sprache und Vorführungen der Transvestiten zeigen am deutlichsten schwulen Frauenhaß.

Marilyn Frye sieht, daß das Argument schwuler männlicher Apologeten, Transvestismus sei ein Ausdruck von Frauenliebe, manche Lesben beeindruckt, und widerlegt es vehement.

„Die Effeminiertheit schwuler Männer und das Tragen femininer Kleidung offenbart weder die Liebe zu noch die Identifikation mit Frauen oder dem Weiblichen. Fast immer ist diese Weiblichkeit affektiert und durch theatralische Übertreibung charakterisiert. Es ist eine gleichgültige und zynische Verhöhnung von Frauen, für die Weiblichkeit die Falle der Unterdrückung ist; gleichzeitig ist es ein Spiel, ein Spiel mit dem Tabu... Mir kommt die schwul männliche Vorliebe für Weiblichkeit wie eine Sportart vor, in der Männer ihre Macht und Kontrolle über das Weibliche ausüben, so wie in anderen Sportarten jemand physische Kraft und Kontrolle ausübt. Manche schwulen Männer bringen es darin zu großer Meisterschaft und werden von den Eingeweihten wie Helden behandelt. Aber die Meisterschaft in der Beherrschung des Weiblichen ist nichts Weibliches. Sie ist männlich. Sie beweist nicht Frauenliebe, sondern Frauenhaß. Die Meister erheben den Anspruch auf Männlichkeit."[14]

Manchmal heißt es in lesbischen Kreisen, die einen eigenen „Transvestismus" beanspruchen möchten, sich männlich zu kleiden, könne einen Ausgleich bieten. Aber politisch funktioniert das nicht. Frauen in traditioneller Männerkleidung erregen nicht die gleiche Heiterkeit wie Männer in Frauenkleidern. Das verweist uns auf die Statusunterschiede, die Kleidung repräsentiert. Frauenkleider repräsentieren Machtlosigkeit, Männerkleider das Gegenteil. Wie auch viele heterosexuelle Frauen tragen Lesben heutzutage, was früher als Männerkleidung galt, weil es alle Vorteile und Bequemlichkeiten bietet, die von der Kleidung einer herrschenden Klasse zu erwarten sind. Eine Lesbe in Hosen ist kein Schock. Es gibt auch den Vorschlag, Lesben sollten besonders weibliche Kleider tragen, um ihnen die Travestie zu ermöglichen, aber auch das ist problematisch, denn Frauenkleider an Frauen sind nicht witzig.

Das Phänomen „Camp" beruht nicht bloß auf Weibischkeit. In ihren *Notes on Camp* zeigt Susan Sontag, daß es dabei um einen kulturellen Stil geht.

„Zum Wesen von Camp gehört seine Liebe zum Unnatürlichen: zum Künstlichen und Übertriebenen. Und es ist esoterisch – ein privater Code, sogar ein Zeichen der Identität, unter kleinen großstädtischen Cliquen."[15]

Als bestimmte Sprache, ein Verhalten, an dem schwule Männer sich gegenseitig erkannten, spielte „Camp" in der Geschichte schwulen Überlebens in einer feindlichen Gesellschaft eine wichtige Rolle.

Etwas Ähnliches gibt es bei Lesben nicht. Die US-amerikanischen lesbischen Historikerinnen Elizabeth Lapovsky Kennedy und Madeline Davis, die mündliche Berichte von Lesben gesammelt haben, die in den fünfziger und sechziger Jahren Rollenspiel betrieben, schreiben, „daß die lesbische Gemeinschaft keine Parallele zur Camp-Kultur hat, die sich in männlichen homosexuellen Gruppen um die Queens entwickelte".[16] Drag, also das Phänomen der Verkleidung als Frau hatte im lesbischen Entertainment keine Entsprechung, „nur wenige Butches traten als Männerdarstellerinnen auf". Und „um die Darstellung von Männern entwickelte sich keine kulturelle Ästhetik". Lesben entwickelten auch keinen sexuellen Jargon oder provokativen Stil, der der Tunte vergleichbar wäre. Wenn Lesben heute Camp und Drag in die lesbische Kultur einführen wollen, übernehmen sie einfach männlich schwule Formen.

Einige Lesben imitieren schwule Männlichkeit inzwischen ganz direkt. Gayle Rubin untersucht als lesbische Forscherin die schwule Lederszene. Sie ist so vom Schwulsein angetan, daß sie transsexuelle Operationen für Lesben, wie sie in Kalifornien gemacht werden, für sinnvoll hält. Nachahmung kann bemerkenswert weit gehen, scheint es, weit über die „Kunstgriffe" und „Parodien" hinaus, die die postmodernen Apologeten schwuler Kultur und Politik so schätzen. Chirurgie ist ziemlich ernst und unwiderruflich. Gayle Rubin befürwortet auch S/M. Mit einem Artikel mit dem Titel „The Traffic in Women" wurde sie in den siebziger Jahren unter Frauenforscherinnen bekannt. Rubin widerruft diesen Artikel in ihrem Buch *Pleasure and Danger,* in dem sie erklärt, sie habe lange Zeit Sex und Gender für unausweichlich miteinander verknüpft gehalten, nun aber akzeptiere sie die Existenz eines abgetrennten Systems sexueller Unterdrückung, in dem sexuelle Minderheiten wie etwa die, die „intergenerationalen Sex" praktizierten, unterdrückt würden – ein System, das feministischer Analyse nicht zugänglich sei, weil die für die Untersuchung von Sexualität nur begrenzten Nutzen habe. Einer neuen lesbischen Avantgarde scheint

es wichtig, sich von „Frauen" oder dem „Gendersystem" abzugren-
zen, damit ihre Praktiken – Rollenspiel, Sadomasochismus, Sex mit
Kindern – nicht politisch suspekt werden. So dürfen sie sich im
Recht fühlen, wenn sie sich erotischen Vorlieben hingeben, die auf
Machtungleichheit basieren, ohne darüber nachdenken zu müssen,
wie das die Situation von Frauen beeinflußt.

Gayle Rubin hat sich von ihren früheren feministischen Einsichten weit entfernt. In einem Artikel über „Butch, Gender und
Grenzen" definiert sie Butch als „ein lesbisches Gender, das aus
dem Einsatz und der Manipulation männlicher Gendercodes und -
symbole entsteht". Dazu gehören auch die, die Gender-„dysphorisch"
sind oder „unzufrieden mit dem Gender, dem sie zugeteilt wurden". Sie sagt, „viele Butches haben teilweise eine männliche
Genderidentität". Die Ikonographie der Butch hat nach ihr die
gleichen Wurzeln wie die entsprechende Figur in der schwulen
Szene, der „aus der Gesellschaft ausgestoßene Motorradfreak in
Lederklamotten". Die Wurzeln liegen in den Motorrad- und Straßen-
gangs der frühen Fünfziger: „junge weiße maskuline Arbeiter".[17]
Rubin identifiziert dies Bild männlicher Aggression, das vielen
Frauen Angst macht, mit Rebellion.

Abgesehen vom Motorradfreak haben Butches, laut Rubin, eine
Vielzahl maskuliner Bilder übernommen.

„Es gibt ausgesprochene Dandy-Butches, Sportler, Studenten,
Künstler, Rock-and-Roll-Butches, Butches mit Motorrädern und
Butches mit Geld. Es gibt Butches, deren Models effeminierte
Männer sind, Tunten, Queens und viele andere Typen männli-
cher Homosexueller."[18]

Besondere Aufmerksamkeit schenkt Rubin den FTMs (female to
male, Frau-zu-Mann-Transsexuelle). Der lesbischen Bewegung nimmt
sie übel, Frau-zu-Mann-Transsexuellen mißtrauisch zu begegnen,
für sie ist Transsexualität politisch unproblematisch. Wenn sie recht
hat, und sei es auch nur für San Francisco, dann ist dies ein
besonders bizarrer Aspekt des Backlash gegen den Feminismus.
Wollten früher Feministinnen Frauen die Möglichkeit eröffnen, auf
ihr Frausein und ihre Liebe zu Frauen stolz sein zu können, sehen
wir heute das Phänomen, daß Maskulinität nicht nur große Bewunderung genießt, sondern daß Frauen den Wunsch haben, ihr
Frausein ein für allemal zu beenden, um an der männlichen Macht

teilzuhaben. Wenn es stimmt, daß immer mehr Frauen chirurgische Verstümmelungen auf sich nehmen, nur um nicht Frauen sein zu müssen, müssen wir schließen, daß das feministische Bemühen, Frauen in ihrem Körper glücklich zu machen, gescheitert ist.

Rubin sagt, viele Lesben seien darüber vermutlich bestürzt, sie müßten aber lernen, den FTMs verständnisvoll und hilfreich entgegenzukommen.

„Wenn der Körper einer Frau sich in den eines Mannes verwandelt, lösen sich die männlichen und weiblichen Anzeichen, die ‚Butch‘ signalisieren, auf. Eine Butch in Männerkleidern, mit Dildo und Body-building, mag einen männlichen Namen und männliche Fürwörter benutzen, sie hat immer noch weiche Haut, keinen Bart, schwellende Brüste und Hüften, kleine Hände und Füße und andere erkennbare Zeichen für Weiblichkeit. Wenn derselben Person ein Bart wächst, ihre Stimme tiefer wird, sie eine Glatze bekommt, stehen Körper und soziale Signale nicht mehr im Widerspruch. Wenn er beginnt ein Mann zu sein, finden viele Lesben ihn nicht mehr attraktiv, und einige möchten ihn aus ihrer Gemeinschaft ausstoßen.“[19]

Lesben sollten sie ausdrücklich unterstützen, bis sie sich entscheiden zu gehen, denn „sie werden von sich aus lesbische Kontexte verlassen“. Lesbische Gemeinschaften sollen also bei der Wiedergeburt von Lesben als Männern behilflich sein. Daß lesbische Feministinnen hiermit Probleme haben, liegt auf der Hand. Angesichts der Begeisterung in einigen Teilen der lesbischen Szene für die schwule Männerkultur überrascht es nicht, wenn einige dieser FTMs schwul werden wollen oder, wie Rubin es ausdrückt, „männlich schwul identifiziert“. Sie hofft, daß schwule FTMs von schwulen Männern „mit Fassung und gern“ aufgenommen werden, aber da habe ich meine Zweifel. Die FTMs haben keine perfekt funktionierenden Penisse, denn die phalloplastische Chirurgie ist noch nicht so weit, und Penisse spielen in der schwulen Erotik nun mal eine große Rolle.

Feministische Wissenschaftlerinnen haben darauf verwiesen, daß Transsexualismus im direkten Widerspruch zur Freiheit von Frauen steht. Janice Raymonds Buch *The Transsexual Empire* ist in dieser Hinsicht unübertroffen. Es zeigt, wie medizinischer Einfallsreichtum und ständige Unterstützung des Transsexualismus Gender konkretisiert und das feministische Projekt untergräbt, das die Rollenmuster von Männlichkeit und Weiblichkeit auflösen will, die in erster Linie für „Genderdysphorie", Schmerz und Verwirrung verantwortlich sind. Wo Männlichkeit und Weiblichkeit fetischisiert werden, wie im neuen Rollenspiel, wo also Macht und Grenzen der Rollen neu aufgerichtet und gestärkt werden, muß Transsexualismus zunehmen.

Die lesbische S/M-Bewegung, zu deren wichtigen Sprecherinnen Rubin gehört, benutzt die Sprache der schwulen Männerkultur. Die S/M-Befürworterinnen lernten Techniken und Sprache in schwulen Clubs und praktizierten sie, wie viele immer noch, an schwulen Männern. Pat Califia, Mitbegründerin von Samois, der ersten lesbischen S/M-Gruppe in USA, beschreibt die Schwierigkeiten, Gleichgesinnte zu finden, nachdem sie sich für S/M zu interessieren begonnen hatte. Sie erinnert sich, eine „ältere Dyke" getroffen zu haben, die berichtete, „auf der Suche nach Frauen, die ihre sexuellen Interessen teilten, in den frühen Sechzigern mit ihrer Partnerin schwule Lederkneipen abgegrast zu haben". Ende 1977, erzählt sie, „hingen die Lesben, die schließlich Samois gründeten, in der ‚Society of Janus' herum, einer gemischten, aber vorwiegend schwulen Gruppe; im ‚Carde'a, wo es viele Frauen gab, die S/M professionell betrieben; in der ‚Katakombe', einem schwulen Männerclub, wo Frauen zu den Faustfick-Parties zugelassen waren; und in schwulen Lederkneipen wie dem ‚Balcony' und dem ‚Ambush'."[20]

Von Califia stammt eine Anthologie mit S/M-Erotika. Schon der Titel, *Macho Sluts* (Machonutten), zeigt Califias Männlichkeitsenthusiasmus. In der Einleitung definiert sie „Machismo" als den politischen Stil unterdrückter Minderheiten. „Machismo ist in diesem Land ein Überlebensmechanismus, mit dessen Hilfe Männer aus Minderheitengruppen ihre Selbstachtung und Kultur zu bewahren trachten." Tatsächlich sind Machismo und andere Formen von Männlichkeit Mechanismen, mit denen Männer ihre Macht über Frauen aufrechterhalten. Trotzdem enthält dieser Satz ein Körnchen Wahrheit. Männer, die in der sozialen Hierarchie weit unten stehen, kompensieren das manchmal durch übertriebene Männlichkeit, denn die damit verbundene Macht ist, anders als die, die Geld oder Herkunft verleihen, die einzige, die ihnen zur Verfügung steht. Allerdings ist der lateinamerikanische Machismo nicht als Antwort auf die Situation in den USA entstanden. Dort ist er die anerkannte Form männlicher Dominanz und insofern alles andere als revolutionär.

Ich kann mir nicht vorstellen, daß Califia nicht klar ist, daß Männlichkeit, in welcher Gestalt auch immer, nicht genderneutral ist und auf keinen Fall pro Frauen. „Macho" zu sein, bietet den Angehörigen der Klasse „Frauen" wenig, selbst wenn sie Lesben sind, außer vielleicht zeitweisen Aufstieg. Da Männlichkeit in der heteropatriarchalen und besonders in der schwulen Kultur hoch besetzt ist, können Lesben, die maskuline Attribute übernehmen, von Frauen, für die männliche Macht erotisches Gewicht hat, und von schwulen Männern Bewunderung ernten und Einfluß auf sie bekommen.

„Maskuline" schwule Männer haben in Califias Erzählungen eine besondere erotische Ausstrahlung. Die Vorstellung, „Pornos für Lesben müßten von Frauen handeln", weist sie zurück. In *The Surprise Party* wird eine Lesbe von drei Polizisten entführt, die sie zu sexuellen Handlungen zwingen – orale Vergewaltigung mit Penis und Revolver, Klistiere und anale Vergewaltigung. Die Frau wird gedemütigt und beleidigt, besonders ihr Lesbischsein. „Kann sein, daß ich was gegen Lesben habe. Arrogante Schlampen. Kein Mann ist ihnen gut genug." Die Beleidigungen steigern nur die Erregung des Opfers, das maskuline schwule Männer bewundert.

„Waren zwei von denen Schwule? Es gab keinen Sinn. Ihre Möse zuckte. Ledermänner waren schon sexy genug – schwarze Ritter und Prinzen, die sie gern ansah, auch wenn Frauen sie nicht berühren durften. Im Vergleich dazu waren Bullen Könige – Quatsch, Kaiser. In der Hierarchie der Sexobjekte kamen schwule Bullen für sie gleich nach Gott. Aber, Scheiße, wenn Don schwul war, bekam er überall, was er wollte... Sie wußte, daß sie sich nicht genug auskannte, um so gut zu sein wie die Jungen, die stundenlang knieten und acht Inches und mehr in der Kehle hatten, bis zur Dämmerung. Wie konnte sie ihm genügen, um sich zu retten?"[21]

Irgendwie schafft sie es, die passable Imitation eines schwulen Mannes hinzukriegen. Einer ihrer Peiniger sagt: „Du mußt eine ganz neue Art weiblicher Perverser sein? Oder bist du ein nachge-

machter Schwuler?" Die Lesbe antwortet: „Das denken viele."
Bevor sie ihre Gefangene „ficken", werden die beiden schwulen
Polizisten belehrt:

„Vielleicht hilft es euch, wenn ihr nicht daran denkt, daß sie ein
Mädchen ist. Immerhin scheint sie ja selbst keine Frau sein zu
wollen. Sie kleidet sich wie ein Mann, redet wie ein Mann, geht
wie ein Mann. Sie ist queer, wie ihr auch. Queers machen Sex
mit Queers, stimmt's?"[22]

In einer Erzählung mit dem Titel *The Vampire* peitscht eine S/M-
Frau einen Mann in die Unterwerfung, bevor sie eine Frau findet,
die ihr ihr Blut anbietet. Die Vampirin sieht sich als „Ledermann";
sie wird beschrieben als „bekannt für ihre Ritterlichkeit. Das gehörte zu dem Code, von dem sie dachte, alle richtigen Ledermänner
(egal welches Gender) sollten ihm gehorchen." In *The Spoiler* sucht
ein männlicher Top andere Tops, die er besiegen kann. Sein Status
hängt daran, ob er „andere Tops unterwirft". In der schwulen
Männerkultur gilt dieser Kampf um Dominanz als erotisch; der
Schwule, der einen anderen dazu bringt, sich passiv zu verhalten,
hat ihn besiegt. Die Attraktivität von S/M für Frauen wie Califia
scheint daher zu rühren, daß sie auf diesem Schlachtfeld nicht nur
Frauen, sondern auch schwule Männer dominieren können. Das
erhöht ihren Status. Eine weibliche Top, die es schafft, einen
schwulen Top zu besiegen, steigt in der Genderhierarchie auf, in
eine genderlose Sphäre, in der ihr Gender keine Beschränkung
mehr ist. Aber das Spiel, in dem sie mitspielt, ist männlich. Sie siegt
nicht als Frau oder als Lesbe, sondern indem sie auf ihr Gender
verzichtet und als schwuler Mann durchgeht. Eine solche Lesbe hat
realisiert, daß sie in der schwulen Männerwelt durch ein lesbisches
Coming out weder persönliche Macht noch Status gewinnt. Das
könnte sie höchstens Punkte kosten. Ein wichtiger Aspekt des
Männerbunds ist, wie Marilyn Frye gezeigt hat, Frauenverachtung.
Männer verbünden sich durch den Frauenhaß, den sie sich gegenseitig durch Witze oder Eroberungsgeschichten beweisen. In *Macho
Sluts* verbündet sich Califia mit schwulen Männern, indem sie
Frauenhaß zeigt.

Ihre Texte strotzen vor schwul männlicher Sprache, besonders
die, in der sich schwule Frauenverachtung offenbart. In der schwulen Kultur, speziell der der Transvestiten, werden Frauen Fische

genannt, weil weibliche Genitalien angeblich nach Fisch schmekken. Califia benutzt in einer ihrer Geschichten dieses Wort im Zusammenhang mit Frauen, die lesbische Prostituierte aufsuchen, und treibt den Gebrauch des Worts noch einen Schritt weiter: um lesbischen oralen Sex zu beschreiben. Die Heldin dieser Geschichte ist eine lesbische S/M-Prostituierte, Kundinnen heißen Janes.

„Ich esse nicht oft Fisch. Aber die Janes sagen, ich sei nicht mehr konkurrenzfähig."[23]

Califia ist sich bewußt, daß ihre Praxis und Schriftstellerei auf dem S/M-Gebiet ihr den Vorwurf eintragen könnte, sie haßte Frauen. Die Frau, die sich mit der eben zitierten S/M-Prostituierten einläßt, berichtet von einer vergangenen Beziehung, in der sie wie ein Hund behandelt wurde – in den Augen der Heldin beweist das ihre Eignung.

„Unsere schwanzwedelnde japsende kleine Töle verbrachte jede nur mögliche Minute mit ihr, und danach steckte sie immer in einem Holzverschlag und hatte einen Stöpsel im Arsch. Vieles drehte sich um Hundeleinen und ungezogene kleine Kläffer durchtrimmen. Sie schlief in der vorhin erwähnten Hundehütte und aß und trank aus kleinen Schüsseln auf dem Fußboden. Ich wage nicht zu denken, wo sie ihre sonstigen Bedürfnisse erledigte. Ich war bezaubert."[24]

Califia überanstrengt die Leichtgläubigkeit ihrer Leserinnen, wenn sie in der Einleitung erklärt, diese Storys seien nicht frauenfeindlich, sondern in Wirklichkeit ein „Liebesgruß" und ein „Akt der Liebe".

In libertären lesbischen Kreisen ist es ein offenes Geheimnis, daß Lesben sexuelle Praxis von schwulen Männern gelernt haben. Offensichtlich haben sie schwule Männerpornos benutzt, und das erklärt vielleicht, warum die neue lesbische Pornographie so eifrig die Bilderwelt und die Werte schwuler Pornos nachmacht. Zu diesen Werten gehört der Besitz eines Penis und die Penetration durch einen Penis.

„Lesben sahen Schwulenpornos an, weil in ihren eigenen Kreisen ein absolutes Pornotabu herrschte – Sex ohne Romantik in endlosen Variationen. Mit ihren kunstvollen Techniken, besonders was die Freuden der Penetration angeht, haben schwule Männer ironischerweise ihren Beitrag zur Renaissance des vaginalen Sex zwischen Lesben beigetragen."[25]

Die Imitation schwulen Sex war bewußt und beabsichtigt. Cherry Smith, britische Befürworterin lesbischer Pornographie, erklärt:

„In den letzten zwei Jahren haben viele Lesben ihre erotischen Antworten auf schwule Pornographie diskutiert und die schwule sexuelle Ikonographie in ihre Phantasien, Sexspiele und kulturellen Darbietungen eingebaut."[26]

Smith sagt, das sei notwendig gewesen, weil schwule Männer, was Sex angeht, eine Sprache und Deutlichkeit, entwickelt hätten, die den Lesben fehlen. Das Phänomen, daß Lesben Sex von schwulen Männern lernen, bringt ähnliche Probleme mit sich wie die Tatsache, daß heterosexuelle Frauen Sex von Heteromännern lernen. Für heterosexuelle Frauen mußte erst der Feminismus kommen, damit sie ihre Unzufriedenheit mit dem Sex heterosexueller Männer, z.B. mit der Penetration, artikulieren konnten. Eine künftige lesbische Generation hat nun die Aufgabe, zu erklären, daß Dildos in Vagina und Anus für die lesbische Sexualität nicht unbedingt notwendig sind.

Smith berichtet, daß die Nachahmung schwuler Männer ziemlich weit geht. Offensichtlich haben Lesben, die sich für Rollenspiel entschieden haben, sich auch dafür entschieden, statt männlich/weiblicher schwule Rollen zu spielen. Schwule Männerrollen würden größere politische Korrektheit bieten, denn Butch/Femme könnte wie eine Imitation der Heterosexualität aussehen.

„Inzwischen ändern Dykes, die sich bisher mit Butch/Femme identifizierten, ihren Ausgangspunkt. Anders als die Butch/Femme-Regeln, die Anleihen beim Heteromodell machen, übernehmen z.B. die Butch-Daddy-Dyke und der lesbische Junge männliche Codes, ohne die Weiblichkeit ihrer Protagonistinnen zu verleugnen."[27]

Smith illustriert die Faszination, die Lesben beim schwulen Sex empfinden, an den Arbeiten der lesbischen Fotografin Della Grace. Eins ihrer Fotos, untertitelt *Lesbian Cock* (lesbischer Schwanz), „zeigt zwei Lesben in Lederkleidung mit Motorradhelm und Schnurrbart, der einen ragt ein lebensechter Dildo aus dem Zwickel". Smith nennt das eine „herrliche Parodie", die zeige, daß Lesben schwule Männer um ihren Penis und ihre Sexualität beneiden. Es ist, sagt sie, „besetzt mit einem Neid, den wenige Feministinnen zugeben würden". Was den Neid der Lesben erregt, ist „das offen zugegebene Herumstreifen, die Erotisierung des Arschs, zufälliger Sex, Cottaging, Penetration und die ökonomische Macht und soziale Privilegiertheit des männlichen Schwulen". Cottaging ist das englische Wort für die schwule Praxis, Sex in öffentlichen Bedürfnisanstalten zu machen. (In Deutschland heißt das Klappensex, A.d.Ü.) Auch darum scheinen Lesben Schwule zu beneiden, sie scheinen es auch zu übernehmen. Smith sagt, Lesben hätten „beklagt, kein Cottaging zu haben". Die Bewunderung, die Lesben für Schwule empfinden, beruht offensichtlich – wir haben es nicht anders erwartet – nicht auf Gegenseitigkeit, denn „Frauen fehlt es an sexueller und sozialer Macht".[28]

Die Safe-Sex-Aufklärung als Folge der AIDS/HIV-Epidemie hat eine neue Möglichkeit eröffnet, Lesben Minderwertigkeitskomplexe wegen ihrer Sexualpraktiken entwickeln zu lassen. Safe-Sex-Aufklärung für Lesben basiert auf einem Modell für schwule Männer, wie unangemessen dies für Lesben auch sein mag. Dies Modell hat dazu beigetragen, schwules Sexualverhalten in der lesbischen Gemeinschaft zur Norm zu machen. Lesbische Safe-Sex-Aufklärung beruht auf der Vorstellung, auch durch lesbischen Sex könne HIV übertragen werden, obwohl dieser Weg der Infektion von den meisten für unwahrscheinlich gehalten wird. In der Kultur junger Lesben werden Safe-Sex-Demonstrationen und die entsprechende Literatur immer wichtiger. Noch Mitte der achtziger Jahre waren Lesben selbstsicher genug, lesbischen Sex als risikolos zu propagieren. Auf die schwulenfeindliche Behauptung, AIDS sei eine Art Gottesurteil über Homosexuelle, reagierten sie mit der Antwort, AIDS käme bei Lesben nicht vor. 1986 sagte eine britische Lesbe, Werbung mit dem niedrigen Risiko lesbischer Sexualität sei gute Publicity für Lesben und nützlich für Frauen, die sich über Safe Sex informieren wollen.

> „Ich halte es für unwahrscheinlich, sich durch lesbischen Sex mit AIDS anzustecken. Es scheint mir sehr wichtig, laut zu sagen: LESBISCHER SEX IST SICHER. Für Frauen, alle Frauen, ist er viel risikoloser als heterosexueller Geschlechtsverkehr."[29]

Diese Zuversicht ist in letzter Zeit geringer geworden – ich behaupte, weil lesbischer Stolz und lesbisches Selbstvertrauen insgesamt weniger geworden sind.

Lesben wissen, daß einige von ihnen HIV-positiv sind. AIDS ist also ein Thema für Lesben, insofern positive Lesben besondere Unterstützung und speziell auf ihre Bedürfnisse zugeschnittene Hilfen brauchen. Aber diese Lesben haben sich aller Wahrscheinlichkeit nach durch intravenös gespritzte Drogen, Bluttransfusionen oder Geschlechtsverkehr mit Männern infiziert. AIDS-Organisationen verweisen darauf, daß es für die Übertragung von Frau zu Frau keinen Nachweis gibt. Der British Public Health Laboratory Service, der in Großbritannien HIV-Infektionen kontrolliert, kennt keine Fälle von HIV-Übertragung durch Sex zwischen Frauen. Einige lesbische Gruppen haben gegen diese Ansicht wütend protestiert, sie sind überzeugt, Wissenschaft und AIDS-Organisation spielten entweder in böser Absicht oder aus Unkenntnis das Risiko herunter. Ein Beispiel für die Schärfe, die das Thema auslösen kann, ist die wütende Auseinandersetzung über ein Plakat des Terence Higgin-Trusts in England. Dort hieß es, oraler Sex sei ein minimales Risiko, „also schmeißt die Latextücher weg, quält euch nicht mit Gummihandschuhen herum, es sei denn, sie machen euch an". Lesben aus ACT UP-Gruppen machten den Text, der auf der VIII. Internationalen AIDS-Konferenz 1992 in Amsterdam gezeigt wurde, unleserlich und nannten die Ratschläge der Firma „gefährlich" und „unverantwortlich".

Die New Yorker ACT UP-Aktivistin und Schriftstellerin Sarah Schulman erklärt in einem Artikel in *Lesbian London*, das HIV-Virus werde nicht durch oralen Sex übertragen, und führt die Besorgnis auf „Aids-Hysterie" zurück. In den fünfzehn Fällen einer Übertragung zwischen Lesben, die in USA bekannt geworden sind, sei „jedesmal eine Spritze involviert gewesen".

„Sie erklärte, der Kult der Viktimisierung veranlaßte Lesben, AIDS als Bedrohung zu sehen. ‚Lesben empfinden Schmerz und Scham. Die Annahme der Opferrolle ist leicht, sie erhöht das Prestige.'"[30]

Es ist eine interessante Überlegung, daß Besorgnis wegen Safe Sex in einem Kontext, in dem das Risiko, wenn überhaupt vorhanden, sehr gering ist, lesbische Wünsche befriedigt, die mit Sex wenig zu tun haben: der Wunsch, den Status der Außenseiterin zu behalten; von den Tragödien, die über die schwul männliche Gemeinschaft hereingebrochen sind, nicht ausgeschlossen zu werden; die Angst,

Lesbianismus könnte zu einfach werden, nicht mehr hinreichend stigmatisiert und verunglimpft sein. Lesben, die die Ansicht verteidigen, lesbischer Sex sei risikoreich, demonstrieren allerdings eine gewisse Verwirrung, was den Zusammenhang zwischen der Existenz HIV-positiver Lesben und dem Bedürfnis nach Safe Sex angeht. Denn wenn die positiven Lesben sich nicht durch Geschlechtsverkehr mit Frauen infiziert haben, und dafür gibt es keine Beweise, dann ist die Notwendigkeit von Safe Sex nicht einleuchtend.

Im Januar 1992 veranstalteten Lesben von „Safe Womyn", einer Organisation, die zum Victoria Aids Council gehört, in Melbourne einen Workshop über Safe Sex für Lesben. Sie waren der Ansicht, keine der Lesben in Australien, von denen sie wußten, daß sie HIV-poisitiv waren, hätte sich durch Sex mit Frauen infiziert. Es sei ganz unwahrscheinlich, daß der Virus durch lesbischen Sex übertragen werden könne. In einem Merkblatt benannten sie alle lesbischen Sexpraktiken, die vom Risiko ausgeschlossen sind. In manchen Bereichen der lesbischen Gemeinschaft ist es unmöglich, das Risiko bei lesbischem Sex auch nur in Frage zu stellen. Eine, die die Unwahrscheinlichkeit des Risikos besonders betonte, wurde ganz ernsthaft darauf hingewiesen, daß die Übertragung von HIV durch lesbische Sexualität deshalb nicht in den Statistiken auftauche, weil entweder die falschen Fragen oder die falsche Diagnose gestellt würden.

Das Thema scheint die Gemeinschaft in zwei Lager zu spalten. Die einen betonen das geringe Risiko, während die Latex-Front, ohnehin eng verbunden mit Sadomasochismus und der Pathologisierung von lesbischem Sex, das hohe Risiko unterstreicht. Der Unterschied ist nicht zufällig, sondern politisch. Natürlich beeinflußt die Annahme, lesbischer Sex sei gefährlich, das Bild vom Lesbianismus, das sowohl anderen Lesben wie der allgemeinen Öffentlichkeit vermittelt wird. Bei einer Demonstration in einem Melbourner Einkaufszentrum überreichten Lesben und Schwule dem reichlich verblüfften Publikum Kondome und Latextücher. Schulman spricht von einem „Trick": „Darüber ist nie gesprochen worden. Ihre Wirksamkeit wurde nie getestet." Aber in einigen Kreisen sind heute Latextücher die Symbole des Lesbianismus. Für eine neue Generation von Lesben ist der Gebrauch von „dental dams" schon Routine. Das Bild des lesbischen Sex hat sich drastisch verändert.

Bei einer Podiumsdiskussion zum Thema Safe Sex, an der ich teilnahm, hatte ich den Eindruck, es ginge nicht um Safe Sex, sondern darum, Lesben in einer neuen Sexualität zu unterweisen. Am Abend lief beim Empfang, auf dem wir uns kennenlernen sollten, auf zwei Monitoren ein lesbischer Pornofilm. Er stammte aus den USA und sollte angeblich Safe Sex für Lesben vorführen. Nach Auskunft der Vorführenden hatte eine Gesundheitsgruppe für schwule Männer den Film gedreht. Er sah aus wie die übliche Männerpornographie. Eine Gruppe nicht identifizierbarer Frauen, die mit ihren langen Haaren und Negligees nicht aussahen wie durchschnittliche Lesben, beschäftigten sich mit verschiedenen sexuellen Aktivitäten, darunter der Gebrauch doppelköpfiger Dildos. Sie kicherten und wirkten verlegen. Latextücher und Kondome wurden angewendet. Eine Frau zog sich aus und machte der Gruppe eine Masturbation vor. Anschließend erfuhren wir, dies sei auf dem Markt das einzige Lesbenvideo über Safe Sex, und die Stripperin sei eine Prostituierte, die selbst nicht lesbisch sei. Für ein lesbisches Publikum, das wenig Erfahrung mit Gruppensex und dem Gebrauch anderer Frauen als Prostituierter hatte, schien der Film irgendwie unangebracht.

Nach dem Film gab es eine Sado/Maso-Demonstration. Das scheint bei solchen Ereignissen dazuzugehören. In meiner Naivität nahm ich an, die Demonstration habe etwas mit HIV-Übertragung zu tun, aber dem war nicht so. Es war einfach Werbung für S/M und die Botschaft ziemlich un-safe. Eine Top in Lederschnüren führte uns zunächst den Inhalt ihres Köfferchens vor: verschiedene Ledermützen, um Tops und Bottoms zu identifizieren; Taschentücher – ihres war mit militärischen Tarnfarben bedruckt: Braun für Scheiße und Gelb für Urin. Eine der Veranstalterinnen fragte vorsichtig, ob es ein Taschentuch gäbe, das Interesse an Safe Sex signalisiere. Das gäbe es, sagte die Top, sie seien kariert oder weiß, kämen aber selten vor. Dann bekamen wir gezeigt, wie Dildos, Handschellen und verschiedene Lederriemen festgeschnallt werden und wie man fesselt. Der einzige Hinweis auf Safe Sex im Zusammenhang mit HIV war, Kondome zu gebrauchen, wenn zwei den gleichen Dildo benutzen. Einige der Praktiken hörten sich ziemlich gefährlich an.

Z.B. wurde uns empfohlen, Handschellen aus Leder statt aus Metall zu verwenden, weil beim Kampf, der ein unverzichtbarer Teil des S/M-Spiels sei, Handschellen aus Metall in die Handgelenke schneiden und Blutungen und Verletzungen hervorrufen könnten. Auch an dieser Stelle keine Warnung, was die Übertragungswege von AIDS durch Blut angeht. Die Vorführung dauerte etwa fünfundvierzig Minuten.

Die Bilder von Safe Sex, die dieser Abend vermittelte, waren Gruppensex und Prostitution, Dildos und S/M-Utensilien. Die Veranstaltung war organisiert wie ein Safe-Sex-Abend für schwule Männer, ein Video von schwulen Männern über ihre Vorstellung von lesbischem Sex eingeschlossen. Safe-Sex-Aufklärung dieser Art, die für schwule Männer auf deren sexueller Routine basieren mag, ist in der lesbischen Gemeinschaft dafür verantwortlich, daß eine neue Version lesbischer Sexualität befürwortet wird: die Imitation schwuler Sexualpraktiken, die Erotisierung von Dominanz und Unterwerfung, Objektifizierung und hinter allem die Sexindustrie.

Als ich an diesem Abend meine Sorge einigen anderen Lesben gegenüber artikulierte, sagten sie, „Vanilla-Lesben", d.h. Lesben, die Dominanz/Unterwerfung ablehnten, sollten doch ihre eigenen Videos und Demonstrationen machen. Dieser Vorschlag zeigt, bis zu welchem Grad inzwischen akzeptiert wird, daß die Sexindustrie „Sex ist". Es ist sehr unwahrscheinlich, daß lesbische Feministinnen Lesbenpornos über Vanilla-Sex machen oder sich anschauen wollen. Vanilla-Sex wird ausdrücklich „nicht-vanilla", wenn eine Frau für den Massenkonsum zugerichtet wird. Die Sexualität, die viele, vielleicht die meisten von uns tatsächlich leben, würde sich verändern, wenn sie vor einer Kamera spielt. Anders gesagt: Die Vorführung zweier Lesben bei welcher sexuellen Aktivität auch immer ist ein Grundbestandteil der Sexindustrie. Wahrscheinlich ist das der Grund, warum in Melbourne z.B. Sex live zwischen Lesben in einigen lesbischen Clubs und inzwischen auch in männlichen S/M-Clubs routinemäßig zum Unterhaltungsprogramm gehört. Solange Safe-Sex-Demonstrationen aus Pornovideos und S/M-Vorführungen bestehen, werden sie zwar keinen Einfluß auf das Sexleben der Mehrheit der Lesben haben, aber eine neue lesbische Sexualität befördern, die, wie sich herausstellt, auf der herkömmlichen Männerpornographie (schwul und hetero) über Lesben beruht.

Die Vorstellung, Safe Sex brauche Videos und Demos, Gruppensex und Prostitution, ist in der schwulen Safe-Sex-Ideologie fest verankert. Für die meisten Lesben ist es noch fremd. Ein Beispiel für neue Sexformen zwischen schwulen Männern sind die „Wichs-Clubs" in den USA, wo Männer sich zum gemeinschaftlichen Masturbieren treffen. Diese Clubs gab es allerdings schon vor AIDS, sie bedienen mittels Sex den Voyeurismus und die Männerbündelei, die ein Teil der männlichen Sexualität sind. Dennis Altman kommentiert:

> „Die Vorstellung von einigen hundert Männern in einem verlassenen Lagerhaus, nackt bis auf ihre Turnschuhe und in verschiedenen Stadien sexueller Erregung, mag den einen widerlich scheinen, anderen komisch, aber viele Männer, die daran teilnehmen, haben in diesen Clubs eine wichtige Quelle gegenseitiger Unterstützung und sexueller Befriedigung gefunden."[31]

Das zeigt, wie sehr die Safe-Sex-Praktiken schwuler Männer auf Standards aus der Vor-AIDS-Zeit gründen und daß bei der gedankenlosen Ausdehnung von Safe Sex auf Lesben einfach männliche Formen wiederholt werden, wie unpassend sie auch sein mögen.

Zwischen dem Safe Sex schwuler Männer und auf Sexualität bezogener feministischer Theorie und Praxis gibt es entscheidende Widersprüche. Das zeigt sich in der Beschreibung, die eine AIDS-Aufklärerin in Oxford von den Frustrationen ihrer Arbeit gibt. Feministische Studentinnen hatten Robin Garnas Safe-Sex-Plakat pornographisch gefunden.

> „Das Gespräch mit der studentischen Frauengruppe entnervte am meisten. Sie hatten das Poster anschließend an eine Diskussion ihrer letzten Anti-Porno-Kampagne auf die Tagesordnung gesetzt. Während die Frauen den Entwurf studierten, herrschte gespannte Stille. Sie beanstandeten, frontale – und, ja, jede – fotografische Darstellung unterdrücke Frauen, eine Zeichnung objektifiziere viel weniger... Diese alles durchdringende Erotophobie hatten wir nicht erwartet, und auch nicht die ‚unheiligen Allianzen'. Wir mußten uns von Studentinnen anhören, was wir eigentlich von der ‚moralischen Rechten' erwartet hatten."[32]

Feministische Bedenken über das Wesen männlicher Sexualität und die Notwendigkeit, Sexualität anders zu definieren, wenn Männergewalt ein Ende finden soll, werden hier schlicht als rechtes

Moralisieren abgetan. Gorna geht davon aus, daß Safe-Sex-Aufklärung nur durch das Medium der Pornographie vermittelt werden kann. Für Frauen, die noch nicht über eine hinreichend objektifizierte Sexualität verfügen und nicht viel Pornographie konsumieren, ist das problematisch.

> „Die effektivsten Initiativen zur Propagierung von Safe Sex gab es in schwulen Gruppen, die eine lange Tradition haben, sexuell eindeutiges Material zu genießen. Die Initiativen z.B. der Deutschen AIDS-Hilfe und der New Yorker Gay Men's Health Crisis benutzen die Muster schwuler Pornos und den entsprechenden Diskurs und integrieren ganz natürlich Safe-Sex-Techniken und Phantasien... Für Männer, die mit Frauen schlafen, gibt es das Genre der ‚Heteropornos'... Betrüblicherweise fehlt es an sexuell eindeutigem Material, das sich an Frauen wendet."[33]

Frauen sind für Robin Garna eine Problemgruppe, weil sie keine wirkliche Sexualität haben. Sie weiß, daß Safe-Sex-Aufklärung „die vorhandenen Gruppenwerte und tatsächlichen Bedürfnisse" einbeziehen sollte, nur haben Frauen in ihren Augen beides nicht. „Wo diese fehlen, konstruieren wir ein Programm ohne Fundament", stellt sie fest. Gorna akzeptiert, daß das, was Männer, egal ob schwul oder hetero, sich unter Sex vorstellen, Sex ist – „entspannend, zotig, angenehm und mannigfaltig". Das ist von einer feministischen Perspektive, die Frauen Raum gibt, eigene Vorstellungen und Bedürfnisse zu artikulieren, weit entfernt. Bevor Frauen Safe Sex praktizieren können, müssen sie also umerzogen werden; bevor sie aufgeklärt werden können, müssen sie lernen, Pornos zu mögen. Für die aufsässigen Studentinnen arrangierte Gorna solche Umerziehungsseminare.

> „Gemeinsam planten wir einen Workshop und nannten ihn ‚Frauen reden über Sex'. Eines Sonntagnachmittags fanden wir uns in einem Gemeinschaftsraum, eine Plastiktüte mit Sexspielzeugen und eine mit Pornos an uns gepreßt und umgeben von vierzig erwartungsvollen, nervösen jungen Frauen."[34]

Von Politik wurde offensichtlich nicht gesprochen. Fragen wie die, ob Frauen überhaupt Geschlechtsverkehr wünschen, ob es einfach ist, Nein zu sagen, Vergewaltigung, sexueller Mißbrauch und die Politik der Pornographie und der Sexindustrie standen nicht auf dem Lehrplan. Tatsächlich sieht es eher aus, als hätten Frauen jetzt die Rolle der Sexualwissenschaftler übernommen, die Frauen belehren, daß sie sexuell unzulänglich sind und die männlich beherrschte Konstruktion der Sexualität endlich lieben lernen sollen.

Die Safe-Sex-Aufklärung für Männer hat feministische Kampagnen gegen Pornographie komplizierter gemacht. Solange Pornographie als das einzig wirksame Vehikel für diese Aufklärung gilt, kann Feministinnen vorgeworfen werden, sie setzten durch ihren Kampf gegen Pornographie das Leben von Männern aufs Spiel. Simon Watney, ein schwuler britischer Wissenschaftler, nutzt die Bedeutung der Pornographie für Safe Sex, um seinen Widerwillen gegen die feministische Analyse der Pornographie abzurunden. Vernichtend kritisiert er den Leserbrief eines schwulen Mannes anläßlich einer erotischen Kolumne in der Zeitschrift *New York Native*, der eine erkennbar feministische Position hat: „Laßt uns eine kreative Pornographie entwickeln, die sich nicht an Macht und dem Austausch von Körperflüssigkeiten orientiert."

„Das ist das typische Geschwafel eines feministisch identifizierten Schwulen, der ‚im Namen‘ anderer, die er für gefährdet hält, in Begriffen salbadert, die nichtsdestotrotz auf perverse Weise die Möglichkeit einer HIV-Infektion mit quantitativen statt qualitativen Aspekten von Sex gleichsetzen. Diese Position könnte wirkungsvoll durch eine Beschreibung des Videos *Chance of a Lifetime* kontrastiert werden, einer Produktion des New Yorker Gay Men's Health Crisis, die zu Safe Sex als ‚Heilung durch Pornographie‘ ermuntert... Wie ein amerikanischer Schwuler es kürzlich ausdrückte: ‚Pornohaß ist Sexhaß. Sexhaß ist Menschenhaß. Porno sagt uns, daß Sexualität etwas Wunderbares ist, und im Zeitalter von AIDS ist das eine besonders wichtige Botschaft.'"[35]

Lesben müssen Safe-Sex-Aufklärung kritisch und politisch hinterfragen, wenn sie nicht der Kanal sein soll, durch den männlich schwule Sexpraktiken, Pornographie und Sadomasochismus in die lesbische Gemeinschaft geraten. Anzuerkennen, daß lesbische Sexualität gefährlich ist, kann leicht wieder in die Pathologisierung lesbischer Sexualität überhaupt führen.

Lesbische Sextherapeutinnen unterstützen die Vorstellung, Lesben seien sexuell unzulänglich, und raten zu einer anderen Form der

Sexualaufklärung, mit der lesbische Sexualität in Richtung schwuler Sexualität entwickelt werden könnte. Margaret Nicholls stellt fest, daß „alle Lesben im Grunde sexuell unterdrückt" sind. Heterosexuelle Frauen ebenfalls, wird uns gesagt. Nur Männer sind nicht unterdrückt, schwule Männer besonders, und Lesben wird empfohlen, schwule Sexualpraktiken zu imitieren. Nicholls behauptet:

„Wir sind mindestens so unterdrückt wie unsere Heteroschwestern, vielleicht sogar mehr. Wir haben mehr sexuelle Konflikte als Männer, schwul oder heterosexuell, und weniger Möglichkeiten, unsere sexuellen Bedürfnisse auszudrücken. Unsere Beziehungen sind die Verbindung zweier sexuell relativ gehemmter Individuen; deshalb ist auch kein Wunder, daß in unseren Beziehungen Sex weniger häufig ist als in schwulen oder hetrosexuellen... Hinzukommt, daß unser Sex weniger vielfältig und mannigfaltig ist als die sexuellen Techniken der schwulen und vermutlich sogar der heterosexuellen Paare."[36]

Nicholls hält unseren „relativen Mangel an Sexualität" für ein reales Problem. Für sie sind schwule Männer sexuell einfach besser.

„Schwule Männer haben mehr Sex als Lesben, sowohl in ihrer Beziehung wie außerhalb. Ihre sexuellen Möglichkeiten sind vielfältiger als in jeder anderen Paarbeziehung, sie fügen Nicht-Monogamie erfolgreich in ihre Beziehungen ein. Mit einem Wort: Die Sexualität schwuler Männer ist in den der Menschheit bekannten Paarbindungen die am meisten fortgeschrittene."[37]

Laut Nicholls sind schwule Männer allerdings nicht auf allen Gebieten überlegen. Lesben sind besser, was „Nähe, Teilen und intimen Kontakt" angeht. Sie fordert Lesben und Schwule auf, voneinander zu lernen, ihre jeweiligen Defizite zu mindern und so „Beziehungen zu entwickeln, in denen sich schwuler Sexappeal und lesbischer Zusammenhang verbinden".

Ein besonderes Problem sieht sie für Lesben in deren Zugang zur Nicht-Monogamie. Lesben neigen dazu, ihren Partnerinnen über andere Verhältnisse reinen Wein einzuschenken und aus Außenbeziehungen eher Affären als „Nummern" zu machen. Nach Nicholls ist diese Kombination „tödlich", denn sie führt zu verheerender Eifersucht und zerstört die primäre Beziehung. Nicholls empfiehlt Lesben, die schwule Praxis wechselnder „Nummern" zu übernehmen, denn der Versuch, in mehr als einer Beziehung

Sexualität und Liebe zu verbinden, sei ohnehin unrealistisch. Sie schreibt: „Nummern, anonymer Sex, Fickkumpel – lauter Konzepte, in denen schwule Männer oft jahrelang schwelgen – das leuchtet mir sehr ein."[38] Nicholls schlägt als Lösung für den lesbischen „Mangel an Sexualität" vor, „Anleihen bei heterosexuellen Paaren (durch die sexualwissenschaftliche Literatur über Steigerung der Sexualität) und bei schwulen Männern zu machen". Wieder sind Lesben defizitär. Nach Nicholls muß „lesbische Sexualität sich mehr in Richtung ‚Männlichkeit' orientieren, mehr Gewicht auf Sex als solchen legen und weniger auf Romantik". Und dies, schließt sie triumphierend, geschieht bereits.

Eine weitere Möglichkeit, Lesben schwulen Männern kulturell wieder unterzuordnen, ist die „Queer"-Politik. Queer-Politik versichert, niemand auszuschließen, junge Lesben und Schwule, schwarze Lesben und Schwule unter dem Banner der „Queerness" glücklich zu vereinen. Simon Watney erläutert, wie nützlich „queer" ist.

„Der große Vorteil des Wortes ‚queer' ist seine Gender- und Rassenneutralität. Das Wort ‚schwul' bedeutete zunehmend: ‚weiß', ‚Mitte dreißig', ‚männlich' und ‚materialistisch'. Im Gegensatz dazu bietet ‚queer' eine Identität, in der Differenz innerhalb einer weit größeren sexuellen und sozialen Verschiedenheit gelebt werden kann."[39]

Das Wort „lesbisch" ist hier ganz verschwunden. „Queer" soll an die Stelle von „schwul" treten, aber viele Lesben haben sich nie als „schwul" bezeichnet. Begriffe, mit denen Lesben und Schwule gleichermaßen gemeint sein sollten, haben am Ende immer nur Männer gemeint. Das Wort „Homosexueller" wurde von schwulen Männern und der Heterowelt benutzt, als gäbe es keine Lesben. Wenn sie erwähnt werden mußten, brauchten sie, da Männer die Norm waren, ein eigenes Adjektiv, also wurden sie „weibliche Homosexuelle". Das Wort „schwul" erlitt das gleiche Schicksal. „Schwulenbefreiung" sollte für Schwule und Lesben gelten, aber Lesben fanden es wichtig, sich nicht nur getrennt zu organisieren, sondern für ihre Erfahrungen ein eigenes Wort zu erfinden. Das Wort „lesbisch" machte aus Lesben mehr als nur eine Unterkategorie schwuler Männer. Lesben hatten damit ein Wort, das die Entwicklung eines spezifisch lesbischen Stolzes, lesbischer Kultur, Gemein-

schaft, Freundschaft, Ethik erlaubte. Die Begriffe „homosexuell"
und „schwul" meinten nicht von Anfang an nur Männer; das ist das
Ergebnis einer schlichten materiellen Tatsache: der größeren sozialen und ökonomischen Macht von Männern, die ihnen gestattet zu
definieren, was Kultur ist, und Frauen unsichtbar zu machen. Der
Kampf, die anderen Erfahrungen von Frauen und Lesben sichtbar
zu machen, war lang und hart und muß jeden Tag von neuem
geführt werden, sonst werden Frauen und Lesben wieder in den
Oberbegriff „männlich" eingemeindet.

„Queer" kommt aus der Wut, der Verzweiflung vor allem junger
schwuler Männer und einiger Lesben angesichts der Ignoranz der
heterosexuellen Welt gegenüber AIDS und aktiv befürwortetem
Schwulenhaß. Junge Lesben und Schwule, die in dieser neuen Welt
groß wurden, verwarfen die Politik der älteren Generation, nannten sie anpasslerisch und traten für radikale direkte politische
Aktion nach dem Vorbild der feministischen und schwulen Befrei-
ungsbewegungen ein. Nach Watney gibt es bei den neuen „Queers"
keine Kontroversen über Gender.

> „Viele der jungen ‚Queers' heute empfinden als Frauen und
> Männer untereinander größere Gemeinsamkeiten, als sie sie mit
> älteren Lesben und Schwulen haben, die traditionellerweise
> entlang der Genderfronten und durch zahllose politische Kontro-
> versen, vor allem über ‚Pornographie', getrennt sind."[40]

Watney schwenkt einen Zauberstab. Wenn es keine Kontroversen
mehr gibt, heißt das, daß die schwulen Männer ausdrücklich
profeministisch geworden sind oder daß die Lesben den Mund
halten sollen? Ich befürchte das letztere. Die neue Allianz schließt
jene Lesben und schwulen Männer nicht ein, die Schwierigkeiten
machen könnten, weil sie gegen Pornographie sind. Nach Watneys
Definition ist „Queer"-Politik keineswegs inklusiv: Feministinnen
sind nicht willkommen. Zu den fundamentalen feministischen
Prinzipien gehört, daß Objektifizierung ein Kennzeichen der männlichen Sexualität ist, die den Interessen der Frauen feindlich gegen-
übersteht. Watney sagt, sexuelles Begehren sei ohne Objektifizierung
nicht möglich. Das ist eine essentialistische Feststellung, die die
herrschende soziale Konstruktion männlicher Sexualität unter männlicher Vorherrschaft als die Wahrheit über Sexualität akzeptiert.

„Lesbische und schwule Kultur neigte dazu, die Angst vor der sogenannten Objektifizierung des Körpers als Grenzziehung zu sehen, als wenn es sexuelle Phantasie und sexuelles Begehren ohne ein bestimmtes Maß an Objektifizierung überhaupt geben könnte."

Watney beschuldigt schwule Kultur, „puritanisch und, was Sexualität betrifft, oftmals geradezu schüchtern" zu sein. Lesben mögen bei der Lektüre der schwulen Presse dies vielleicht übersehen haben. Schwule Befreiungspolitik wie lesbischer Feminismus stehen heute unter heftigem Beschuß durch sexuelle LibertinistInnen, die sich für einen neuen sexuellen „Naturalismus" starkmachen und jede politische Analyse sexueller Praxis ablehnen. Watney und andere führen uns zurück in die sechziger Jahre, in denen sexuelle Praxis als politikfreier Raum galt.

„Queer"-Politik entwickelt sich erst und ist noch nicht endgültig definiert – vielleicht wird sie es nie sein. Viele junge Lesben, die sich dazuzählen, sehen sich gleichzeitig als Feministinnen und beteiligen sich mit dem gleichen Optimismus wie Anfang der Siebziger Lesben an der Schwulenbefreiung. Aber nicht sie sind es, die die Begriffe setzen. Eine Lesbe erklärt die Inklusivität von „queer": „Ich liebe queer. Queer sind Homosexuelle beider Geschlechter. Es ist treffender als ‚schwul', was definiert werden muß, oder als ‚Lesben und schwule Männer'."[41]

Dennoch sind Qualifizierungen offensichtlich nötig. In einem Kapitel über Kunst fragt Cherry Smith: „Wo in der britischen Queer-Kulturrenaissance ist die schwarze oder weiße queer-lesbische Künstlerin?"[42] Anderswo benutzt sie den Ausdruck „gemischt queer". Das ist nicht treffender als „lesbisch und schwul". Selbst für seine glühendsten VerteidigerInnen bedeutet „queer" offenbar nicht in allen Fällen Inklusivität. Charles Robertson, ein Australier, der sich als „infizierter Queer-Aktivist" bezeichnet, macht deutlich, daß „Queer" für ihn im Unterschied zu „Dyke" männlich besetzt ist. Er spricht von „Queer" als einem Beispiel dafür, wie marginalisierte Gruppen ihre Sprache einfordern und nicht dulden, wenn Personen außerhalb der Gruppe die gleiche Sprache verwenden. „Ich persönlich hoffe, daß Dykes und Queers sich ihrer Sprache bemächtigen, so daß die nächste Person, die Queers und Dykes warme Brüder und Homos nennt, auch die letzte sein wird."[43] Die Frage, die sich für Lesben erhebt, ist nur, ob es sich lohnt, noch einmal darum zu kämpfen, in die Männersprache integriert zu werden.

Das Wort „Lesbe" unterscheidet Frauen von Männern; aber nicht alle Frauen, die Frauen lieben, fühlen sich darin mitgemeint. Mari Andrews, lesbische Aborigine, sagte in einem meiner Seminare an der Universität Melbourne, ein Wort, das sapphische Großtaten auf einer griechischen Insel beschreibe, sei nicht per se im Einklang mit dem Leben von Frauen, die Frauen lieben und aus einer indigenen Kultur kommen. Das Wort „lesbisch" ist für die, die sich mit Lesbos nicht identifizieren, problematisch. Aber ein Wort – oder mehrere, mit denen eindeutig Frauen und nicht Männer gemeint sind – ist notwendig, damit Lesben sich benennen können.

„Queer" gefällt den Postmodernen, die darin eine Politik der „Differenz" sehen. Differenz ist für die Postmodernen sehr wichtig, sehen sie sich doch als die, die falsche „Allgemeinheiten" angreifen, die unterschiedliche Erfahrungen von Gender oder Ethnie scheinbar homogenisieren. Da aber die postmoderne Theorie nicht bereit ist, über so vulgäre Dinge wie Unterdrückung zu reden, entsteht daraus ein neuer Liberalismus. Wenn Macht und Unterwerfung, Unterdrückung von Frauen und von Rassen nicht zur Kenntnis genommen werden, dient die Verherrlichung der Differenzen nur dazu, auch sexuelle Praktiken wie Pädophilie oder Sadomasochismus zu homogenisieren, mit denen andere zum Zweck sexueller Erregung ganz direkt unterdrückt und ausgebeutet werden. Wer in diesem neuen Liberalismus über Fragen wie Männergewalt reden möchte, gilt als Störenfriedin. Linda Semple mag das Wort „Queer".

> „Ich benutze es, um eine politische Inklusivität zu beschreiben – eine neue Differenz quer zu Sexualitäten, Gendern, sexueller Vorliebe und Objektwahl."[44]

In Übereinstimmung mit der postmodernen Theorie neigt Semple zu Pluralbildungen: Aus der Einzahl „Sexualität" wird die Mehrzahl „Sexualitäten". Feministische Theorie analysiert, wie der Singular „Sexualität" die Unterdrückung von Frauen strukturiert. Die postmodernen Pluralbildungen – die bis zu „Homosexualitäten", womit Lesben mit schwulen Männern homogenisiert werden, und „Heterosexualitäten" reichen – machen eine feministische Analyse der Heterosexualität als politischer Institution fast unmöglich. Die postmodernen Konzepte, die in der „Queer"-Politik auftauchen, schließen eine radikale feministische Theorie zur Sexualität aus, machen sie undenkbar. Es ist nicht ohne Ironie, daß ausgerechnet die postmoderne Inklusivität sich als exklusiv herausstellt und noch einmal eine allgemeingültige weiße schwule Männerpolitik kreiert.

Die Geschichte gemischter lesbisch-schwuler Politik hat gezeigt, daß Lesben solange toleriert werden, wie sie schwule Männerpolitik nicht kritisieren und die schwule Tagesordnung als die ihre akzeptieren. Ein wichtiges Motiv, warum Lesben sich an „Queer"-Politik beteiligen, ist die ganz ausdrückliche Abwehr dessen, was als radikal-feministische Politik und Separatismus gesehen wird. Cherry Smith erklärt, früher sei sie Separatistin gewesen, aber eines ihrer Motive für ihre Teilnahme an „Queer"-Politik sei „die Liebe zu Männern".

„Es war ein langer Weg, bis ich das Recht zurückfordern konnte, meine Fotze eine Fotze zu nennen, Gefallen an der Objektifizierung eines anderen Körpers zu finden, Frauen zu ficken und zuzugeben, daß ich auch Männer liebe und ihre Unterstützung brauche. Das ist eine Queer."

In ihrem Buch *Sisters and Strangers* sagt Patricia Duncker mit bewundernswerter Deutlichkeit, was an der Politik des „Zurückforderns" der achtziger Jahre so falsch ist.

„Eines der Alarmsignale, das anzeigt, daß eine dabei ist, Kompromisse in ihrer feministischen Politik zu machen oder nie wirklich eine begonnen hatte, ist der Augenblick, wenn sie erklärt, etwas *zurück*zufordern. Heirat, Familie, Liebe, Weiblichkeit oder die traditionelle Religion. *Zurück*fordern ist etwas anderes als Herausfordern, Verändern, Konfrontieren, alles sehr viel weniger bequeme Unternehmungen. Feminismus wird immer das weniger Bequeme, das Unpopuläre, Kontroverse und Ängstigende sein. Feminismus ist die Politik, die jene Bereiche unseres Lebens berührt, die keine andere Politik erreicht."[45]

„Männerliebe" *zurück*zufordern, ist unter männlicher Vorherrschaft, in der diese Liebe zu Männern obligatorisch ist, keine besondere Herausforderung, für Smith aber ist sie radikal. Eine andere in *Queer Notions* zitierte Lesbe, Tessa Boffin, definiert „Queer" als die Herausforderung des Separatismus. Smyth hofft, Queer-Politik werde „schwule Männer von ihrer Misogynie befreien und ein gegenseitiges Vertrauen schaffen, damit Lesben sich nicht wieder von Männern separieren müssen, um ihren eigenen Plan zu definieren". Separatismus, so scheint es, wird nicht *zurück*gefordert.

Smith hat selber ihre Vorbehalte; sie berichtet, daß, trotz der Vorstellung, in Queer könnten Frauen und Männer zusammenarbeiten, einzelne „Queer"-Lesben inzwischen separate Lesbengruppen gegründet hätten, die sich mit Frauenthemen wie z.B. Kinderkrippen beschäftigen, an denen die Männer offenbar nicht interessiert sind. Aber diese Abspaltung innerhalb der Institution „Queer" scheint nicht die Antwort zu sein. Im Juli 1992 löste die Londoner Gruppe „Outrage" alle ihre Untergruppen einschließlich der Lesbengruppe „Labia" mit der Begründung auf, alle Kräfte müßten sich auf das einzig wichtige Thema konzentrieren: AIDS. Ungeachtet der Feststellung von Smith und anderen, sie lebten in einer schönen neuen Welt, in der Lesben und Schwule zusammenarbeiten sollen und können, kommen all die Grundprobleme, die Feministinnen einst beschrieben haben, geradezu schreiend zurück. Spannend wird sein, ob die Lesben, die jetzt lesbischen Separatismus verachten, den Mut finden werden, sich wie die Generation vor ihnen noch einmal abzutrennen. Tessa Boffin scheint sich so gründlich mit schwulen Männerinteressen identifiziert zu haben, daß alles spezifisch Lesbische sie langweilt:

> „Es langweilte mich, als *Outrage* sagte, ‚dies ist eine lesbische Aktion'. Queer-Aktionen sollten beide Geschlechter umfassen. Die Lesbenaktion war das Langweiligste, was sie je gemacht haben."[46]

Was wir hier vor uns haben, ist nicht die Politik strategischer Koalitionen, die von einer festen Basis in einer lesbischen Organisation ausgeht, sondern Furcht und Abscheu vor lesbischer Politik und der Wunsch, in schwulen Männern aufzugehen, selbst einer zu werden.

In den achtziger Jahren wurden Politik und Kultur der Lesben weitgehend der schwuler Männer angeglichen – mit der fröhlichen Zustimmung einiger Lesben, die in schwuler Politik ein wirksames Gegengift gegen lesbischen Feminismus sahen. Damit bleiben Lesben auf Dauer Verliererinnen. Lesben sind in dieser Politik ein blasserer Abklatsch schwuler Männer: kulturell, weil ihnen die

Travestie, Camp und Drag, abgeht; und sexuell, weil sie den Männern in der Fähigkeit zu objektifizieren, Pornographie und Prostituierte zu benutzen, Klappensex zu veranstalten, weit unterlegen sind. Auch wenn Lesben jetzt mannhaft versuchen aufzuholen, werden sie nie adäquat sein, weil sie keine Männer sind, sondern Angehörige der Klasse Frau. Männer, auch schwule Männer als das Maß aller Dinge zu nehmen, ist kein Zeichen für lesbischen Stolz, sondern für den kläglichen Niedergang lesbischen Selbstvertrauens. Es ist der demütigende Rückzug von den Positionen der lesbischen Nation der siebziger Jahre, in denen die Vorstellung, Lesben seien schwulen Männern unterlegen und müßten ihnen in jeder Hinsicht nacheifern, höchstens ein Lacherfolg gewesen wäre.

Anmerkungen

1 Jeffrey Weeks, *Coming Out: Homosexual Politics in Britain from the Nineteenth Century to the Present*, London 1977, S. 87.
2 A.L. Rowse, *Homosexuals in History*, London 1977.
3 Marilyn Frye, „Lesbian Feminism and the Gay Rights Movement. Another View of Male Supremacy, Another Separatism", in: dies., *The Politics of Reality*, New York 1983, S. 130.
4 Martin Humphries, „Gay Machismo", in: Metcalf/Humphries (Hg.), *The Sexuality of Men*, London 1985, S. 84.
5 Marilyn Frye, a.a.O., S. 136.
6 ebd., S. 144.
7 John Stoltenberg, *Refusing to be a Man*, London 1989, S. 40.
8 Seymour Kleinberg, „The New Masculinity of Gay Men", in: Michael Kaufmann (Hg.), *Beyond Patriarchy*, Toronto 1987, S. 36.
9 Marilyn Frye, a.a.O., S. 142.
10 ebd., S. 143.
11 ebd., S. 145.
12 Fiona Cooper in *City Limits*, 8. Juni 1989.
13 ebd.
14 Marilyn Frye, a.a.O., S. 138.
15 Susan Sontag, „Notes on Camp", in: dies., *Against Interpretation*, New York 1977, S. 275 (deutsch: *Camp*, Frankfurt 1987)).
16 Elizabeth Lapovsky Kennedy und Madeline Davis, „They Was No One To Mess With", in: Joan Nestle (Hg.), *The Persistent Desire*, a.a.O., S. 75.
17 Gayle Rubin, „Of Catamites and Kings: Reflections on Butch, Gender, and Boundaries", in: Joan Nestle, a.a.O., S. 466 ff.
18 ebd., S. 470.
19 ebd., S. 475.
20 Pat Califia, „A Personal History of the Lesbian S/M Community and Movement in San Francisco", in: Samois (Hg.), *Coming to Power*, a.a.O., S. 247.
21 Pat Califia, *Macho Sluts*, Boston 1988, S. 219.
22 ebd., S. 231.

23 Pat Califia, a.a.O., S. 192.
24 ebd., S. 105.
25 Peg Byron, zitiert bei Cherry Smith, „The Pleasure Threshhold: Looking at Lesbian Porn on Film", in: *Feminist Review* 34, Frühjahr 1990, S. 157.
26 Cherry Smith, *Lesbian Talks: Queer Notions*, London 1992, S. 42.
27 ebd.
28 ebd., S. 47.
29 Vada Hart, „Lesbians and AIDS", in: *Gossip* 2, London 1986.
30 Sarah Schulman, in *Lesbian London* 1, Dezember 1991.
31 Dennis Altman, *AIDS and the New Puritanism*, London 1986, S. 157.
32 Robin Gorna, „Delightful Visions: From Anti-Porn to Eroticizing Safer Sex", in: Lynne Segal und Mary MacIntosh (Hg.), *Sexuality and the Pornography Debate*, a.a.O., S. 179.
33 ebd., S. 181.
34 ebd., S. 182.
35 Simon Watney, *Policing Desire. Pornography and the AIDS-Crisis*, Minneapolis 1987, S. 76 f.
36 Margaret Nicholls, „Lesbian Sexuality: Issues and Developing Theory", in: Boston Lesbian Psychologies Collective, a.a.O., S. 100.
37 ebd., S. 102.
38 dies., „Doing Sex Therapy With Lesbians: Bending a Heterosexual Paradigm to Fit a Gay Lifestyle", ebd., S. 257.
39 Simon Watney, „Queerspeak. The Last Word", in: *Outrage*, Melbourne April 1992, S. 21.
40 ebd.
41 Cherry Smith, *Lesbian Talk. Queer Notions*, a.a.O., S. 20.
42 ebd., S. 49.
43 Charles Roberts, „Pricks", in: *Antithesis* 5, 1/2, Melbourne 1992, S. 87.
44 in: Cherry Smith, a.a.O., S. 21.
45 Patricia Duncker, *Sisters and Strangers. An Introduction to Contemporary Feminist Fiction*, Oxford 1992, S. 266.
46 zitiert in Cherry Smith, a.a.O., S. 31.

PLÄDOYER FÜR EINE STRIKTERE SEPARATION

Lesbische Feministinnen haben die Ereignisse, die in den achtziger Jahren die lesbische Gemeinschaft scheinbar zerschlagen haben, mit Bitternis kommentiert. Sie hatten das Gefühl, ihre Heimat zu verlieren. Wo früher lesbische Treffpunkte Orte der Sicherheit, des Glücks waren, spürten jetzt viele, daß ihre Ansichten und Überzeugungen nicht mehr willkommen waren, daß über kein Thema mehr Einigkeit bestand. In den siebziger und achtziger Jahren formulierten schwarze Lesben, Lesben aus ethnischen Minderheiten, indigene Lesben in Australien und Nordamerika, wie sehr Ethnozentrismus, Ignoranz und Vorurteil ihnen oft das Gefühl gaben, die Gemeinschaft sei nicht die ihre. Sie stellten die Frage, wessen Gemeinschaft es denn sei, wenn sie sich ausgeschlossen fühlten. Aber die lesbische Gemeinschaft ist nie ausschließlich weiß gewesen. Lesben unterschiedlicher ethnischer und kultureller Herkunft fanden Gemeinschaft mit anderen Lesben und übernahmen in der lesbisch feministischen Bewegung sehr aktive Rollen.

Über und vor allen Unterschieden in Kultur und Ethnizität und trotz allen Zorns über die Schwierigkeiten, die Bewegung so zu verändern, daß sie nicht bloß die Probleme der Weißen widerspiegelte, gab es immer auch gemeinsame Werte. Das waren die Liebe zu Frauen, das Bedürfnis, Machthierarchien abzubauen, egal ob sie auf Geschlecht, Rasse oder Klasse errichtet waren, das Bedürfnis, die Welt radikal und nicht nur in Kleinigkeiten zu verändern, die lesbisch feministische Vision zu verwirklichen. In den Kontroversen über Sexualität, die die lesbische Gemeinschaft spalteten, waren es oft die Stimmen schwarzer und jüdischer Lesben, die von ihrer eigenen bitteren Erfahrung sprachen und gegen Unterdrückung als einer Quelle des Vergnügens aufstanden. Auf die Entstehung lesbischen Sadomasochismus reagierte Audre Lord mit den Worten: „Als Frau einer Minderheit weiß ich, daß Dominanz und Unterwerfung keine Schlafzimmerthemen sind."[1]

Die Zerstörung dieser gemeinsamen Überzeugungen hat vielen

das Gefühl von Verlust und Desorientierung gegeben. Damals waren lesbische Feministinnen stolz darauf, als Ketzerinnen gegen die Werte des Heteropatriarchats zu gelten. Heute ist lesbischer Feminismus für viele Lesben eine Irrlehre; nahtlos scheinen sie sich in das Wertesystem des Heteropatriarchats eingliedern zu wollen. Die lesbisch feministische Bilderstürmerei, die gegen Lesben und Frauen gerichtete Ideologien wie biologischen Determinismus und Sexualwissenschaft umstürzen wollte, scheint heute Lesben, die die Regeln dieser Ideologien zum Kern ihres Wesens, zur Grundlage ihrer Identität gemacht haben, eher zu bedrohen.

Die Kontroversen über Sexualität in der lesbischen Gemeinschaft sind nur ein Teil der Kontroversen, die die feministische Bewegung erschütterten. Catharine MacKinnon beschreibt, wie die Entstehung einer Pro-Porno- und Pro-Sado/Maso-Kultur innerhalb der lesbischen und feministischen Gemeinschaft sie Mitte der achtziger Jahre berührte. Der erste Satz ihres Artikels „Liberalismus und der Tod des Feminismus" heißt: „Es gab einmal eine Frauenbewegung." Sie hatte an der Kampagne für die „Minneapolis Ordinance" teilgenommen, die Frauen, die bei der Produktion oder dem Konsum von Pornographie verletzt worden waren, erlaubt hätte, mit Hilfe des bürgerlichen Rechts gegen Produzenten und Händler vorzugehen. Den Einfluß der Debatte über Sadomasochismus nennt sie den „Zusammenbruch all dessen, was die Frauenbewegung gemeint hatte". Die Entdeckung, daß Frauen, auch Feministinnen und Lesben, mit Hilfe der „Feminist Anti Censorship Taskforce" (feministische Aktionsgruppe gegen Zensur) gegen die Verordnung kämpften, machte sie traurig.

„Frauen haben die Politik des Sadomasochismus weitgehend zurückgewiesen. Trotzdem war, was zu seiner Verteidigung übrig blieb, noch zerstörerisch genug. In Diskussionen über Sexualität sagten Frauen plötzlich nicht mehr ‚Frauen', sondern: ‚Um von mir zu sprechen, ich...' Die Auseinandersetzung über Sadomasochismus machte ‚wir Frauen' auf sexuellem Gebiet zum Tabu. Es begann in einem moralischen Sumpf und ließ uns mit einer individualistischen Analyse der Sexualität zurück, es untergrub eine Kollektivität, die nie auf Gleichförmigkeit aufgebaut war, sondern auf Widerstand."[2]

MacKinnon faßte es in das Bild, daß die Ankerketten sich gelöst hatten, die das feministische Engagement für Leben und Sicherheit von Frauen garantiert hatten.

1985/86 lebte ich ein Jahr lang in den USA und war überrascht über die Verwüstung, die über die lesbische Gemeinschaft hereingebrochen war. Als Konsequenz gaben lesbische Feministinnen den Separatismus auf. Lesbisch feministische Wissenschaftlerinnen und Aktivistinnen sprachen davon, daß das frauenfeindliche Verhalten einiger Lesben sie veranlaßt habe, sich nicht mehr in erster Linie für Lesben einzusetzen, sondern für die Klasse der Frauen. Sie suchten sich ihre Verbündeten jetzt unter denen, die die gleichen Anschauungen hatten, seien es Heterosexuelle oder Lesben oder sogar Männer, jedenfalls nicht mehr grundsätzlich unter Lesben.

Ich war von all dem sehr überrascht. In Großbritannien war der Einfluß der lesbischen Sexindustrie noch nicht so spürbar gewesen wie in den USA. Ich glaubte – und glaube noch heute – an den Aufbau einer lesbischen Kultur. Ich war der Meinung – und meine heute noch –, daß die lesbische Gemeinschaft ein bedeutender Teil der feministischen Bewegung ist, notwendig für die Befreiung der Frauen und für lesbisches Überleben erst recht, denn wenn wir es nicht tun, wird sich um Lesben niemand kümmern. In den Jahren danach hat die Sexindustrie auch auf Großbritannien und Australien, wo ich jetzt lebe, übergegriffen. Und damit scheinen überall lesbisch feministische Werte sich aufzulösen.

In einem Artikel hat Janice Raymond beschrieben, was ihrer Meinung nach jetzt in der lesbischen Gemeinschaft getan werden muß: *Putting the Politics back into Lesbianism*. Über die starke lesbisch feministische Bewegung der Vergangenheit schreibt sie:

„Diese Bewegung war innerhalb des Feminismus die größte Herausforderung an die Heterorealität. Sie bedrohte die Weltanschauung, daß Frauen für Männer und vor allem in Beziehung zu ihnen existieren... Diese Bewegung kämpfte im Namen aller Frauen... Sie kritisierte Prostitution und Pornographie als etwas, das alle Frauen betrifft... Aber dann passierte etwas. Frauen – oft Lesben – begannen die Dinge anders zu definieren."[3]

Was passiert war: Lesben begannen das, was Feministinnen als das erstarrte Lavagestein der männlich beherrschten Sexualität erkannt hatten, in lesbisches Leben und lesbische Kultur zu tragen. So „kam es, daß Pornographie plötzlich Erotika genannt und Bestandteil lesbischer Selbstdarstellung und Gewalt den Namen lesbischer Sadomasochismus erhielt und Bestandteil des lesbischen Sex wurde". Nun waren es nicht mehr Männer, sondern Frauen, die „die Demütigung anderer Frauen" billigten. Wie MacKinnon nimmt Raymond Stellung zu dem Schaden, den dies der kollektiven Idee zufügte. Lesbischer Feminismus, sagt sie, „war eine Bewegung, die auf der Kraft eines ‚wir' gründete, nicht auf der Phantasie oder der Selbstdarstellung einer einzelnen Frau". Daß einzelne Lesben den Mißbrauch von Frauen umdefinierten zu Spaß und Spiel, beschädigte die Fähigkeit, „wir" zu sagen.

Auch Julia Penelope schreibt von dem Schock, der die lesbische Gemeinschaft erschütterte, schlägt aber einen optimistischeren Ton an, was das Überleben angeht – die Gemeinschaft habe schon so viel überstanden, und diesmal gäbe es eine starke politische Bewegung, die nicht so einfach zurückzudrängen sei.

„Für Lesben waren das zehn oder zwölf schreckliche Jahre, viele von uns verfielen in verlegenes Schweigen oder schlugen zum zweiten oder dritten Mal in ihrem Leben die Tür hinter sich zu. Wir müssen uns immer wieder gegenseitig daran erinnern, daß es etwas Vergleichbares vorher noch nie gegeben hat. Soweit wir wissen, hat es nie vorher eine Lesbenbewegung gegeben, und unsere Verbundenheit ist weltweit."[4]

Der Schrecken, von dem Julia Penelope spricht, besteht aus Angriffen auf Lesben, lesbische Feministinnen und Separatistinnen, wegen Vergehen wie Engstirnigkeit und Beschränkung der Analyse auf eine „unbedeutende" Minderheit statt auf „allgemeinere Themen".

Natürlich ließe sich sagen: Soviel hat sich gar nicht verändert, einige enttäuschte lesbische Feministinnen übertreiben mal wieder den angerichteten Schaden. Zwei lesbische Kommentatorinnen sind dem unabhängig von feministischen Gedanken innerhalb der lesbischen Gemeinschaft nachgegangen, ihre Ergebnisse stützen die Annahme, daß ein dramatischer Wertewandel stattgefunden hat. Die eine ist Bonnie Zimmerman, die über zwanzig Jahre lesbische Romane untersucht hat, die andere Lillian Faderman, die Lesben über ihre Ansichten zur lesbischen Geschichte in den USA im zwanzigsten Jahrhundert befragt hat.

Was ist lesbische Gemeinschaft? Nach Bonnie Zimmerman war

für lesbische Feministinnen die Gründung einer Gemeinschaft ein bewußter politischer Akt. Ihre Gemeinschaft unterscheidet sich von der historisch gewachsenen, die ein Mittel war, in der Unterdrückung zu überleben, mehr eine Form der Selbstverteidigung als das Ergebnis von „Stolz, Solidarität und Kultur".

„Lesbische Feministinnen (angefangen beim Kreis um Natalie Barney) benutzten zwei Taktiken, um lesbische Kultur und Gemeinschaft zu rehabilitieren. Die eine war bewußte Abtrennung: Statt zu warten, bis sie in ein schwules Ghetto eingesperrt wurden, haben viele die Initiative ergriffen und sich konkret und symbolisch aus der herrschenden Gesellschaft in eine Lesbische Nation zurückgezogen. Wir verweigern die Fortsetzung des kräftezehrenden Kampfs gegen Unterdrückung. Innerhalb der Lesbischen Nation verfolgen wir die zweite Taktik, schaffen unsere eigene Geschichte, Tradition und Kultur. Diese Kultur definiert und trägt die Gemeinschaft. Eine Frau wird Bürgerin der Lesbischen Nation, eine lesbische Feministin, durch die Bücher, die sie liest, die Musik, die sie hört, die Vorbilder, mit denen sie sich identifiziert, die Sprache, die sie spricht, die Kleidung, die sie trägt – auch wenn sie sich manchmal über die eingeforderten Codes ärgert."[5]

Zimmermans Buch *The Safe Sea of Women* ist ihre „eigene individuelle Analyse lesbischer Prosa" der Jahre 1969 bis 1989. Darin geht sie anhand von Romanen dieses Zeitraums dem Wertewandel in der lesbischen Gemeinschaft nach. In diesen Jahren gab es plötzlich eine erstaunliche Fülle lesbischer Literatur. An ihr läßt sich ablesen, daß in den frühen Siebzigern lesbische Feministinnen sich „im warmen Leuchten von ‚Sisterhood', Sexualität und Gemeinschaft vereint" fühlten und in den Achtzigern diese Gemeinschaft an Kontroversen und Differenzen zerbrach. Während in den siebziger und frühen achtziger Jahren das Wort „lesbisch" sich grundlegend durch feministische Politik und Ideologie definierte, ersetzten Ende der achtziger Jahre „Lesben, darunter zahlreiche Schriftstellerinnen, diese umfassende politische Definition durch eine auf Sexualität eingeschränkte". Zimmerman unterscheidet in lesbischen Romanen zwei Typen lesbischer Identität: „geborene Lesben", die „schon immer Frauen vorgezogen haben", und „wiedergeborene Lesben", die „eine politische Entscheidung getroffen oder sich verliebt haben und seitdem die Welt in ganz neuem Licht sehen". In den siebziger Jahren standen diese beiden Modelle nicht im Widerspruch zueinander, in den späten Achtzigern aber, so Zimmerman, „ersetzte der Diskurs über den geborenen Lesbianismus die feministische Ideologie". Dieser Wandel, behauptet sie, markiert das Ende der „feministischen Hegemonie über lesbische Ideologie"; Ursache ist das Bedürfnis, sich gegen eine zunehmend konservative Männerkultur zu verteidigen. Abschließend sagt sie, „der naive, aber belebende Optimismus und Idealismus unserer jüngsten Vergangenheit" sei durch „Unsicherheit, Selbstzufriedenheit, sogar Zynismus" ersetzt worden.

Sie behauptet, die lesbisch feministische Gemeinschaft der neunziger Jahre sei weniger „vital" als früher, die Generation der Idealistinnen sei „ausgebrannt" oder „erwachsen geworden", und niemand sei an ihre Stelle getreten.

„Wie die sonstige amerikanische Gesellschaft scheinen auch viele Lesben vor allem an persönlichem und ökonomischem Fortkommen interessiert. Frauen, die noch vor zehn Jahren mitten im ‚feministischen', ‚separatistischen', ‚beweglichen' Leben standen, lassen solche Begriffe heute als Anachronismen fallen, entscheiden sich statt dessen für gutbezahlte Jobs und vielleicht auch für künstliche Befruchtung. Seit dem kommerziellen Erfolg der lesbischen Kultur können wir unsere Bücher und Platten und das lange Wochenende auf einem Musikfestival kaufen, ohne einen Gedanken an die Entwicklung und Aufrechterhaltung einer alternativen Vision zu verschwenden."[6]
Es beunruhigt sie, daß es weniger „exklusiv lesbische Aktivitäten" und Räume gibt und daß, wenn die gegenwärtige Stimmung anhält, es „unmodern", ja „politisch unkorrekt" wird, „die Idee der Lesbischen Nation aufrechtzuerhalten". Die jüngeren Romane beschäftigen sich mit dem Blick nach innen statt wie in den Siebzigern optimistisch nach draußen zu sehen. Sarah Schulmans Kriminalroman *Ohne Delores* z.B. spielt in „der claustrophobischen Welt der Hoffnungslosigkeit der Erzählerin". Die Romane beschäftigen sich mit den Verletzungen, die wir erlitten, vor allem mit Inzest, nicht mit der Veränderung der Dinge. Auch der lesbische Kriminalroman, ein typisches Genre der Zeit, handelt vom Individuum und nicht von der Gemeinschaft.

„Die lesbische Gemeinschaft, wie sie sich in lesbischen Romanen manifestiert, ist auf dem Rückzug, sowohl in dem Sinn, daß sie sich von ihren radikalsten Analysen abwendet, als auch in dem, daß sie innehält, um über ihre Situation nachzudenken und ihre Wunden zu lecken."[7]

Nach Zimmerman ist die neueste Entwicklung in der lesbischen Literatur Anpassung an die herrschende Kultur durch „Domestizierung". Lesben werden wie Heterosexuelle gezeichnet, so daß es „für die Geschichte keinen Unterschied machen würde, wenn sich das Geschlecht derjenigen ändert, auf die sich das Liebesinteresse der Protagonistin richtet". Als Beispiele nennt sie Diana McRaes *All the Muscle You Need* und Cecil Dawkins *Charleyhorse*. Für Zimmerman ist diese Entwicklung in einer Zeit, in der Lesben- und Schwulenhaß auf dem Vormarsch sind und Lesben Romane brauchen, die mehr tun als „beschwichtigen und befrieden (oder sexuell prickeln)", besorgniserregend.

Zimmerman zeigt, daß freizügige Sexszenen in lesbischen Romanen so obligatorisch geworden sind, daß „die Erzählungen nur noch ein Vorwand für Sex" sind. Die Sexszenen „haben mit dem Rest der Handlung nichts mehr zu tun". Aber Zimmerman kritisiert nur, daß die Sexszenen nicht in die Geschichte passen, nicht die Sexualität, die beschrieben wird. Es genügt ihr, daß „die Zwangsjacke der politischen Korrektheit sich lockert". Es stört sie zwar, daß an die Stelle der politischen Definition des Lesbianismus die sexuelle tritt, aber sie hat keine politische Kritik der Sexualität. Unglücklicherweise übernahmen lesbische Feministinnen wie Zimmerman die Sprache der sexuellen Libertinistinnen, die den lesbischen Feminismus wegen seiner politischen Korrektheit angreifen. In USA benutzt auch die Rechte die gleichen Wörter, um Dinge zu attackieren, die lesbischen Libertinistinnen wie lesbischen Feministinnen gleichermaßen wichtig sind, etwa Multikulturalismus und gleiche Chancen. Auch die Rechte attackiert den Feminismus als politisch korrekt. Feministinnen steht es nicht gut an, gerade diese Sprache zu benutzen, um eine politische Kritik an Sexualität für unzulässig zu erklären.

Auch Lillian Faderman liefert in ihrem Buch *Odd Girls and Twilight Lovers* einen nützlichen Überblick über das, was mit dem lesbischen Feminismus geschehen ist. Ich stimme mit ihrer Analyse nicht überein, die wie Zimmerman keine Politik sexueller Praxis kennt und wie sie Konzepte wie die Gefahr politischer Korrektheit akzeptiert, aber ihre genaue Beschreibung der Entwicklungen innerhalb der lesbischen Gemeinschaft hilft uns, den Anti-Feminismus der lesbischen Gegenwart zu verstehen. Das Rohmaterial des Buchs bilden Gespräche mit Lesben. *Odd Girls* ist ein gutes Beispiel für das, was Zimmerman die „Anpassung" der Lesben an die herrschende Kultur nennt. Faderman stimmt exakt mit den herrschenden Trends überein. In ihrem ersten Buch, *Köstlicher als die Liebe der Männer,* sah sie im lesbischen Feminismus die Zukunft und die ideale Form des Lesbianismus. Nun hat sie ihre Meinung geändert. Lesbische Feministinnen werden ausdrücklich auf ihren Platz verwiesen, eine Identifikation ist ausgeschlossen.

Faderman gibt lesbischen Feministinnen selbst, vor allem dem Separatismus und was sie Extremismus nennt, die Schuld an den Angriffen auf ihre Wertvorstellungen.

„Die utopische Welt, die lesbische Feministinnen sich ausmalten, beruhte vor allem auf sozialistischen Idealen und spiegelte ihre Herkunft aus der Neuen Linken. Diese Ideale wurden durch eine lesbisch feministische Doktrin gefiltert, die manchmal zu so extremen Überzeugungen führte wie daß ihre Ziele nur durch Separatismus zu erreichen seien."[8]

Lesbischer Feminismus machte den Fehler, utopisch und unrealistisch zu sein, die idealistische „Lesbische Nation war zum Scheitern verurteilt, weil sie aus jugendlicher Unerfahrenheit und zügellosem Enthusiasmus unfähig zu Kompromissen war". In einem Kapitel mit der Überschrift „Politisch korrekt' sein" wirft sie dem lesbischen Feminismus vor, er habe „so dringend Idealismus gebraucht und solch heroische Maßstäbe gesetzt, daß Fanatismus unausweichlich wurde" – dieser Fanatismus betraf Dinge wie „Nichthierarchie", die zu einem „unbeugsamen Dogma" wurde.

„Politisch korrekt (‚p.c.') bedeutete, die verschiedenen Dogmen zu befolgen: betreffend Kleidung, Geld, sexuelles Verhalten, Sprache, Klassen-, Rassen-, Nahrungs- und ökologisches Bewußtsein, politische Aktionen usw."[9]

Auf den ersten Blick ist nicht zu erkennen, was an diesen Dingen falsch sein sollte. Sozialen Wandel herbeiführen zu wollen, setzt eine gewisse Ernsthaftigkeit voraus, manchmal sogar die Vergewisserung und Weiterentwicklung von Ideen. Wiederholt beschuldigt Faderman engagierte lesbische Feministinnen, „unflexibel und dogmatisch" gewesen zu sein, „ihr Scheitern war vorprogrammiert", weil sie „in ihren Wahrnehmungen unrealistisch" und „unfähig zu Kompromissen waren". Die reaktionären Kräfte, die in den achtziger Jahren zum allgemeinen Angriff auf Sozialismus und Feminismus ansetzten, werden als Faktoren für den Niedergang des lesbischen Feminismus nirgendwo erwähnt. Irgendwie liegt die Schuld in den lesbischen Feministinnen selbst, es war ihr Idealismus, mit anderen Worten: der Wunsch nach grundlegenden sozialen Veränderungen.

Eine Erscheinung der achtziger Jahre, die sie als ganz besonders an der Unterminierung des lesbisch feministischen Idealismus beteiligt herauspickt, ist das Auftreten einer lesbischen Bourgeoisie. Das ist wahrscheinlich eher ein US-spezifisches Phänomen; im verarmten England war es nicht so auffällig. Diese bourgeoisen Lesben waren „Frauen, die sich in Aussehen und Kleidung vom Mainstream weit weniger unterschieden als die Butches und Femmes der fünfziger und sechziger und die lesbischen Feministinnen der siebziger Jahre". Faderman behauptet, diese Entwicklung habe die dominantesten und sichtbarsten Lesben in der Gemeinschaft in ihrer „Intuition" bestärkt, daß „in konservativen Zeiten weniger Militanz angesagt" sei. Bestärkt wurden sie darin durch die zunehmende Zahl von Lesben, „deren ökonomischer Status, Lebensstil und Philosophie sie sehr viel gemäßigter machte als ihre lesbisch feministischen Vorläuferinnen". Manche lesbische Feministin wechselte in den Achtzigern von der berufsmäßigen Revolutionärin in eine gutdotierte Karriere, „ging in Bluse und hochhackigen Schuhen zur Arbeit" und zog ihre lesbische Uniform nur noch am Feierabend an.

Regelmäßiger Bestandteil der Angriffe ist seit Jahren die Ablehnung des Separatismus. Für Faderman ist Separatismus einer der Gründe für den Niedergang des lesbischen Feminismus. Ich sehe darin ganz im Gegenteil den Hauptgrund für seinen Erfolg. Wofür ich plädiere, ist ein viel tiefer gehender Separatismus – nur dann kann lesbischer Feminismus überleben und in kommenden Jahren neu ausschlagen. Die, die Separatismus schmähen – und das sind überraschend viele in einer Gemeinschaft, die auf Separation gegründet ist –, vermitteln den Eindruck, Separatismus sei etwas

Ungeheuerliches und Extremes und nicht eines der Grundprinzipien des Feminismus. Am Beginn feministischen Bewußtseins steht ein Akt der Separation. Alle Feministinnen, ob lesbisch oder heterosexuell, hatten den Mut, sich intellektuell, wenn nicht sogar physisch von der herrschenden Kultur zu separieren. Alle Feministinnen haben dabei die Erfahrung gemacht, daß sie für diese Trennung vom heteropatriarchalen Moralkodex extrem sanktioniert wurden.

Marilyn Fryes Essay über Separatismus führt überzeugend in die separatistische Ethik ein. Frye erklärt, daß Separation überall gegenwärtig ist, „von Scheidung zu exklusiven lesbischen Gemeinschaften, von Frauenhäusern zu Hexenkovens, von Frauenstudien zu Frauenbars, von Kindergärten zur Abtreibung auf Verlangen". Frye macht einen Unterschied zwischen Separation und dem, was sie „persönliche Lösungen und Hilfe für Gruppen" nennt, z.B. die Legalisierung der Prostitution oder Regierungsprogramme gegen Diskriminierung. In diesen sieht sie reformistische Projekte der Assimilation oder Gleichstellung. Das trifft auch die Projekte der lesbischen Sexindustrie, die eindeutig assimilationistisch sind. Ihre Definition von Separatismus arbeitet scharf die anti-separatistische Natur der Praktiken heraus, die wir in diesem Buch betrachtet haben.

„Feministische Separation ist nichts anderes als jede Form von Separation von Männern und von Institutionen, Beziehungen, Rollen und Handlungen, die von Männern definiert, von Männern dominiert sind und dem Wohl von Männern und der Aufrechterhaltung männlicher Privilegien dienen – eine Separation, die von Frauen nach ihrem Belieben initiiert und durchgehalten wird."[10]

Lesben, die wagen, lesbisch zu denken, und ihre emotionalen und sexuellen Energien auf Frauen richten, separieren sich von der herrschenden Kultur. Dafür werden sie bestraft. Lesbischer Sex tut Männern nicht weh. Im Gegenteil haben Männer diese Sexualität in Bordellen und Pornographie seit undenklichen Zeiten für sich benutzt. Es ist die lesbische Liebe, die als illoyal gilt, denn sie entzieht Lesben der Klasse Frau, die die Grundlage männlicher Macht ist, aber auch die Verbindung zwischen Frauen, aus der Widerstand entstehen kann. Subversiv ist das sich Entziehen der Lesben, das zu Recht als Mangel an Enthusiasmus für den Mann begriffen wird, nicht die Ausübung einer für abwegig gehaltenen Sexualität.

Separatistisch zu handeln, ohne zu wissen, daß das ist, was es ist, und Separatistin zu sein, sind zwei verschiedene Dinge. Separatistin ist eine Lesbe, die ihren separatistischen Handlungen bewußt eine politische Bedeutung gegeben hat. Marilyn Frye sagt, daß bewußte Separation nicht um ihrer selbst willen unternommen wird, sondern „um eines anderen willen, wie Unabhängigkeit, Freiheit, Wachstum, Phantasie, Sisterhood, Sicherheit, Gesundheit oder neue und ketzerische Gebräuche". Separatistin ist für sie eine Feministin, die „bewußt, systematisch und zu jeder Zeit" Separation praktiziert, sie als „Strategie der Befreiung" verteidigt.

Susan Hawthorne, Mitbegründerin des australischen lesbisch feministischen Verlags Spinifex Press, hat das Kontinuum separatistischer Praxis sehr klar beschrieben. Sie definiert Separatismus als „politisch motivierte Strategie zur Bestärkung von Frauen und zur Unterwanderung des Patriarchats".[11] Separatismus zeigt sich in verschiedenen Abstufungen von der „Wertschätzung des Gesprächs mit Frauen" bis zum „Leben in ausschließlichen Frauenräumen, ohne Kontakte zu Männern", möglicherweise sogar zu heterosexuellen Frauen. Hawthorne sagt, daß das Experimentieren mit den verschiedenen Abstufungen Feministinnen befähigt, „das internalisierte und unterdrückerische männliche Wertesystem abzulegen". Die separatistische Position am extremen Ende ihres Kontinuums fordert alle Annahmen über die grundsätzliche Abhängigkeit der Frauen von Männern heraus; sie ist die radikale Abkehr von patriarchalem Denken und „essentiell, wenn wir Befreiung für uns als reale Möglichkeit einfordern". Sie erwarte nicht, sagt sie, vollständige Separation aller Frauen; ihr Vorschlag ist, daß Feministinnen „die Stufe der Separation herausfinden, die sie durchhalten können".

Angriffe auf den Separatismus kommen aus vielen Ecken. Schon die ziemlich bescheidene Vorstellung, reine Frauenkonferenzen über Themen wie z.B. Vergewaltigung abzuhalten, kann von manchen Männern mit schweren Repressalien beantwortet werden. Frye meint, daß das damit zu tun hat, daß jede Separation Männern ihr grundsätzliches Recht auf ungehinderten Zutritt bestreitet.

„Frauen, die sich separieren (zurückziehen, ausbrechen, sich neu gruppieren, überschreiten, beiseite treten, nach draußen gehen, auswandern, nein sagen), kontrollieren und begrenzen den Zutritt. Sie sind doppelt ungehorsam, denn beides ist nicht erlaubt. Zutritt und Begrenzung sind grundlegende Bestandteile der Macht, also sind wir gleich doppelt und radikal ungehorsam."[12]

Schwarze Lesben, Lesben aus ethnischen Minderheiten, indigene Lesben und Lesben der weißen Majorität haben Separatismus kritisiert. Schwarze Lesben haben Separatismus die privilegierte Praxis weißer Mittelschichtlesben genannt, die nicht unter Unterdrückungen leiden, die ihr Schicksal an das bestimmter Gruppen von Männern ketten, daß Separatismus also elitär sei und nicht verteidigt werden könne. Tatsächlich war Separatismus nie ausschließlich weißen Lesben der Mittelschicht vorbehalten. Schwarze Lesben haben lesbischen Separatismus zu ihrer strategischen Praxis gemacht und diese Entscheidung mit ihrer Herkunft aus schwarzem Separatismus begründet. Anna Lee sagt: „Sich von schwarzen Männern zu trennen, tut weh, denn wir treten damit ins Leere", aber sie hat sich trotzdem für Separatismus und gegen Koalitionen entschieden.[13] Lesben, die sich entscheiden, Separatistinnen zu sein, kommen aus allen Klassen und ethnischen Gruppen; wir müssen allerdings zugeben, daß Geld und sozialer Status sogar die Entscheidung, lesbisch zu leben, leichter macht. Weiße Lesben neigen weniger zu Konflikten über die Hilfe für Männer.

Vielleicht weil sie sich des Verrats am heteropatriarchalen System bewußt sind, den die Liebe zu Frauen bedeutet, beteuern manche Lesben ihre Loyalität mit Männern. Diese Strategie ist nicht sehr erfolgreich. Solange Heterosexualität die Basis für männliche Vorherrschaft bildet, wird Lesbianismus als politischer Ungehorsam gelten und so behandelt werden. Selbst wenn Lesben sklavisch den Sittenkodex des Heteropatriarchats imitieren, kann das die grundlegende Illoyalität nicht aus der Welt schaffen. Attacken auf den Separatismus in feministischer Literatur sind oft nur verschleierte Attacken gegen Lesben. Deshalb sollten Lesben nicht selbst den Separatismus attackieren, sondern das Recht darauf unterstützen.

Separatistinnen sind im Patriarchat die eigentlichen „bösen" Mädchen. Wie Frye sagt, gelten sie als „moralisch entartete, männerhassende Bigotte". Aber wenn für Männer, die Frauen beherrschen wollen, Separatismus so unakzeptabel ist, dann muß er tatsächlich eine Bedrohung des Heteropatriarchats sein. Mit Fryes Worten: „Wenn das, was du zu tun wagst, die Patriarchen so strikt verboten haben, mußt du das Richtige tun." Erstaunlicherweise sind es gerade Akte der Assimilation – von, wie Frye sie nennt, „patriarchalen Loyalistinnen" –, die zur Zeit bei vielen in der lesbischen Gemeinschaft als gewagt und revolutionär gelten. Als gewagt gilt die getreue Nachahmung der Rollen von Unterdrücker und Unterdrückten, Männlichkeit und Weiblichkeit, mit schwulen Männern zusammenzuarbeiten, schwule Männer sein zu wollen. Die exakte Übernahme der Regeln, nach denen Sexualität unter männlicher Herrschaft als Dominanz/Unterwerfung und Objektifizierung konstruiert ist, gilt als „böse". Daß all dies für die Männerherrschaft in Wirklichkeit höchst akzeptabel ist, beweist die Flut wissenschaftlicher Bücher über das Spiel mit Gender und Macht, die die Patriarchen keineswegs vor Angst schlottern läßt. Aber in der Literatur der Women's Studies ist die Ablehnung des Separatismus ein Ritual, das die Autorinnen überaus ernst nehmen. Die sklavische Imitation heterosexueller Muster und die sklavische Übernahme der Vorstellungen von, wie Janice Raymond sagt, Heterorealität kommt nur denen gewagt vor, die statt der Männerherrschaft den Feminismus bekämpfen.

Separation von allem, was das Heteropatriarchat ausmacht, ist nötig, wenn lesbischer Feminismus als Herausforderung der Männerherrschaft überleben will. Was das Heteropatriarchat ausmacht, nennt Monique Wittig „the straight mind". Diese „Normal/Heterobedeutung" ist nicht denkbar ohne die Dualität der Gegensätze: männlich/weiblich, das eine/das andere, machtvoll/machtlos. „The straight mind" sagt uns, daß aus dem Programm auszusteigen utopisch ist, verrückt, kurz: nicht möglich. Aber genau diese intellektuelle Separation lesbischer Feministinnen macht aus uns eine destabilisierende Bedrohung, wenn wir es wagen, die Kategorien des Herrn hinter uns zu lassen. Über die Wirkung der Heterorealität auf unsere Existenz als Lesben schreibt Wittig:

> „Die Diskurse, die uns ganz besonders bedrohen, Lesben, Frauen, homosexuelle Männer, sind die, die als sicher annehmen, daß alles, was Gesellschaft, jede Gesellschaft ausmacht, Heterosexualität ist... Diese Diskurse der Heterosexualität unterdrük-

ken uns in dem Sinn, daß sie uns hindern zu sprechen, es sei denn, wir sprechen in ihren Begriffen... Ihre schärfste Aktion aber ist die unerbittliche Tyrannei, die sie über unser physisches und mentales Selbst ausüben."[14]

Als ein Beispiel, wie „the straight mind" funktioniert, klagt Wittig ganz besonders den psychoanalytischen Diskurs und dessen Verfechter wie Lacan an. Sie attackiert den „pornographischen Diskurs", der „eine der Gewaltstrategien ist, die an uns durchexerziert werden: Sie demütigt, sie erniedrigt, sie ist ein Verbrechen gegen unsere ‚Menschlichkeit'." Sie verurteilt die Verteidiger der Pornographie, diese „Semiotikexperten", die sagen, Feministinnen verwechselten „den Diskurs mit der Realität". Dazu gehören viele lesbische und schwule WissenschaftlerInnen, die entweder keine klare intellektuelle Separation zustandebringen oder sie nicht nötig finden, wie wir im Kapitel über die Postmoderne gesehen haben.

Julia Penelope spricht davon, wie wichtig es ist, eine spezifisch „lesbische Perspektive" zu entwickeln. Die Basis dieser lesbischen Perspektive ist, daß Lesben sich von den Kategorien „Frauen" oder „Schwule" absetzen, in denen sie normalerweise versteckt werden oder untergehen.

„Unsere Unsichtbarkeit – selbst für uns selbst – verdankt sich mindestens teilweise der Tatsache, daß unsere Identität unter zwei Gruppen untergeordnet wird: Frauen und Schwule... Anstatt uns Freiräume zu schaffen, erlauben wir Männern, uns unsichtbar in beiden Gruppen zu unterdrücken, als ‚Frauen' und als ‚Schwule', ohne auch nur als Alibi wenigstens ‚Lesben' genannt zu werden."[15]

Die „lesbische Perspektive" ist weder natürlich noch einfach zu erlangen.

„(Sie) ist nichts, das wir bekommen, sobald wir aus unserem Versteck herauskommen. Sie ist ein Prozeß des Verlernens genauso wie des Lernens. Sie ist etwas, an dem wir arbeiten müssen, es nähren, ermutigen, entwickeln. Die lesbische Perspektive ist vor allem Selbstentwurf."[16]

Penelopes Vorstellung, wie „lesbische Wahrnehmungen" im einzelnen erkannt werden, ist problematisch. Sie sagt, der „lesbische Prozeß der Selbstdefinition" beginne mit „der Erkenntnis und Sicherheit, daß unsere Wahrnehmungen grundsätzlich richtig sind, egal was die Männergesellschaft sagt". Unglücklicherweise hat gerade diese Annahme, Lesben sollten jeder ihrer Wahrnehmungen vertrauen, zu der Verwirrung über Sexualität geführt, die gegenwärtig in der lesbischen Gemeinschaft überwiegt. Ich schlage statt dessen eine schwierigere Aufgabe vor, nämlich individuell und gemeinsam mit anderen Lesben unsere Gefühle, Erfahrungen und Wahrnehmungen mit den Vorstellungen der Heterorealität zu vergleichen. Das verlangt Rigorosität und die Anwendung dessen, was Janice Raymond „Unterscheidungskraft" nennt.

Die Vorstellung, lesbische Feministinnen sollten auf die Vision einer Welt hinarbeiten, in der Frauen nicht unterdrückt und alle unterdrückerischen Hierarchien undenkbar geworden sind, war in den siebziger Jahren weit verbreitet. Lesben hatten vor Visionen keine Angst. Bis tief in die Nacht entwarfen wir unsere Pläne zur Veränderung der Welt, beflügelt durch unsere neuen Freundschaften, diese schönsten aller möglichen menschlichen Beziehungen. Zugegeben, unsere Räume waren verräuchert, auch sonst waren wir in mancher Hinsicht noch erzkonservativ. In den achtziger Jahren wurden Visionen unmodern. Janice Raymond schreibt:

„Feministinnen sind – in Freud' und Leid – in ihren Bestrebungen ‚reifer' geworden. Das geht so weit, daß Reife häufig mit einer Ablehnung von Visionen und mit einem hartgesottenen Realismus gleichgesetzt wird, der eine Vorstellung von der feministischen Zukunft für nichtig erklärt, noch ehe sie sich überhaupt als Denkmöglichkeit entfalten kann."[17]

Lesbische Theoretikerinnen wie Mary Daly, die das visionäre Denken der Lesben inspiriert haben, erfuhren in der wissenschaftlichen Literatur der letzten zehn Jahre herbe Kritik. Die Fortsetzung der lesbischen Vision ist für unser Projekt des Wandels lebenswichtig. Grundlage dafür ist die Separation von den Vorstellungen des Heteropatriarchats, das Denken der Sadogesellschaft, wie Mary Daly sie nennt. Das heißt nicht, diese Vorstellungen zu ignorieren. Wir müssen sie sorgfältig analysieren – und das tun lesbische Wissenschaftlerinnen ja auch –, um ihre Grundlagen und ihren Einfluß zu verstehen. Und, wie Raymond ausführt, wir können es uns nicht leisten, die aktuelle Situation der Frauen zu vergessen. Eine Vision, die nicht fest in der materiellen Realität von Frauen und Lesben verwurzelt ist, wäre Eskapismus.

„Zu wenig ‚Materialismus‘ in bezug auf die männergemachte Welt führt zu einer schwächlichen, leeren und eskapistischen Sichtweise, die die himmelschreiende Tatsache des Frauenhasses übersieht und Frauen dahin bringt, keinerlei Reaktion zu zeigen, mögen die Situationen weiblicher Greuel noch so extrem und dringend abhilfebedürftig sein."[18]

Raymond schlägt vor, daß wir als Innen- und Außenseiterinnen leben sollten, gleichzeitig bewußt in der männergemachten Welt und fähig, uns eine Welt jenseits davon vorzustellen und auf sie hinzuarbeiten. Die düstere Vision einer lesbischen Zukunft, wie sie uns etwa die lesbische Sexindustrie bietet, ist nichts weiter als die Annahme und Bestätigung der heteropatriarchalen Realität. Die bewußte Eingliederung all der Werte und brutalen Praktiken der Meister in lesbisches Leben schließt Veränderung aus.

Die lesbische Philosophin und Visionärin Sarah Lucia Hoagland hat sich der Entwicklung lesbischer Werte und lesbischen Verständnisses verpflichtet. Ihr Buch *Die Revolution der Moral* schrieb sie, um zu begreifen, was die lesbische Bewegung untergräbt. Für eine lesbische Zukunft ist sie optimistisch.

„Wir Lesben können eine Revolution der Moral herbeiführen und durch die Entscheidungen, die wir treffen, unsere Werte verändern. Wir Lesben können eine Revolution bewirken, eine Transformation des Bewußtseins."[19]

Sie erklärt, daß lesbische Organisationen aus verschiedenen Gründen scheiterten, darunter „offene Gewalt, enge ökonomische Grenzen, legale Gewalt, Penetration und Spaltung und alle möglichen anderen männlichen Sabotageakte", aber auch die „Werte der Väter", die wir immer noch in uns tragen, wie „Klasse, Rasse, Alter, Größe, Behinderungen, und Imperialismus so gut wie Sexismus und Heterosexismus". Neben diesen Faktoren sieht sie zwei weitere: daß wir die im Heteropatriarchat erlernten Überlebenstechniken in unsere Beziehungen tragen und daß wir uns auf traditionelle Ethik berufen. Traditionelle Ethik kommt für Hoagland aus dem „Heterosexualismus". Heterosexualismus ist ihr Wort für das, was andere lesbische Theoretikerinnen „Heterosexualität als Institution" nennen, die „die Dominanz einer Person und die Unterordnung einer anderen normalisiert". Traditionelle anglo-europäische Ethik ist die Ethik von Dominanz und Unterordnung.

„Die Beziehung zwischen Frauen und Männern gilt im anglo-europäischen Denken als die Grundlage der Zivilisation. Das meine ich auch. Und sie läßt das, was wesentlich zur anglo-europäischen Zivilisation gehört, so sehr zur Normalität werden, daß wir Herrschaft oder Unterordnung in all ihren wohltätigen Funktionen gar nicht mehr als falsch oder schädlich wahrnehmen: die ‚Liebes'-Beziehung zwischen Männern und Frauen, die ‚Schutz'-Beziehung zwischen Imperialisten und Kolonialvölkern, die ‚Friedens'-Beziehungen zwischen Demokratie (US-Kapitalismus) und den demokratiefeindlichen Kräften."[20]

Dieser Heterosexualismus muß untergraben werden, wenn das ganze System, in dem „Herren/Sklaven-Tugenden" als ethische Tugenden gelten, niedergerissen werden soll. Die Aufgabe ihres Buches ist, „Wege zu suchen, um Dominanz und Unterwerfung des Heterosexualismus aus den lesbischen Wahlmöglichkeiten auszuschließen". Wenn sie über Ethik nachdenkt, sagt sie, denkt sie an „Wahl in der Unterdrückung" und „lesbisch moralische Wirkung".

Auf dem Gebiet der Sexualität müssen lesbische Erkenntnis und lesbische Ethik am dringendsten verändert werden, denn es sind die Kontroversen über Sexualität, die der lesbischen Gemeinschaft im Augenblick am meisten schaden. Vielleicht weil viele Lesben akzeptiert haben, daß sie ihre Sexualität „sind", daß sie eine sexuelle Abweichung „sind", daß im Modell männlicher Vorherrschaft Sexualität unantastbar ist.

Judith Barrington, Herausgeberin von *The Intimate Wilderness*, einer Sammlung lesbischer Texte über Sexualität, die keine Erotika sind, merkt an, daß lesbische Abwehrhaltung angesichts von Lesbenhaß die lesbische Sexualität beeinflußt und bisher die Diskussion einer darüberhinausgehenden Vision verhindert hat. Ein Thema ihres Buches, sagt sie, ist

„wie weit lesbische Sexualität den Zwang beinhaltet, angesichts von Homophobie defensiv oder reaktiv zu sein. Wenn wir über unser Leben schreiben, beschreiben viele nach wie vor die verschlüsselten Interaktionen einer Gruppe, deren Sexualleben ‚gefährlich' ist. Es gibt ein alles beherrschendes Gefühl von verbotener Sexualität, von einem Liebesleben in der Defensive gegen eine feindliche Welt. Auch wenn die neue Sprache, die wir gerade erfinden, irgendwann eine Rolle bei der Erfindung

neuer sexueller Möglichkeiten spielen mag, unser Sexualleben
ist noch nicht befreit."[21]

Am patriarchalen Modell festzuhalten und es gar noch auszuwei-
ten, wird verteidigt, weil es das ist, was Lesben antörnt; weil es die
einzige Sexualität ist, zu der sich die, die männlichen Mißbrauch
erfuhren, in der Lage sehen; weil es das ist, was Männer haben und
Lesben haben müssen, wenn sie Chancengleichheit wollen; weil es
sich rentiert. Lassen wir für einen Augenblick das Modell beiseite
und betrachten, was lesbische Feministinnen zum Verständnis von
Sexualität zu sagen haben.

Sarah Hoagland, wie andere lesbische Philosophinnen, z.B.
Mary Daly und Julia Penelope, betont, wie wichtig es ist, sich der
Sprache und wie sie unser Denken und Handeln formt, bewußt zu
sein. Sie zeigt, daß schon das Wort „Sex" für Lesben problematisch
ist, weil es „vom lateinischen sexus kommt, verwandt mit secus,
das sich von secare ableitet, ‚schneiden, trennen', wie in ‚Sektion',
und auch selbst die Bedeutung von ‚fragmentieren, abtrennen'
suggeriert".[22] Marilyn Frye bemerkt, daß „‚Sex' für das, was Lesben
tun – was immer das ist –, ein unangemessenes Wort ist... offensichtlich haben wir verdammt wenig davon".[23] Sie untersucht das
verwirrende Phänomen, daß Lesben angeblich wenig „Sex" haben,
und zerlegt die Vorstellung, daß Männervorstellungen, was Sex ist,
auf Lesben übertragen werden könnten. Sie zitiert eine Umfrage,
nach der „ein Drittel aller Lesben in Beziehungen von zwei oder
mehr Jahren Dauer einmal im Monat oder weniger ‚Sex hatten',
während nur 15 % aller verheirateten Paare einmal im Monat oder
weniger Sex hatten". Sie stellt solche Statistiken auf den Kopf und
fragt, woraus „wie oft" bei Lesben besteht. Die Annahme, Häufigkeit zählen zu können, beruht auf einem männlichen Modell, in
dem „einmal" die Spanne von Erektion zu Ejakulation ist, während
„einmal" für jede Frau etwas anderes bedeuten kann.

Sie stellt Vermutungen darüber an, was Lesben, die solche
Fragebögen beantworten, „oft" nennen würden, und macht dabei
deutlich, wie sehr die lesbische Erfahrung von Sexualität sich vom
männlichen Modell unterscheidet.

„Einige mögen einen Abend, an dem sie sich zwei oder dreimal
liebten, als ‚einmal' bezeichnen; andere würden vielleicht ‚zwei-
oder dreimal' dazu sagen. Einige würden nur die Male rechnen,

bei denen beide einen Orgasmus hatten, andere die, bei denen zumindest eine einen Orgasmus hatte... einige zählen vielleicht jedes Mal, bei dem sie die Vulva der anderen berührten und dabei nicht eine gesundheitliche Untersuchung meinten."[24]

Sie erklärt, daß Lesben einmal wußten, daß sie nicht bloß nach männlichem Vorbild „Sex machten", daß dies Wissen aber in den Achtzigern verschwand, so daß Lesben sich neuerdings Sorgen darüber machen können, wieviel Sex sie „machen". Sie macht klar, daß Lesben nicht mit Hilfe eines „Dominanz-Unterordnung-Kopulation-deren-Vollendung-und-Zweck-die-männliche-Ejakulation-ist-Modells" von ihrer Sexualität sprechen können.

„Unsere Leben, die Art unserer Darstellung können nicht auf dies semantische Zentrum zurückbezogen werden. Wenn wir es nach den Regeln dieser Kartographie zusammenfügen und artikulieren wollen, landen wir dabei, unsere Liebe und unsere leidenschaftliche Sinnlichkeit im Acht-Minuten-Takt zu formen. Das ist weder das Timing noch das Wesen des lesbischen Körpers."[25]

Frye fordert, daß Lesben für die vielen Formen, in denen sie „es tun", eine eigene Sprache entwickeln.

Audre Lordes Artikel „Vom Nutzen der Erotik: Erotik als Macht", bereits 1978 geschrieben, dehnt die Widerlegung heteropatriarchaler Sexualitätskonzepte auf Bereiche lesbischer Erfahrung aus, die über das, was herkömmlich unter Sexualität verstanden wird, weit hinausgehen. Lorde definiert das Erotische als „die Geltendmachung der Lebenskraft von Frauen; jener mächtigen kreativen Energie, deren Wissen und Gebrauch wir jetzt in unserer Sprache, unserer Geschichte, unserem Tanzen, unserem Lieben, unserer Arbeit, unserem Leben zurückfordern". Sie zeigt, daß unterdrückerische Kräfte dies korrumpieren oder zerstören müssen, um die Unterdrückten zu beherrschen. „Deshalb lehrt man uns, unsere erotischen Bedürfnisse von den wichtigsten Bereichen unseres Lebens – mit Ausnahme der Sexualität – abzuspalten."[26] Sie unterscheidet ausdrücklich zwischen Erotik und Pornographie und sieht in letzterer „eine nackte Leugnung der Macht des Erotischen; sie repräsentiert die Verdrängung von Gefühl". Für sie bedeutet Erotik, physische, emotionale oder intellektuelle Freude mit anderen teilen zu können und die eigene Fähigkeit zur Freude zu unterstreichen.

„Genauso wie mein Körper sich nach einer Musik streckt und sich im Hören auf ihre innersten Rhythmen zu einer Antwort öffnet, öffnet sich jede Ebene meines Fühlens der erotisch befriedigenden Erfahrung – ob ich tanze oder ein Bücherregal baue, ein Gedicht schreibe oder einer Idee nachgehe."[27]

Als Schwarze lesbische Feministin erkennt sie, daß „diese erotische Spannung nur schwer von Frauen geteilt wird, die weiterhin einer ausschließlich europäisch-amerikanischen männlichen Tradition unterstehen". Auffällig an Lordes Beitrag ist, daß sie nicht zuläßt, das, was gemeinhin unter dem „Sexuellen" verstanden wird, vom Rest des Lebens zu trennen, sondern es als einen Aspekt des Erotischen einbeziehen will. Kaum nötig zu sagen, daß ein solches Konzept von der Philosophie, die der neuen lesbischen Sexindustrie zugrundeliegt, weit entfernt ist.

Als Lorde um einen Beitrag zur Anthologie *Against Sadomasochism* gebeten wurde, nahm sie denn auch kein Blatt vor den Mund.

„Sadomasochismus ist die institutionalisierte Feier dominant/untergeordneter Beziehungen. Und er macht uns bereit, entweder Unterordnung zu akzeptieren oder Dominanz geltend zu machen. Zu bejahen, daß die Ausübung von Macht über Machtlosigkeit erotisch ist, und sei es auch nur im Spiel, heißt die Bühne bereiten, auf der diese Beziehung politisch, sozial und ökonomisch fortgesetzt wird. Sadomasochismus nährt den Glauben, daß Herrschaft unausweichlich ist."

Lorde betont ausdrücklich, wie die Art, in der wir uns sexuell darstellen, mit unserem Leben als Lesben verbunden ist. Sie glaubt nicht, daß Sadomasochismus auf das Schlafzimmer beschränkt ist, sondern „das Wesen und die Wirkung meiner erotischen Beziehungen mein Leben und mein Sein durchdringen".

Für Lesben, die überzeugt sind, daß ihr sexuelles Tun mit der Ganzheit ihres Lebens und ihrer Politik verbunden ist, stellt sich die Frage, wie es weitergeht. Es gibt Lesben, die beschlossen haben, auf Sexualität ganz und gar zu verzichten, weil Dominanz und Unterwerfung zu tief in unser Gefühl eingegraben seien, als daß sie verändert werden könnten. Eine US-amerikanische Gruppe, zu der lesbische und heterosexuelle Frauen gehören, hat diesen Weg beschritten und schlägt drei Schritte vor: „Radikale Enthaltsamkeit zusammen mit dekonstruktivem Lesbianismus und sexuellem Widerstand (in der Heterosexualität) sind für Frauen unter männlicher Herrschaft die einzigen praktikablen Wahlmöglichkeiten." Unter „dekonstruktivem Lesbianismus" verstehen sie eine „politische Übergangslösung".

„Sie versucht die Muster von Dominanz und Unterwerfung zu entflechten, die sich in jeder von uns als Sexualität verkörpern. Auf allgemeinster Ebene heißt dekonstruktiver Lesbianismus, daß wir sind, was wir als Lesben sind, nur ohne Sex."[28]

In *Anticlimax* habe ich eine andere Taktik vorgeschlagen, die bewußte Konstruktion des „homosexuellen Begehrens". „Homosexuelles Begehren" habe ich als erotisierte Gleichheit der Macht definiert, die sich in lesbischen, schwulen oder heterosexuellen Beziehungen zeigen kann, und „heterosexuelles Begehren" als den erotisierten Unterschied, die Ungleichgewichtigkeit der Macht, die aus dem sexuellen System des Heteropatriarchats herrührt. Es mag gut sein, daß eine Lesbe, die unter männlicher Macht aufgewachsen ist, niemals ganz wissen kann, wie eine auf Gleichheit aufgebaute Sexualität wirklich aussieht. Aber ich denke, daß Sexualität zu transformieren und homosexuelles Begehren zu entwickeln, indem wir die Bereiche unserer sexuellen Erfahrungen unterstreichen, in denen wir uns gut fühlen, und die einschränken, die mit unserer Vision von einer lesbisch sexuellen Zukunft im Konflikt stehen, den Kampf wert ist. In einer sexuellen Zukunft, die mit unserem Projekt, die Welt zu verändern, übereinstimmt, wird unsere Sexualität Teil unserer Liebe und Achtung für uns und andere Frauen.

Lesbische Freundschaft ist für die Errichtung einer lesbischen Gemeinschaft und die Realisierung einer lesbischen Vision die zentrale Frage. In den siebziger Jahren, als Feministinnen in der Liebe zu Frauen die Basis unserer Politik sahen, ist nicht definiert worden, wie diese Liebe funktioniert. Die Ereignisse und Umwälzungen der Achtziger haben lesbische Freundschaften zerstört. Politische Organisation wurde schwieriger, Lesben zogen sich in die Sicherheit ihres Heims oder intimer Netzwerke zurück, Freundschaft und Liebe zu Frauen mußten neu durchdacht werden. Janice Raymond hat dies in ihrem Buch *Frauenfreundschaft* getan, motiviert durch ihren Glauben an die fundamentale Bedeutung der

„Gynaffection" für den feministischen Kampf und aus tiefer Sorge über das Zerbrechen lesbischer Freundschaften an den Kontroversen dieser Jahre. „Die Arbeit für Frauen ist ein Akt tiefer Freundschaft zu Frauen. Es macht Freundschaft politisch."[29] Sie versucht zu verstehen, warum Frauenfreundschaft sich als so viel schwieriger herausgestellt hat, als feministischer Optimismus angenommen hatte. Eines der, wie sie sagt, „entsetzlichsten Hindernisse" ist die Unterdrückung, in der Frauen leben, „Gewalt, Unterordnung und Greuel".

„Eine der zerstörerischsten Konsequenzen dieses Zustands ist, daß er Frauen für sich selbst und für andere nicht liebenswert macht. Wenn eine Frau ihre Schwester entmenschlicht und brutalisiert sieht, in der Geschichte, in ihrem eigenen Leben, in fast allen Kulturen; wenn eine Frau die endlosen Variationen von Mißbrauch und Brutalität sieht; wenn eine Frau dies alles anschaulich um sich herum ausgemalt sieht, wird Frauenfreundschaft aus dem Gedächtnis getilgt, und Frauen werden von anderen Frauen nicht berührt. Pornographie, Inzest und Leihmutterschaft (unter anderem) verstärken die Entfremdung der Frauen voneinander. Gewalt gegen Frauen ist nicht nur das Zentrum der Unterdrückung der Frauen. Es ist das Zentrum für die fehlende Frauenfreundschaft."[30]

Das bringt uns zurück zu Fragen, die im Lauf dieses Buchs aufgetaucht sind. Um zu begreifen, was mit vielen Lesben gegenwärtig geschieht, wie sie sich selbst und andere behandeln, müssen wir genau verstehen, wie tief unsere Unterdrückung als Frauen und als Lesben unser Leben beeinflußt. Manche Lesben wollen einfach glauben, daß sie freie und gleiche Bürgerinnen eines kapitalistischen Konsumparadieses voll von Wahlmöglichkeiten und Vorlieben seien. Aber Lesben sind nicht frei, und Unterdrückung adelt nicht unbedingt. Lesben tragen immer die doppelte Last der Unterdrückung, als Frauen und Lesben, und oft noch dazu die von Klasse und Rasse. Viele Lesben sind durch Mißbrauch aus ihren Familien vertrieben, viele im Heim mißbraucht worden, sie haben auf der Straße oder als Prostituierte gelebt, sie leiden an Alkohol- und Drogensucht. Und denen, die nicht an diesen vergifteten Gaben des Heteropatriarchats leiden, fehlt es an Liebe zu sich selbst und an Versöhnlichkeit für ihren Körper. Vielleicht ist es unmodern, von Unterdrückung und ihrer Wirkung auf uns zu sprechen, aber es nicht zu tun, macht es schwierig, sich vorzustellen, wie Liebe und Achtung für uns und andere Frauen aussehen könnten und wie sie sich in unserer Praxis, in Sexualität, Freundschaft und politischer Aktion auswirken würden. Eigentlich sollte klar sein, daß der Gebrauch einer anderen Frau als Prostituierte oder der sadomasochistische Mißbrauch einer anderen Frau kein Akt der Liebe oder Güte ist – aber vielen ist das nicht klar.

Lesbische Feministinnen, die über die Verletzungen urteilen, die Lesben im Namen der Sexualität sich selbst und anderen beibringen, werden beschuldigt, die lesbische Gemeinschaft zu spalten, Barrieren gegen lesbische Freundschaft zu errichten. Es ist kein Zeichen von Freundschaft, beim Mißbrauch von Frauen zu schweigen, ob nun Frauen oder Männer den Mißbrauch verüben. „Welche Eintracht", fragt Janice Raymond, „läßt sich auf dem Unwillen aufbauen, darüber zu urteilen, was Pornographie ist, über Sadomasochismus, über Inzest?" Das Bedürfnis, die Sicherheit in der lesbischen Gemeinschaft dadurch zu erhalten, daß die Standards, was für Frauen gut ist, für die Taten von Lesben anders ausgelegt werden als für die Taten von Männern, hat zu einer lesbischen Gemeinschaft geführt, in der viele Lesben sich nicht mehr sicher fühlen.

Zusammenfassend schlage ich die Notwendigkeit einer strikteren Separation vor. Diese striktere Separation sollte intellektuell und ethisch sein. Lesbische Räume zu errichten, ist nicht genug, wenn wir nicht fortfahren, alle Kraft in die Entwicklung einer lesbischen Perspektive und Ethik zu werfen, die lesbische Gemeinschaft, lesbische Freundschaft und lesbische Sexualität erst möglich machen. Bevor vom Postmodernismus angesteckte Leserinnen annehmen, dieser Gebrauch des Worts „lesbisch" zeuge von Essentialismus, muß gesagt werden, daß, wenn lesbische Feministinnen von „lesbisch" sprechen, sie von etwas reden, das Lesben ganz bewußt als politischen Akt und nicht als natürliches „Wesen" verstehen. Attacken postmoderner Lesben und Schwuler auf lesbisch feministische Theorie unter Bezug auf männliche Autoritäten wie Foucault und Derrida sollten als entweder absichtliches Mißverstehen oder aber als ganz bewußte Versuche verstanden werden, den Aufbau einer alternativen lesbischen Vision zu stören.

Lesbische Philosophinnen und die Philosophin in jeder Lesbe arbeiten mit großer Energie an diesem anderen Blick. Es erfordert – und wird auch in Zukunft erfordern – separate lesbische Organisierung, zumindest eine separate lesbische Basis, separate lesbische Räume, Zentren, Archive, Galerien, Verlage. Die Spannung, die gegenwärtig in der lesbischen Gemeinschaft herrscht, stammt aus dem Konflikt zwischen Separation und Assimilation. Die, die eine lesbische Kultur schaffen wollen, stehen gegen die, die in der Kultur schwuler Männer verschwinden wollen. Auch wenn es scheint, als sei Assimilation gerade auf dem Vormarsch, sollten wir nicht vergessen, daß es immer noch Tausende spezifisch lesbischer Projekte gibt, die den Kern und die Stärke der lesbischen Gemeinschaft darstellen. Wenn die politischen Gezeiten, wie es jetzt den Anschein hat, in eine Richtung schwingen, in der sozialer Wandel wieder möglich ist, und eine neue Generation von Lesben der faden Kost müde ist, die ihnen als lesbische Kultur angeboten wurde, dann wird von diesen separatistischen Räumen etwas Neues ausgehen. Dies Neue wird sicherstellen, daß Lesben sich nicht in die verschlissenen dominant/submissiven Klischees des Heteropatriarchats kleiden müssen, sondern Lesbianismus ketzerisch bleiben wird, bis die Welt der lesbisch feministischen Vision entspricht.

Anmerkungen

1   Susan Leigh Star, Interview mit Audre Lord, in: Robin Ruth Linden et al. (Hg.), *Against Sadomasochism. A Radical feminist Anlysis*, Palo Alto 1982, S. 70.
2   Catharine A. MacKinnon, „Liberalism and the Death of Feminism", in: D. Leidholt und J. Raymond (Hg.), *The Sexual Liberals and the Attack on Feminism*, a.a.O., S. 9.
3   Janice G. Raymond, „Putting the Politics Back into Lesbianism", in: *Journal of Australian Lesbian Feminist Studies* 1, 2, 1991, S. 13.
4   Julia Penelope, „The Lesbian Perspective" in: Jeffner Allen (Hg.), *Lesbian Philosophies and Cultures*, New York 1990, S. 100.
5   Bonnie Zimmerman, *The Safe Sea of Women. Lesbian Fiction 1969– 1989*, Boston 1990, S. 159.
6   ebd., S. 208.
7   ebd., S. 222.
8   Lillian Faderman, *Odd Girls and Twilight Lovers*, a.a.O., S. 218.
9   ebd., S. 231.
10 Marilyn Frye, *The Politics of Reality: Essays in Feminist Theory*, New York 1983, S. 96.
11 Susan Hawthorne, „In Defence of Separatism", in: Sneja Gunew, *A Reader in Feminist Knowledge*, London/New York 1991, S. 312.

12 Marilyn Frye, a.a.O., S. 107.
13 Anna Lee, „For the Love of Separatism", in: Jeffner Allen, a.a.O., S. 153.
14 Monique Wittig, *The Straight Mind and Other Essays*, Boston 1992, S. 25.
15 Julia Penelope, „The Lesbian Perspective", in: Jeffner Allen, a.a.O., S. 103.
16 ebd., S. 106.
17 Janice Raymond, *Frauenfreundschaft. Philosophie der Zuneigung*, München 1986, S. 272.
18 ebd., S. 275.
19 Sarah Lucia Hoagland, *Die Revolution der Moral. Neue lesbisch-feministische Perspektiven*, Berlin 1991, S. 15.
20 ebd., S. 20.
21 Judith Barrington (Hg.), *An Intimate Wilderness. Lesbian Writers on Sexuality*, Portland 1991, S. V.
22 Sarah Lucia Hoagland, „Desire and Political Perception", in: Judith Barrington, a.a.O., S. 166.
23 Marilyn Frye, „Lesbian ‚Sex'", in: Jeffner Allen, a.a.O., S. 305.
24 ebd., S. 307 f.
25 ebd., S. 313.
26 Audre Lorde, „Vom Nutzen der Erotik. Erotik als Macht", in: Dagmar Schultz (Hg.), *Macht und Sinnlichkeit. Ausgewählte Texte von Adrienne Rich und Audre Lord*, Berlin 1983, S. 189.
27 ebd., S. 190 f..
28 A Southern Women's Writing Collective, „Sex Resistance in Heterosexuel Arrangements", in: Leidholdt und Raymonds (Hg.) The Sexual Liberals and the Attack on Feminism, a.a.O., S. 145.
29 Janice G. Raymond, „Not a Sentimental Journey: Women's Friendships", in: Leidholdt und Raymond, a.a.O., S. 225.
30 ebd.

SADOMASOCHISMUS
Der erotische Kult des Faschismus

Dieser Text entstand in den achtziger Jahren, als ich in London in der Gruppe „Lesbian Against Sadomasochism" mitarbeitete. Lesbische Feministinnen in Großbritannien hatten zwar das Aufkommen lesbischen Sadomasochismus in den USA registriert, aber es gab keine Gruppe zu diesem Thema, bis das neue „Lesbian and Gay Centre" SadomasochistInnen erlaubte, sich in seinen Räumen zu treffen. Die Ereignisse dieser Zeit sind in Kapitel 7 beschrieben. Der Text wurde für die Diskussion in der Gruppe geschrieben. Er ist eine persönliche Meinung und nicht Ausdruck der Gruppenpolitik. 1986 wurde er in den USA in *Lesbian Ethics* veröffentlicht.

Die Verbindungen zwischen Sadomasochismus und Faschismus fielen mir zum erstenmal auf, als ich 1981 in Amsterdam am Frauenfestival teilnahm. Ein wichtiges, wenn nicht das Hauptthema des Festivals war Sadomasochismus. Frauen führten S/M-Szenarien vor, z.B. peitschte eine Frau-zu-Mann-Transsexuelle eine Frau, beide trugen fetischistisch „feminine" Kleider und schwarzes Leder. Viele Frauen auf dem Festival trugen schwarzes Leder; einige wurden an Halsbändern und Leinen von anderen Frauen umhergeführt. Die S/M befürwortenden Workshops argumentierten von der Basis persönlicher Freiheit für sexuelle Minderheiten aus. Die Befürworterinnen erklärten S/M zu einer grundsätzlich privaten Geschichte, allerdings sollten S/M Praktizierende sich offen dazu erklären, weil Vorurteile und Diskriminierung ihrer sexuellen Präferenzen sie unterdrückten.

In der Woche, in der das Festival stattfand, wurde in Amsterdam zum erstenmal nach dem Krieg ein Faschist ins Parlament gewählt. An dem Wochenende gab es Straßenschlachten, bei denen Faschisten ImmigrantInnen verprügelten; mit Hilfe einer Telefonkette wurden Antifaschisten in die verschiedenen Stadtteile geschickt, um der rassistischen Gewalt Einhalt zu gebieten. Die Amsterdamer Feministinnen, die mir von der Gewalt und dem Wahlerfolg berichteten, sahen zwischen dem Anwachsen des Faschismus und der Befürwortung von S/M als sexueller Praxis keinen Zusammenhang. Für sie war S/M schlicht eine persönliche Sache. Ich war nicht überzeugt. Das Gebäude, in dem das Festival stattfand, lag in derselben Straße wie eine der wichtigsten Amsterdamer Polizeiwachen. An der Fassade des Festivalgebäudes, genau gegenüber der Polizeistation, hing das riesige Plakat einer von Kopf bis Fuß nackten Frau mit auf dem Rücken gefesselten Händen. Die Sklavin symbolisierte nicht Widerstand für mich. Es schien, als hätten S/M, die Polizei, eine sich ausdehnende faschistische Bedrohung, die Halbwüchsigen, die mit Steinen nach mir und meiner Geliebten warfen, weil wir eine Straße weiter Hand in Hand gingen, vieles gemeinsam. Wo lag der Zusammenhang?

Berlin in den dreißiger Jahren
Es gibt ein historisches Beispiel über die Verbindung zwischen S/M und Faschismus, das wir zu unserem eigenen Schaden bisher übersehen haben. Vor der Machtübernahme der Nazis 1933 in Deutschland war S/M vor allem unter schwulen Männern eine immer beliebter werdende sexuelle Praxis. Christopher Isherwood, ein schwuler britischer Schriftsteller, der damals in Berlin lebte, hat Aufzeichnungen über das Liebäugeln mit S/M nicht nur unter Schwulen, sondern ebenso unter arbeitslosen Jugendlichen hinterlassen. In *Down There on a Visit* geht Isherwood bei der Beschreibung eines jungen Deutschen den Verbindungen zwischen S/M und dem Anwachsen des Faschismus nach.

„Ich bin sicher, daß Waldemar instinktiv eine Beziehung zwischen den ‚grausamen‘ Damen in Stiefeln, die vor dem Kaufhaus des Westens ihrem Gewerbe nachgehen, und den jungen Schlägern in Nazi-Uniformen, die heutzutage dort die Juden herumstoßen, empfand. Wenn eine der gestiefelten Damen einen vielversprechenden Kunden erspähte, griff sie ihn, zerrte ihn in ein Taxi und schleppte ihn ab, um ihn auszupeitschen. Machten die SA-Jungs nicht genau das Gleiche mit *ihren* Kunden – nur daß das Auspeitschen nun tödlicher Ernst war? War nicht die eine Form die Probe für die andere?"[1]

In Martin Shermans Theaterstück *Bent* ist S/M ein wichtiges Thema. Das Stück beginnt damit, daß Max, die Hauptperson, einen jungen

Mann in Lederkleidung aufgegriffen und für einen Dreier mit seinem Lover mit nach Hause genommen hat. Es ist der Morgen danach, Gestapoleute, die den jungen Mann verfolgen, dringen ein und schneiden ihm die Kehle durch. Wir schreiben das Jahr 1934. Max und sein Lover sind von da an auf der Flucht. Der Lover wird getötet, Max landet im Konzentrationslager. In der bewegendsten Szene des Stücks lieben sich Max und ein Mitgefangener, der im Lager ist, weil er eine Petition zur Aufhebung der deutschen Antihomosexuellengesetze unterschrieben hat, ausschließlich mit Worten, während sie unter schwerer Bewachung Felsbrocken schleppen. Max kann sich Liebe machen ohne Schmerzen nicht vorstellen und baut in seine Phantasie schmerzhaftes Brustwarzenbeißen ein. Horst widerspricht.

> *„Horst:* Du willst mir weh tun. Du machst mich heiß, und dann tust du mir weh. Ich leide genug. Ich brauche nicht noch mehr Schmerz. Warum kannst du nicht sanft sein?
>
> *Max:* Ich bin es.
>
> *Horst:* Nein, das bist du nicht. Du bist wie sie. Du bist wie die Aufseher. Du bist wie die Gestapo. Wir haben aufgehört, sanft zu sein. Ich habe es gesehen, als wir noch draußen waren. Die Leute tun sich weh und nennen es Liebe. So will ich nicht sein. Liebe sollte nicht weh tun."[2]

Das Stück stellt eine Verbindung zwischen Max' Sadomasochismus und seiner Unfähigkeit, seine Homosexualität zu akzeptieren, her. Es endet damit, daß Horst getötet wird und Max seine Liebe zu Horst demonstriert, indem er dessen rosa Winkel ansteckt und in den elektrischen Zaun geht.

Das Tragische an den S/M-Spielen im Berlin der dreißiger Jahre war, daß die Szenarien, die die schwulen Männer zu ihrem sexuellen Vergnügen aufführten, nur die größere Gewalt vorwegnahmen, die ihnen von faschistischen Schlägern widerfuhr, als sie in Konzentrationslagern interniert wurden. Die Erfahrungen männlicher Schwuler in den KZs sind in Heinz Hegers Bericht über *Die Männer mit dem rosa Winkel* eindrücklich beschrieben.

Die sadomasochistische Praxis kommt aus der wenig geheimnisvollen Geschichte unserer sehr realen Unterdrückung. S/M-Szenarien wiederholen die Folter schwuler Männer durch die Faschisten genauso wie die Folter der Schwarzen durch Weiße, der Juden durch die Nazis, Frauen durch Männer, Sklaven durch Sklavenhalter. S/M-Praxia kann als rituelle Inszenierung gesehen werden. Da es ziemlich unwahrscheinlich ist, daß schwule S/Ms tatsächlich in einer Weise gefoltert werden wollen, die vollkommen außer ihrer Kontrolle ist, ist es denkbar, daß diese Praxis die Rolle von Knoblauch bei der Teufelsaustreibung spielt oder die vorsichtige Vorwegnahme des Schlimmsten ist, das passieren könnte, um sich versuchsweise daran zu gewöhnen.

Faschistisches Milieu
S/M-Praktizierende reden in der Regel sehr offen über ihren Gebrauch von faschistischen und Nazi-Symbolen und Kostümen, z.B. SS-Mützen aus schwarzem Leder, Hakenkreuze, SS-ähnliche Lederuniformen und Militärmäntel. Pat Califia, führende S/M-Theoretikerin der USA (1982 erlangte sie eine gewisse Negativpublizität, weil sie einer Frau gegen deren Willen ein Hakenkreuz ins Fleisch geritzt hatte) erklärt dazu:

> „Eine S/M-Szene kann sich zwischen Wärter und Gefangenem, Polizist und Verdächtigem, Nazi und Juden, Weißem und Schwarzem, Hetero- und Homomann, Elternteil und Kind, Priester und Büßer, Lehrer und Schüler, Hure und Kunden usw. abspielen. Wie auch immer, kein Symbol hat nur eine Bedeutung. Es bezieht seine Bedeutung aus dem Kontext, in dem es benutzt wird. Nicht alle, die Hakenkreuze tragen, sind Nazis, nicht jeder mit Handschellen am Gürtel ist ein Bulle, und nicht alle, die sich als Nonne verkleiden, sind katholisch. S/M ist eher eine Parodie auf die verborgene sexuelle Natur des Faschismus, als daß es ihn feiert oder hinnimmt. Wie viele wirkliche Nazis, Bullen, Priester oder Lehrer würden an einer abartigen Sexualszene teilnehmen?"[3]

Die Antwort auf Califias naive Frage ist selbstverständlich: eine ganze Menge. Mindestens ein Mitglied der Londoner lesbischen S/M-Gruppe wurde in der Öffentlichkeit mit SS-Mütze und Hakenkreuz gesehen. Sie wurde zur Rede gestellt, weil diese Symbole für viele Frauen aggressiv sind, und drohte mit Gewaltanwendung, falls solche Kritik sich wiederholen würde.

Anfang 1984 besuchten schwule Skinheads eine gemischt schwule Disco am Kings Cross. Einer salutierte mit dem Hitlergruß und fuhr dabei direkt und absichtlich einem schwarzen Schwulen ins Gesicht, drei andere folgten einem behinderten schwarzen Schwulen auf die Toilette und bedrohten ihn. Ein weißer Schwuler zog den Stecker aus der Stereoanlage, um den Vorfall diskutieren zu können und etwas dagegen zu unternehmen. Er wurde hinausgeworfen und aus der Disko ausgeschlossen, die immerhin Teil der alternativen, politischen oder zumindest nicht-kommerziellen Schwulenszene war. Die Skinheads waren regelmäßige Besucher. Das Kollektiv und einige andere Diskokollektive mußten eine Art Kleiderordnung einführen: keine Hakenkreuze oder T-Shirts, auf denen „Hitlers Europatour" stand, die schwarze Lederkluft blieb.

Aber, würden S/M-Befürworterinnen sagen, wir tragen Nazi-Insignien zum Spaß und wollen mit aggressivem Verhalten nichts zu tun haben. Das mag ja sein, aber woran sollen andere Schwule das erkennen? Ob die Hakenkreuze Spaß oder Ernst sind, die Angst zumindest ist real. Wo Hakenkreuze im Spiel sind, ist der Spaß der einen Frau der Schrecken der anderen. Faschisten ziehen aus Hakenkreuzen exakt den gleichen „Spaß" wie Sadomasochistinnen: Macht aufgrund der Angst und Verzweiflung anderer. Eine der Gefahren, die aus dem Tolerieren von Nazi-Emblemen in der Schwulenszene unter dem Deckmantel von „Spaß", sexueller Praxis oder Mode herrührt, ist die Paralysierung unseres Willens oder unserer Fähigkeit, im Angesicht faschistischer Gewalt zu handeln. Heute ist es genauso wichtig, dem Nazi-Treiben ein Ende zu machen, wie es im Deutschland der zwanziger und dreißiger Jahre war. Damals wurden wirkliche Antifaschisten, die die Hakenkreuze bekämpften, mit den gleichen Drohungen bedacht, die die S/M-Befürworterinnen heute ausstoßen, wenn ihr Vergnügen in Frage gestellt wird. Ist Nazisein eine Frage der Mode? Ist es das, was seinen Reiz für Künstler- und Avantgardezirkel ausmacht?

Der Sadismus des deutschen Faschismus

Einer der Begriffe, der Londoner Feministinnen entgegengeschleudert wurde, als sie sich trafen, um gegen die Befürwortung von S/M etwas zu unternehmen, war „Faschistinnen". Den lesbischen Feministinnen wurde entgegengehalten, sie seien „wie die Nationale Front", weil sie gewagt hatten, das Treffen überhaupt einzuberufen. Diese Angriffslinie, die in die gegenwärtige Linie sexueller Libertinistinnen paßt, die Feministinnen als Rechte bezeichnen, beruht auf der Annahme, faschistische Politik sei gegen S/M. In Wirklichkeit ist das Gegenteil der Fall, und die Anschuldigung ist ein schönes Beispiel für das, was Mary Daly „patriarchale Umkehrung" nennt.

In einem erhellenden Artikel, „Where Pornography Meets Fascism", beschreibt Dorchen Leidholdt von der New Yorker Gruppe „Women Against Pornography", bis zu welchem Grad erotischer Sadomasochismus eine der Hauptstützen faschistischer Ideologie und Praxis war.

„Hitler machte die Peitsche zu seinem persönlichen Symbol, und wenn er sich aufregte, schlug er sich damit gegen die Beine. Großes Vergnügen machte es ihm, Nietzsche zu zitieren: ‚Du gehst zu Frauen? Vergiß die Peitsche nicht!' Über Hitlers sexuelle Reaktion auf Frauen sagt vielleicht am meisten aus, wie sehr es ihn entzückte, spärlich bekleidete Frauen ihr Leben riskieren zu sehen. In *The Psychopatic God* schreibt Waites: ‚Besonders gern sah er im Zirkus hübsche Frauen am Trapez oder auf dem Hochseil... Tierdressuren interessierten ihn nicht besonders, es sei denn, hübsche Frauen waren daran beteiligt. Dann war er begeistert, sein Gesicht knallrot, und sein Atem kam in schnellen pfeifenden Stößen.' Hitlers Sadismus gegenüber Frauen hatte möglicherweise mit seinen Mißerfolgen in Liebesdingen zu tun. Von den sechs Frauen, mit denen er in seinem Leben eine Beziehung hatte, begingen fünf Selbstmord oder versuchten es. Sadomasochismus charakterisierte auch Hitlers Interaktionen mit direkten Untergebenen – ‚Immer wenn ich ihn sehe', schwärmte Göring, ‚rutscht mir das Herz in die Hose' – wie mit dem deutschen Volk als Ganzem. Erich Fromm hat ausgeführt, daß Hitlers sadomasochistische Orientierung sich mit der sadomasochistischen Neigung der deutschen Massen traf, ihrem Wunsch, von einem starken Führer beherrscht zu werden und andere zu beherrschen. Hitler war sich der Zeit und der Menschen, über die er herrschte, nur zu bewußt. In einer Ansprache an deutsche Offiziersanwärter erklärte er 1942: ‚Warum über Brutalität schwatzen und sich aufregen über Folter? Die Massen wollen das. Sie brauchen etwas, das ihnen den Schauder des Terrors verschafft.'"[4]

Leidholdt scheint sagen zu wollen, daß die Deutschen einen besonderen Hang zum Sadomasochismus hatten. Der Augenschein beweist, daß jede Männerherrschaft vom selben Hang durchtränkt ist. Ihre Bemerkungen zwingen uns aber, das ganze Ausmaß wahrzunehmen, bis zu dem die Erscheinungsformen des Faschismus und Rassismus von Erotizismus durchdrungen sind. Sie zitiert Jacobo Timerman, einen argentinischen Juden, der von Rechten gefoltert wurde und den erotischen und sadistischen Charakter des argentinischen Antisemitismus mit den Worten beschrieben hat: „Judenhaß war instinktiv, explosiv, ein übernatürlicher Blitz, eine innere Erregung, das Gefühl, jemandes ganzes Wesen sei dem Haß hingegeben."[5]

Auf geheimnisvolle Weise ist alles, das mit Sexualität in Beziehung steht, in dieser Gesellschaft vom Politischen abgetrennt worden, auch von denen, die sich sozialistisch und radikal nennen. Um Sexualität zu einer privaten Enklave individueller Lust machen zu können, wurde sie als irgendwie von den Einflüssen des Sexismus, Rassismus, jeder Unterdrückung in der Welt außerhalb des Schlafzimmers unberührt betrachtet und als habe sie umgekehrt auch keinen Einfluß auf oder irgendeine Bedeutung für diese Welt. Tatsächlich aber spielt Sexualität eine große Rolle, sie schürt und reguliert die Unterdrückung der Frauen und rassistische Unterdrückung. Sexualität ist weder unberührt noch hat sie etwas, das sie von politischer Kritik freistellen könnte.

Die S/M-Befürworterinnen nennen ihre feministischen Gegnerinnen faschistisch, um uns zuvorzukommen, uns zum Schweigen zu bringen, uns daran zu hindern, die Verbindungen zwischen S/M und Faschismus aufzuzeigen. Sie schreien „Faschistinnen", damit wir sie nicht des Faschismus anklagen.

Sind S/M-Befürworterinnen faschistisch? Möglicherweise sind sie nicht Mitglieder in faschistischen Organisationen und interessieren sich nur für den erotischen Aspekt des Faschismus. Ich würde sagen, daß die meisten keine Faschistinnen sind, auch wenn das Vergnügen, durch faschistische Embleme andere zu terrorisieren, dem ziemlich nahe kommt, aber sie befürworten faschistische Werte. Die Erotisierung von Dominanz und Unterwerfung, die Verherrlichung von Gewalt und der Unterdrückung von Schwulen, Juden und Frauen sind der Rohstoff des Faschismus.

Die erotischen Wurzeln des Faschismus

Worin liegt die Anziehungskraft des Faschismus? Als politisches System bietet Faschismus Kapitalisten die Möglichkeit, ihre Profite zu machen, ohne daß von der Arbeiterklasse Widerstand droht. Faschistische Gewalt und Rassismus bieten den Enttäuschten und Arbeitslosen, den Jungen und Entfremdeten einen Sündenbock für ihre Probleme und eine Ersatzform von „Erfüllung" und Erregung: Massenversammlungen, das Gefühl von Macht (Schlägereien), nationalistischen Stolz und eine Pseudo-Selbstachtung, die darauf beruht, daß sie, wenn sie weiß, männlich und nicht-jüdisch sind, zumindest anderen „Rassen" und Frauen überlegen sind. Zweifellos gibt es aber noch andere Mechanismen, die den Faschismus Halt gewinnen lassen. Den erotischen Wurzeln des Faschismus ist bisher wenig Aufmerksamkeit geschenkt worden, vielleicht weil das bedeuten würde, unsere eigene Sexualität genauer beurteilen zu müssen.

Um die erotischen Wurzeln des Faschismus zu verstehen, ist eine komplexere Analyse notwendig als die vereinfachende Version, die die männliche Linke im allgemeinen anbietet. Die Annahme, Faschismus sei ein Übel, das voll ausgebildet irgendwo in der Außenwelt vorhanden und leicht zu erkennen ist, plötzlich hervortritt, sich selbst Faschismus nennt und offen angegangen werden kann. Das war, denke ich, der Irrtum bei vielen antifaschistischen Aktionen der siebziger Jahre. Die Anti-Nazi-Liga stellte sich erfolgreich den offen faschistischen Organisationen entgegen. Wenn aber, wie zur Zeit, diese Organisationen dahindämmern, weil die Tory-Regierung ihnen einen Teil ihrer Arbeit abnimmt, glauben Linke, das Tragen von Hakenkreuzen bei Leuten, die nicht Mitglied dieser Organisationen sind, als Kleinigkeit abtun zu können. Aber Faschismus fällt nicht als voll ausgebildete faschistische Formation vom Himmel. Faschistische Parteien brauchen Unterstützung, zumindest aber Duldung, um erfolgreich zu sein. Parteimitglieder werden nicht als Faschisten geboren, manchmal waren sie vorher Sozialisten. Oswald Mosley ist das bekannteste Beispiel in Großbritannien. Die von Isherwood beschriebenen jungen Männer, die heute in der Nazipartei und morgen bei den Kommunisten sind, angelockt von den Möglichkeiten, Gewalt auszuüben und persönliche Macht zu spüren, sind ein anderes.

In den späten sechziger, frühen siebziger Jahren wurde in der Linken viel über die psychischen und emotionalen Wurzeln des Faschismus bei allen, die in einer männerdominierten Gesellschaft leben, gesprochen. Wilhelm Reich war Pflichtlektüre. Lange Abhandlungen über die Entstehung der autoritären Persönlichkeit innerhalb der patriarchalen Familie, über das Bedürfnis nach ganz anderen Lebensstrukturen, die die Attraktivität der Führerfigur reduzierten, wurden verfaßt. Die Analyse war unvollständig, denn der Unterdrückung der Frauen wurde wenig Aufmerksamkeit geschenkt, außer dem schlichten Glauben, die Abschaffung der Kleinfamilie würde die Probleme der Frauen beseitigen. Aber immerhin gab es die Überzeugung, daß die emotionalen Wurzeln des Faschismus in uns durch die Familienstrukturen, in die wir hineingeboren werden, und die Autoritäten, denen wir als Kinder und Heranwachsende ausgesetzt sind, entwickelt werden. Das war eine ganz wichtige Erkenntnis, die im Feminismus und Teilen der Linken heute noch in neuen Anschauungen über Kindererziehung und politische Organisation nachwirkt. Aber die Überzeugung, das Persönliche sei politisch, die am Anfang der Frauenbewegung stand, scheint heute zunehmend unpopulär. Ich bin sicher – vielleicht ist das Wunschdenken –, daß 1971 mehr Klarheit darüber bestand, was es heißt, Hakenkreuze zu tragen.

Die erotischen Wurzeln des Faschismus liegen in der Art, wie unter Männerherrschaft in den Individuen Sexualität strukturiert wird. Die männliche Vorherrschaft läßt uns Sexualität als ungeheuer machtvolle und fast unkontrollierbare Kraft erfahren, deshalb hat der erotische Aspekt im Faschismus große Bedeutung. Wir lernen nicht, uns sexuell in einer Welt gleicher, liebender Beziehungen auszudrücken; Frauen und Männer werden in das heterosexuelle System männlicher Dominanz und weiblicher Unterwerfung hineingeboren. Das gilt grundsätzlich, ob wir nun ausbrechen oder nicht. Kindliche (Mädchen-)Sexualität entwickelt sich in Interaktion mit aggressiven Jungen, die den Mädchen die Schlüpfer herunterziehen, und erwachsenen Männern, die sexuell mißbrauchen und ausbeuten. Die Muster für weibliche Sexualität sind Passivität und Unterwerfung. Wir lernen, auf aggressive männliche Annäherungen mit sexueller Fügsamkeit zu antworten. Lesben lernen die richtige Antwort schwerer, trotzdem entkommen auch wir der sadomasochistischen Konstruktion weiblicher Sexualität nicht unbeschädigt. Wo wir unter Unterdrückung leben und es praktisch kein Entkommen in Richtung gleichwertiger Beziehungen, in denen wir sexuell initiativ werden können, gibt, bleibt uns nichts anderes als aus Unterdrückung Befriedigung zu ziehen. Die häufigste Antwort ist die Erotisierung unserer Machtlosigkeit in Masochismus. Einige Frauen, denen das zu „weibisch" ist, erotisieren die Erniedrigung von Frauen in Sadismus – in einer frauenhassenden Kultur gibt es dafür genügend Vorbilder.

Lesben und schwule Männer, die besondere Unterdrückung erfahren, können daraus eine Sexualität der Gewalt entwickeln. Heterosexismus und Anti-Lesbianismus führen dazu, daß wir oft im Haß auf uns selbst und besonders auf unsere Sexualität aufwachsen. Es ist schwer, eine Sexualität zu entwickeln, die positiv, gleichwertig und frei von S/M-Beigeschmack ist. Einige Lesben und schwule Männer kennen keine andere Sexualität als die sadomasochistischer Phantasien, die ihre Praxis beeinflussen, auch wenn sie peinlich darauf bedacht sind, das S/M-Ritual nicht auszuagieren. Jeden Angriff auf Sadomasochismus empfinden sie als ernste Bedrohung. Sie glauben, sie hätten überhaupt keine Sexualität mehr, wenn sie die aufgeben müßten, die auf Unterdrückung beruht. Aber in unserer Erkenntnis, daß Sexualität konstruiert und nicht angeboren ist, steckt auch Hoffnung. Wir können *re*konstruieren. Einige Lesben und Schwule erleben Augenblicke ungewöhnlicher sexueller Intensität und Freude ohne Dominanz- und Unterwerfungsphantasien. In uns allen liegt die Möglichkeit der Veränderung. Wir können versuchen, statt der negativen S/M-Sexualität positive Sexualität zu maximieren.

Auslöser einer auf Masochismus errichteten sexuellen Antwort sind die Symbole von Macht und Autorität. Besonders machtvolle Symbole sind die, die Mißbrauch, Grausamkeit und Willkür repräsentieren: Die Peitsche ist ein machtvolleres Symbol als ein Präfektenabzeichen. Die faschistischen Embleme und Rituale sind für diesen Zweck geradezu perfekt. Uniformen, Märsche, Hakenkreuze, Hitlerbilder, autoritäre Reden sind erotische Auslöser. Sadisten der „National Front" stimulieren sich durch Videos von deutschen Naziaufmärschen und -paraden. Alles Zubehör des Faschismus ist dazu da, von denen, deren Sexualität unter männlicher Herrschaft und nach dem Muster des Sadomasochismus geformt wurde, eine kraftvolle erotische Antwort zu erhalten. Und das sind die meisten von uns.

Gerade das Verführerische am Nazismus betäubt die Empörung, die manche Leute sonst dagegen empfinden würden. Die Konstruktion der S/M-Sexualität ist für den Unterdrücker ein kluger Zeitvertreib. Unser Widerstand wird untergraben, wenn unsere Reaktion auf die Folter anderer oder auf militaristische Insignien erotisch ist und nicht politische Wut. Was dich anmacht, läßt sich schwerer bekämpfen. Feministinnen, die Pornographie bekämpfen, haben das längst gesehen und verstanden. Wenn die Erniedrigung von Frauen, gegen die du eigentlich angehen willst, dich antörnt, fühlst du dich selbst erniedrigt und gelähmt. Der einzige Ausweg ist, den Schmerz in Wut zu verwandeln. Wir sind nicht Schuld an der Art, wie unsere Sexualität konstruiert wird, aber wir sind verantwortlich für die Art, wie wir damit umgehen. Wir haben das Recht, wütend zu sein und unseren Schmerz umzuleiten in einen Angriff auf die Pornohändler, die Pornoverteidiger (darunter sind leider auch einige S/M-Dykes), die Pornokäufer und Pornokonsumenten. Wir müssen begreifen, daß die Bilder und Botschaften von Frauen, die zum Objekt gemacht, gefoltert, gebraucht und mißbraucht werden, uns lähmen sollen. Das dürfen wir nicht zulassen.

Mit dem Sexismus hat der Faschismus gemeinsam, daß seine Insignien und sogar seine Praxis nicht nur den Unterdrücker, sondern auch die Opfer anmachen. Edmund White, schwuler Romanautor aus den USA, interviewt in seinem Roman *States of Desire: Travels in Gay America* ein Schwulenpaar, die Polizeiuniformen tragen. Das Gespräch fand in einer Bar statt, deren Kundschaft aus als Polizisten verkleideten Schwulen und richtigen Polizeibeamten bestand. Der tragische und entwürdigende Flirt mit der Unterdrückung hat alarmierende Folgen. Einer der Schwulen, der außerhalb der Bar verhaftet wird, ist vor Entzücken über die Stiefel des verhaftenden Polizisten ganz außer sich. Ein anderer, der bei seiner Verhaftung verprügelt wird, spricht von nichts anderem als seiner Vernarrtheit in seinen Peiniger.[6]

S/M-Befürworterinnen betonen immer wieder, daß S/M „nur Phantasie" sei und in keiner Beziehung zur Wirklichkeit stünde.

Das ist eine bequeme Illusion. Was heute Ritual ist, kann morgen Realität sein. Die Werbung für S/M und seine Bilderwelt stellt sicher, daß es in Zukunft für Lesben und Schwule immer schwieriger wird, über die realen Bilder von Faschisten, Polizisten und Schlägern ausschließlich wütend und kein bißchen erotisch erregt zu sein. Die Vorstellung, daß bei einem realen faschistischen Coup der Vorbeimarsch von Panzern und Marschstiefeln und Hakenkreuzen bei der schwulen Bevölkerung einen Orgasmus hervorruft, ist für mich unerträglich.

Ist Sadomasochismus rassistisch?
S/M-Befürworterinnen in USA und Großbritannien geraten bei der Unterstellung, ihre Politik enthalte rassistische Züge, in helle Empörung. So tat Pat Califia, Doyenne der lesbischen Sadomaso-Szene in Kalifornien, eine berühmte „Top", Kritik als ungerechtfertigt ab, als der S/M-Gruppe Samois nicht erlaubt wurde, im Frauenzentrum in San Francisco Räume anzumieten. „Wir sollten uns gegen den Vorwurf wehren, wir seien Rassistinnen", sagte sie indigniert.[7] Natürlich tat sie das nicht, benannte auch nicht die Substanz der Behauptungen oder warum sie ihrer Meinung nach unberechtigt waren. Die arrogante Annahme weißer Frauen, sie stünden außer- und oberhalb der Möglichkeit rassistischen Verhaltens, würden auf jedem anderen Gebiet als der Sexualität – hoffe ich wenigstens – als rassistisch gelten.

S/M-Befürworterinnen sollten sich bewußt sein, daß die Insignien einer politischen Ideologie, die für „nicht-arische" Menschen Verfolgung und Tod bedeutete, für alle nichtweißen Schwulen eine Aggression sind. Die Reaktion der „Gay Black Group" auf das Auftauchen von Nazidevotionalien bei gemischten Schwulenveranstaltungen macht das ganz klar:
„Immer häufiger fallen uns Leute auf, die an lesbisch/schwulen Treffpunkten faschistische und Naziembleme tragen und stolz die Insignien des British Movement und der National Front zur Schau stellen. Berichte über Angriffe dieser Typen auf schwule Männer und Frauen häufen sich. Für uns ist es nicht länger akzeptabel, daß Leute, die diese anstoßerregende Kleidung tragen, mit der Ausrede entschuldigt werden, es sei eben ‚Mode'. Wir finden es widerwärtig und beunruhigend, daß die lesbisch/

schwule Gemeinschaft auf Rassismus nicht reagiert, ihn hinnimmt oder verzeiht. Die Ignoranz gegenüber den zahlreichen Angriffen faschistischer Gruppen auf Schwule, dem Mißbrauch und der Feindschaft gegen sie erstaunt uns. Wir meinen, daß in gemeinsamer Anstrengung die Saat von Rassismus und Faschismus innerhalb der lesbisch/schwulen Gemeinschaft erkannt und vernichtet werden muß... Die Gay Black Group erfährt Gewalt von Faschisten sowohl aus rassistischen Gründen wie wegen ihrer Sexualität."[8]

Alice Walker, schwarze Feministin aus den USA, hat in einem bewegenden und eigentlich nicht zu widerlegendem Artikel erklärt, inwiefern für sie S/M-Praxis rassistisch ist. Walker schreibt als Lehrerin, die ein Semester lang mit schwarzen und weißen Studentinnen herausfinden wollte, „was es für Phantasie und Gefühl heißt", Sklavin zu sein oder Herr oder Herrin. „Schwarze, weiße und Halbblut-Frauen schrieben von Gefangenschaft, Vergewaltigung, aufgezwungenen Schwangerschaften, die dazu dienten, die Sklavenställe des Masters aufzustocken. Sie schrieben von Fluchtversuchen, vom Verkauf ihrer Kinder, von Träumen von Afrika, von Selbstmordversuchen." Dann beschreibt sie die Wirkung einer TV-Show, in der zwei Samois-Frauen als Herrin und Sklavin auftraten. Der Artikel ist in fiktiver Form geschrieben und in einem Band mit Erzählungen veröffentlicht, aber das S/M-Fernsehprogramm war real.

„Stell dir daher unsere Überraschung vor, als viele von uns einen Fernsehbericht über Sadomasochismus sahen, der am Abend vor unserem letzten Unterrichtstag lief und das einzige schwarz/weiße Paar darin, Lesben, als Herrin und Sklavin auftrat. Die weiße Frau war die, die redete (sie trug einen Ring in Form eines Schlüssels und sagte, er passe in das Schloß der Kette, die die schwarze Frau um den Hals trug), und die Schwarze, die einfach nur still daneben stand und lächelte, war, wie die Weiße sagte, ihre Sklavin...

Alles, was ich meinen Studentinnen beigebracht hatte, wurde durch dieses eine Bild zerstört, und ich war wütend, als ich daran dachte, wie schwer es für sie gewesen war, sich von Klischees zu befreien, Vorurteile zu bekämpfen, sich in die Haut von versklavten Frauen zu versetzen und dann mitansehen zu müssen, wie man sich über ihren Kampf lustig machte und den wirklich versklavten Zustand von buchstäblich Millionen unserer Mütter banalisierte, nur weil zwei ignorante Frauen auf ihrem Recht bestanden, eine ‚Phantasie' öffentlich auszuleben, die noch immer Schrecken in den Herzen schwarzer Frauen erzeugt. Und Scham und Abscheu in den Herzen der meisten Frauen in meiner Klasse.

Eine weiße Studentin, die offenbar eng mit der örtlichen S/M-Lesbengruppe liiert war, meinte, sie könne nichts Anstößiges an dem finden, was wir im Fernsehen gesehen hatten. (Übrigens gab es in der Sendung auch mehrere weiße Männer, die weiße Frauen als ‚Sklavinnen' hielten und sogar behaupteten, legale Dokumente zu besitzen, die das bezeugten. Tatsache ist, daß einer der Männer seine Sklavin mit einem Pferdezaum zwischen den Zähnen in der Stadt spazieren führte und sie an andere Sadomasochisten zum Auspeitschen ‚verlieh'.) Es ist alles Phantasie, sagte sie. Niemand kommt zu Schaden. Sklaverei, richtige Sklaverei ist schließlich vorbei.

Aber sie ist nicht vorbei... Und Kathleen Barrys Buch über die sexuelle Sklaverei der Frau und Linda Lovelaces Buch darüber, eine solche Sklavin zu *sein*, sind nicht die einzigen Anzeichen dafür, daß das stimmt."[9]

Pat Califia fertigte in ihrem Beitrag zu *Coming to Power* Alice Walkers Artikel mit zwei Sätzen ab. „Beim Versuch zu beweisen, daß S/M rassistisch ist, beschreibt Walker diese Frauen als eine weiße Top und eine schwarze Bottom. In Wahrheit ist die Top in diesem Paar eine Latinalesbe."[10] Das ist die Ernsthaftigkeit, mit der die Samois-Gruppe – nach deren Vorbild die britische „S/M Dykes Support Group" organisiert ist – sich des Themas Rassismus annimmt.

Die „S/M Dykes Support Group" (die vom „English Collective of Prostitutes" und „Wages Due Lesbians" unterstützt wird, zwei der Untergruppen der Dachorganisation „Wages for Housework", Lohn für Hausarbeit, einer eindeutig antifeministischen Organisation, die sich in jedes Frauenthema einmischt, das benutzt werden könnte, um die Frauenbefreiungsbewegung zu erschüttern) kam zu einem Treffen lesbischer Feministinnen in London, die eine Kampagne gegen die Ausbreitung der S/M-Politik vorbereiten wollten. Ausgehend von der üblichen S/M-Verteidigungsliteratur, begründete eine Frau, warum S/M in Beziehungen nützlich sein kann. In Beziehungen zwischen schwarzen und weißen Frauen könnten S/M-Rituale durchgespielt werden, die die Machtunterschiede aufheben oder zumindest verständlich machen würden. Diese Frau, eine Weiße, sagte nicht, welche die Top und welche die Bottom in solchen Beziehungen sein sollte. Im eben zitierten Beispiel aus den USA war die Bottom eine schwarze Frau. Aber selbst wenn wir unterstellen, daß das nicht immer so ist, wie könnte das Ausspielen rassistischer Rituale, selbst wenn in einigen Fällen die Machtbeziehung nicht weiße Top/schwarze Bottom heißt, bei der Überwindung von Rassismus helfen? In der männlichen pornographischen Literatur ist die schwarze Frau entweder die unterwürfige Sklavin oder die Domina. S/M-Rituale verstärken nur das eine oder das andere Stereotyp.

Ist der Sadomasochismus zu retten?
In *Coming to Power* erklärt Pat Califia, Mitglieder der Samois-Gruppe hätten entdeckt, daß einige ihrer Prinzipien im Widerspruch zur S/M-Praxis standen, und das hätte in der Gruppe zu Schwierigkeiten geführt. Sie sagt nicht, welche Prinzipien das waren, und sie zeigt auch keine Sympathie für sie, aber wir dürfen vermuten, daß sie mit Dingen wie Hakenkreuzen oder Ritualen, in den schwarze Frauen die Sklavinnen sind, zusammenhängen. Es hat nicht den Anschein, als würden britische S/M-Frauen in dieser Hinsicht bisher von ihrem Gewissen besonders geplagt. Aber ist es für S/M-Ausübende überhaupt möglich, ihr Spiel zu „reinigen" und alle rassistischen Symbole herauszuschneiden? (Bisher war ihre Antwort auf Kritik, die Kritikerinnen Faschistinnen und Rassistinnen zu nennen.)

S/M-Rituale handeln von erotisierter Dominanz und Unterwerfung und dem Ausspielen der Unterdrückung. Die Szenarien Nazi und Jude oder Herrin und Sklavin könnten von zarteren Gemütern möglicherweise aus der Liste gestrichen werden. Es blieben immer noch genügend Szenarien sexueller Unterdrückung übrig: Prostitution, sexuelle Belästigung, fetischisierte Gendersterotype, bei denen eine Person als Motorradfreak, die andere in Korsett und Rüschen auftritt. Wäre das die Lösung?

Abgesehen davon, daß die Bildersprache immer noch entsetzlich sexistisch und heterosexistisch wäre – jede Erotisierung von Macht, jede Glorifizierung von Unterdrückung stärkt das Wertesystem, das die Unterdrückung aufrechterhält. Rassistische Unterdrückung beruht genau wie Sexismus auf der Vorstellung, daß Macht im Recht ist, daß Gewalt die richtige Behandlung derjenigen ist, die zur Minderwertigkeit verdammt sind, daß Ungleichheit wünschenswert und unvermeidlich ist. S/M unterstützt dies System. S/M läßt Alternativen nicht zu. Wenn wir uns einer Gesellschaft verpflichtet fühlen, in der niemand mehr Objekt von Gewalt, Diskriminierung und Ausbeutung ist, müssen wir eine Sexualität entwickeln, die diese Gesellschaft vorwegnimmt. Sonst sagen wir tatsächlich, daß Sex und die damit zusammenhängenden Emotionen mit dem Rest unseres Lebens nichts zu tun und keinerlei politische Bedeutung haben. Die zu entwickelnde Praxis müßte auf Gegenseitigkeit, Gleichheit und Fürsorglichkeit beruhen. Das ist für S/M-BefürworterInnen kein Thema. Schwule S/M-Verteidiger wie Jeffrey Weeks nennen diese Sexualität *bambi*, die Samois-Lesben sagen *vanilla* dazu. Beide Begriffe sollen Verachtung signalisieren und abschrecken. Auf Gleichwertigkeit beruhende Sexualität wird als weniger intensiv, monoton, passend für Waschlappen und Heulsusen dargestellt.

S/M-BefürworterInnen wissen, daß sie politische Kritik hervorrufen, und so haben einige eine geradezu geniale Gegenargumentation entwickelt. Vor einigen Jahren hielt ein Mitglied der inzwischen eingegangenen Schwulengruppe „Gay Left" einen Dia-Vortrag über S/M. Er zeigte Bilder von Männern in Nazi-Uniformen, die in den Rinnstein pißten und mit Handschellen gefesselte Männer zwangen, es auf den Knien aufzulecken. Neugierig geworden, fragte ich ihn, was das mit Sozialismus zu tun habe. Seine erste Antwort war, mit Sozialismus habe das nichts zu tun, es sei eben eine sexuelle Praxis. Später schob er eine Rechtfertigung nach, die einige US-amerikanische S/Mler nach ihrem Rückzug aus der Politik entwickelt hatten. S/M helfe die Machtunterschiede, die es auf der Welt nun einmal gibt, zu durchschauen und effektiver zu bekämpfen. Ein S/M-Verteidiger formuliert es kurz und bündig:

„Wahrscheinlich einer der wirkungsvollsten Wege, politische Macht zu bekämpfen und überflüssig zu machen, ist, die Impulse von Macht und Unterwerfung in sich selbst zu begreifen und sie in das politische System zu integrieren. An S/M teilzunehmen, führt dazu, das ‚Bedürfnis‘ zu unterdrücken und unterdrückt zu werden, zu manipulieren und manipuliert zu werden, sozial und politisch aufzuheben – ein weiterer Grund, warum Politreisende so heftig dagegen sind. S/M kann Teil einer totalen Rebellion gegen soziale strukturelle Gewalt sein, deshalb sind Anarchisten und Libertinisten unter S/M-Leuten überrepräsentiert."[11]

Unterdrückung scheint für diesen Mann etwas, das Menschen „brauchen" und wünschen. Aus der S/M-Perspektive, die Gewalt und Mißbrauch als etwas ansieht, das Menschen „brauchen" und freiwillig wählen, ist das eine logische Analyse. Eine ganz und gar individualistische Analyse, in der die real existierende Unterdrückung keine Rolle spielt, ein selbstbezogenes Pseudo-Argument. Wie sollte S/M-Praxis helfen, den militärisch-industriellen Komplex zu demontieren, einer Gruppe von Nazischlägern entgegenzutreten oder einer lesbischen Mutter das Sorgerecht für ihre Kinder verschaffen?

Um die strukturelle Unterdrückung zu bekämpfen, brauchen wir Selbstachtung und die Vorstellung, daß zu den Zyklen von Macht und Unterwerfung eine Alternative besteht. Nur die Erkenntnis, daß menschliches Glück, sexuell und auch sonst, keine Machtstrukturen „braucht", bringt uns weiter.

Sadomasochismus als Politik

S/M-Befürworterinnen werden von Liberalen unterstützt, weil sie persönliche Freiheit, das Recht, ihrer individuellen sexuellen Entscheidung nachzugehen, einfordern. Aber das Argument der persönlichen Freiheit ist nicht notwendigerweise progressiv. Es ist die Hauptstütze der Thatcherschen Wirtschafts- und Sozialpolitik. Ein solches Argument kann nur unter dem Vorbehalt gelten, daß die S/M Praktizierende niemandem außer sich selbst Schaden zufügt. (Einige würden noch weiter gehen und sagen, auch das Recht, sich selbst zu beschädigen oder von anderen zu verlangen, daß sie sie beschädigen, sollte begrenzt sein. Worin besteht unsere Verantwortung, wenn wir mit einem brutalen Faustfick-Szenario in Zusammenhang mit Alkohol und Drogen konfrontiert sind und wissen, daß es zu schrecklichen Verletzungen oder zum Tod kommen kann? Würden wir eingreifen, wegsehen oder weitergehen?) S/M schadet nicht nur denen, die es praktizieren, und es ist die Befürwortung nicht nur einer sexuellen Praxis. Es ist kein Hobby, sondern Politik und eine Art zu leben.

Bei Zusammenkünften, Demonstrationen und ähnlichem S/M-Kleidung zu tragen, Leder, Handschellen, Beschläge, schafft für alle anwesenden Lesben eine Atmosphäre der Bedrohung und der Angst. Lesben suchen die Gesellschaft von Frauen, um der Belästigung und Einschüchterung durch Männer auf der Straße, in der Werbung und in Pornos zu entfliehen. An „maskuline" aggressive Männer in S/M-Kleidung, wie die Hell's Angels, sind wir gewöhnt. Wir sollten nicht auch noch bei Lesben Angst haben müssen oder von Kommunikation abgeschnitten sein, weil wir uns mit einschüchterndem Outfit nicht abfinden können. Gerade heute ist das soziale Leben vieler Lesben in London durch das Vorherrschen von S/M-Insignien eingeschränkt, sei es nun aus modischen Gründen oder als Signal für S/M-Praxis. Diese Lesben sind keine Heulsusen. Wir haben Anspruch auf angst- und gewaltfreie Räume.

Nazi- und Faschistensymbole, Hakenkreuze, schwarzes Leder, SS-Mützen, SS-Mäntel sind für Lesben, die wissen, was deutscher Faschismus für Juden, Lesben, die physisch und geistig anderen, in der Tat alle außer weißen, arischen, heterosexuellen, nichtbehinderten Männern bedeutete, beleidigend und aggressiv.

Wenn die lesbische Gemeinschaft S/M-Kleidung akzeptiert, wird ihr Widerstand gegen das sehr reale Anwachsen faschistischer Anschauungen und Verhaltensweisen abnehmen. Wir brauchen keine Verwischung der Unterschiede. Wir müssen klar und deutlich jeden Versuch, rassistische und faschistische Ideen und Verhaltensweisen annehmbar zu machen, erkennen und verhindern. Träger faschistischer Insignien belästigen und attackieren Schwule, besonders schwarze Schwule. Sie zu benennen und in ihre Schranken zu weisen, wird schwierig, wenn faschistische Embleme und „maskuline" aggressive Werte in der schwulen Szene alltäglich werden.

Die Erotisierung von Macht und Unterdrückung in der Sexualität der Grausamkeit will erreichen, daß die faschistischen Symbole uns anmachen. Der erotische Reiz des Faschismus, in unsere Sexualität eingegraben durch unsere Zurichtung unter männlicher Herrschaft, wird durch S/M-Politik noch vergrößert. S/M als sexuelle Praxis fällt nicht vom Himmel, sondern ist Antwort und Echo auf den wachsenden Einfluß faschistischer Grundhaltungen außerhalb des schwulen Ghettos. Wie im Deutschland Anfang der dreißiger Jahre nehmen rassistische Angriffe zu. Die Gesellschaft wird zunehmend militarisiert. Porno und Werbung werden gegen Frauen immer gewalttätiger und sadistischer. Wir haben eine Tory-Regierung, die im Namen persönlicher Freiheit die persönliche Freiheit immer weiter beschränkt. Die soziale Atmosphäre wird zusehends gespannter, denn die Regierung verstärkt die polarisierenden Unterschiede zwischen Arm und Reich, Schwarz und Weiß, Männer und Frauen. In diesem Kontext darf S/M nicht als abenteuerlicher radikaler Aufbruch gesehen werden, sondern als das Mittel, mit dem Lesben Haß und Verachtung für Frauen und Lesben ohne Umweg in ihre Beziehungen übersetzen können. Vielleicht ist es auch eine fehlgeleitete Form von Selbstachtung: Wenn Lesben sich gegenseitig in Angst und Schrecken versetzen, ist es nicht mehr so schlimm, wenn sie in Zukunft von anderen Gleiches erfahren.

S/M-Befürworterinnen behaupten, ihre sexuelle Praxis habe außerhalb des Schlafzimmers keinen Einfluß auf ihre Beziehungen und den Rest der Welt, außer daß sie sie stärker mache. In den Folterschulen in Griechenland während der Militärdiktatur und in anderen Diktaturen wurden die Folterer trainiert, indem sie gefoltert wurden. Es könnte sein, daß die Bottoms oder Ms, die die große Mehrheit sind, durch die Folter, der sie sich freiwillig unterzogen haben, ihre Sensibilität verlieren. Um eine ausreichende Zahl von Ss zu bekommen, müssen einige Ms dazu übergehen, auszuteilen, was sie empfangen haben.

S/M-Praxis bleibt in lesbischen Beziehungen nicht auf das Schlafzimmer beschränkt. Der folgende Auszug, in dem Susan Farr erläutert, wie sie und ihre Geliebte mit Hilfe physischer Bestrafung die Eifersucht wegen wechselseitiger Untreue aus dem Weg schaffen, stammt aus *Coming to Power*.

„Wenn ich Rae auspeitsche, nachdem sie mit einer anderen geschlafen hat, zeigt das ganz direkt, wie wütend und eifersüchtig ich bin. Es ist Machtausübung, ganz ohne Frage. Es verschafft mir ein Ventil für die ‚negativen‘ und ganz natürlichen Gefühle, die ich trotz meiner Zustimmung zum Prinzip der Nicht-

Monogamie habe. Die Bestrafung dient auch dazu, die Person, die die Affäre hatte, noch einmal ihre Schuld durchmachen zu lassen, ein anderes ‚negatives' und natürliches Gefühl unabhängig von der Überzeugung, daß die Aufregungen gelegentlicher Nicht-Monogamie den Beklemmungen ununterbrochener Monogamie entschieden vorzuziehen sind... Diese Nutzung von Bestrafungsritualen als Reaktion auf Nicht-Monogamie ist ein Beispiel dafür, wie physische Aggression dazu dienen kann, eine Beziehung gesund zu halten."[12]

S/Mlerinnen würden darauf beharren, daß zwischen dem hier Beschriebenen und einer offen prügelnden Beziehung ein Unterschied besteht. Die Unterscheidung, die auf der falschen Prämisse beruht, daß wir dem Mißbrauch zustimmen können (denkt an den alten Witz, wie sehr geschlagene Frauen es lieben, geschlagen zu werden), kann sich schnell verwischen und das Schlagen für die eine oder andere gefährlich werden. In *Against Sadomasochism* beschreibt Marissa Jonel, eine S/M-Überlebende, eine solche Situation.[13] Solches „auf Übereinkunft beruhendes" Schlagen nützt unserem Kampf als Frauen und Lesben um ein gewaltfreies Leben, um unser Recht, nicht als geeignetes Ziel für Gewalt betrachtet zu werden, überhaupt nicht. S/M ist viel mehr als nur eine sexuelle Praxis. Es ist eine Lebensweise und eine Weltsicht, die Gewalt verherrlicht und legitimiert. Beziehungen, in denen geschlagen wird, reduzieren die Möglichkeiten der Partnerinnen und unser aller Möglichkeiten, nach anderen Formen der Konfliktlösung zu suchen. Wenn Lesben sich schlagen und damit ihren internalisierten Selbsthaß gegenseitig übertragen, ist das kein Spiel, sondern ein ernstes Problem für die lesbische Gemeinschaft.

Wir müssen begreifen, daß nicht eine sexuelle Praxis befürwortet wird, sondern die Politik des Sadomasochismus. Die Taktik der S/Mlerinnen macht das ganz klar. Bei der Lesbendemonstration im Juni 1984 trugen S/M-Befürworterinnen unter dem Deckmantel einer unterdrückten Minderheit eine S/M-Fahne. Das hatte zur Folge, daß viele Lesben, die davon erfahren hatten, sich um die Demonstration nicht mehr kümmerten, und andere sich in letzter Minute entschlossen, nicht daran teilzunehmen. Den S/M-Befürworterinnen war durchaus bewußt, daß sie so die Lesben spalteten und viele Lesben ausschlossen, aber das Recht von drei S/M-Dykes, der Einheit der Lesben einen solchen Schaden zuzufügen, wurde von den Ordnerinnen hochgehalten und alle Einwände übergangen. S/M-Befürworterinnen suchen bewußt solche Situationen und die politischen Spaltungen, die sie mit sich bringen. Die Samois-Gruppe in USA zerstörte zuerst die Einheit des Gay Pride March, dann versuchten sie das Kollektiv des Frauenzentrums von San Francisco zu spalten, indem sie Räume mieten wollten, anschließend gingen sie dazu über, Frauenbuchläden, die ihre Werbebroschüren nicht sichtbar genug auslegten, zu belästigen und einzuschüchtern. Die britischen S/M-Dykes-Gruppen versuchten erst in „A Woman's Place", dem zentralen Londoner Frauenzentrum, sich einzumieten. Das gleiche passierte im Lesbian and Gay Centre. Gegen den Widerstand der großen Mehrheit lesbischer Feministinnen erhielten die S/Mlerinnen im Juni 1985 Räume.

Eine solche koordinierte Kampagne, mit der Verwirrung, Uneinigkeit und Furcht verbreitet werden, kommt faschistischer Taktik überaus nahe. S/Mlerinnen verlassen sich auf die Unterstützung der Liberalen, suchen die Konfrontation, spalten so die politische Opposition und schwächen unseren Widerstand gegen faschistische Theorie und Praxis. Was da geschieht, ist weit mehr als der Versuch einer „unterdrückten" Minderheit, das Recht auf Ausübung ihrer sexuellen Praxis einzufordern. S/M ist Politik mit eindeutigen Taktiken, zu denen die Einschüchterung durch Frauen in schwarzen Lederuniformen gehört. Selten war eine „unterdrückte" Gruppe so unterdrückerisch und potentiell zerstörerisch.

Die Konsequenzen der S/M-Politik sind zu alarmierend, als daß wir sie ignorieren könnten. Nicht nur feministische Politik, sondern alle anti-rassistische, anti-faschistische und anti-kapitalistische Politik beruht auf der Überzeugung, daß die Unterdrückten ihre Unterdrückung weder suchen noch brauchen noch wünschen. Der Mythos, der die Ideologie der westlichen Demokratien zusammenhält, ist der der Übereinstimmung. Im westlich demokratischen Denken stimmen alle Gruppen der Bevölkerung dem Regierungssystem zu. Darüber herrscht Konsens. Aber es stimmt nicht. Nur weiße vermögende Männer stimmen in jeder Beziehung mit einem politischen System überein, das alle anderen erniedrigt, ausbeutet und beherrscht. S/M nutzt dieses politisch manipulierte Verständnis von Konsens, um S/M zu rechtfertigen. Die Überzeugung, daß jeder und jede bewußt auf Erniedrigung und Mißbrauch aus ist, läßt sich leicht zur Rechtfertigung politischer Unterdrückung umpolen, d.h. dem faschistischen Grundsatz, daß die Massen einen starken Führer „brauchen". Das S/M zugrundeliegende politische Dogma steht also im Widerspruch zu unserem Kampf für ein politisches System, das auf dem Grundrecht jedes Menschen auf Würde, Gleichheit, Selbstachtung und Autonomie besteht.

Die S/M genannte Sexualität der Grausamkeit ist weder angeboren noch unausweichlich. Auch wenn viele von uns Phantasien und Praktiken kennen, die S/M-Werte wie Dominanz und Unterwerfung einschließen, kennen wir doch auch die Erfahrung positiver gleichwertiger Sexualität. Diese positive Sexualität müssen wir befördern und ausweiten. Unsere Fähigkeit zu gegenseitiger Liebe im Zeichen von Würde und Selbstachtung, nicht nur als sinnliche Sensation und Vergnügen, ist durch die Erfahrung von Unterdrückung beschädigt, aber nicht zerstört. Wir können die Zwänge bekämpfen, die von uns verlangen, die Stiefel, die uns treten, auch noch zu lieben. Wir können uns entscheiden, die „Romanze" mit den Unterdrückern nicht fortzusetzen. Wir sind zu einer Sexualität fähig, die nicht Teil unserer Unterdrückung, sondern unseres Widerstands ist.

Anmerkungen

1   Christopher Isherwood, *Down There on a Visit*, London 1962, S. 73 f.
2   Martin Sherman, *Bent*, New York 1980.
3   Pat Califia, „Feminism and Sadomasochism", in: *Sex Issue, Heresies* 12, 1981, S. 32.
4   Dorchen Leidholdt, „Where Pornography Meets Fascism", in: *WIN*, 15.3.1983.
5   Jacobo Timerman, *Prisoner without a Name, Cell without a Number*, New York 1981, S. 66.
6   Edmund White, States of Desire: Travels in Gay America, New York 1983.
7   Pat Califia, „A Personal View of the History of the Lesbian SM Community and Movement in San Francisco", in: *Coming to Power*, a.a.O., S. 274.
8   Gay Black Group, „Letter to the Editor", *Capital Gay*, London, 14.2. 1984.
9   Alice Walker, „Ein Brief über die Zeiten oder: Ist der Sadomasochismus noch zu retten?", in: Alice Walker, *Freu dich nicht zu früh*, München 1987, S. 170 f.
10 Pat Califia, in: *Coming to Power*, a.a.O., S. 268.
11 Ian Young, in: Karla Jay und Allen Young (Hg.), *Lavender Culture*, a.a.O., S. 104.
12 Susan Farr, „The Art of Discipline: Creating Erotic Dramas of Play and Power", in: *Coming to Power*, a.a.O., S. 186.
13 Marissa Jonel, „Letter from a Former Masochist", in: Linden, Pagano, Russel und Star (Hg.), *Against Sadomasochism*, Palo Alto 1982, S. 16 ff.

LITERATUR

AUCHMUTY, Rosemary, „You are a Dyke, Angela! Elsie J. Oxenham and the Rise and Fall of the Schoolgirl Story", in: Lesbian History Group (Hg.), *Not a Passing Phase*, London 1989.

dies./S. Jeffreys/E. Miller, „Lesbian History and Gay Studies: Keeping a Feminist Perspective, in: *Women's History Review* 1,1, 1992.

ALDERSON, Lyn/Harriet Wistrich, „Clause 29: Radical Feminist Perspectives", in: *Trouble and Strife* 13, 1988.

ALLEN, Jeffner (Hg.), *Lesbian Philosophies and Cultures*, N. Y. 1990.

ALTMAN, Dennis, *AIDS and the New Puritanism*, London 1986.

dies. et al. (Hg.), *Which Homosexuality*, London 1989.

AUSTIN, Paula, „Femme-inism", in: Joan Nestle (Hg.), *The Persistent Desire*, a.a.O.

BANNON, Ann, *Women of the Shadows*, London 1970 (1959).

BARRINGTON, Judith (Hg.), *An Intimate Wilderness. Lesbian Writers on Sexuality*, Portland 1991.

BEARCHELL, Chris, „Why I am a Gay Liberationist", in: *Resources for Feminist Research* 12, 1, 1983.

BELL, A. P./M. Weinberg, *Homosexualities: A Study in Diversity among Men and Women*, New York 1978.

BELLWETHER, Janet, „Love Means Never to Say Oops: A Lesbian Guide to S/M Safety", in: Samois (Hg.), *Coming to Power*, a.a.O.

BODACIOUS, Bitch, „Letter from a Mistress to her Pet", in: *On Our Backs*, Sommer 1986.

BOSTON LESBIAN PSYCHOLOGIES COLLECTIVE (Hg.), *Lesbian Psychologies*, Illionois 1987.

BRIGHT, Susie, *Susie Sexperts Sexwelt für Lesben*, Berlin 1993.

BRITTAIN, Vera, *Radclyffe Hall. A Case of Obscenity*, London 1968.

dies., *Testament of Friendship*, London 1980.

BRODRIBB, Somer, *Nothing Mat(t)ers: A Feminist Critique of Postmodernism*, Melbourne 1992.

BROWN, Jan, „Sex, Lies and Penetration: A Butch Finally ‚Fesses Up‘", in: Joan Nestle (Hg.), *The Persistent Desire*, a.a.O.

BROWN, Rita Mae, *Rubinroter Dschungel*, Reinbek 1978.

BROWNMILLER, Susan, *Gegen unseren Willen. Vergewaltigung und Männerherrschaft*, Frankfurt a./M. 1980.

BUTLER, Judith, *Gender Trouble. Feminism and the Subversion of Identity*, London/New York 1990.

CALIFIA, Pat, *Macho Sluts*, Boston 1989.

dies., „Feminism and Sadomasochism", in: *Heresies* 12, 1981.

dies., „A Personal View", in: Samois (Hg.), *Coming to Power*, a.a.O.

dies., *Sapphistrie. Das Buch der lesbischen Sexualität*, Berlin 1981.

dies., „A House Divided. Violence in the S/M Community", in: *Wicked Women* 2, 4, 1992.

dies., „The Femme Poem", in: Joan Nestle (Hg.), *The Persistent Desire*, a.a.O.

CARPENTER, Edward, *The Intermediate Sex*, London 1921 (1908).

CARTLEDGE, Sue/Joanna Ryan (Hg.), *Sex and Love*, London 1983.

CHESTER, Gail P./Julienne Dickey (Hg.), *Feminism and Censorship*, London 1988.

COLE, Ellen/Esther Rothblum (Hg.), *Women and Sex Therapy. Closing the Circle of Knowledge*, New York 1988.

COTT, N. F./E. H. Pleck (Hg.) *A Heritage of Her Own*, N. Y. 1979.

COVENEY, Lal, et al. (Hg.), *The Sexuality Papers*, London 1984.

CREET, Julia, „Daughter of the Movement: The Psychodynamics of Lesbian S/M Fantasy", in: *Differences. Journal of Feminist Culture Studies*, Sommer 1991.

DALY, Mary, *Jenseits von Gottvater, Sohn & Co.*, München 1980.

dies., *Gyn/Ökologie*, München 1981 (erw. Neuauflage 1991).

DAVIS, Madeline, „Epilogue, Nine Years Later", in: Joan Nestle (Hg.), *The Persistent Desire*, a.a.O.

DOLLIMORE, Jonathan, *Sexual Dissidence. Augustine to Wilde, Freud to Foucault*, Oxford 1991.

DUBERMAN, Martin/Martha Vicinus/George Chauncey (Hg.), *Hidden From History. Reclaiming the Gay and Lesbian Past*, London 1991.

DUFFY, Maureen, *The Microcosm*, London 1967.

DUNCKER, Patricia, *Sisters and Strangers. An Introduction to Contemporary Feminist Fiction*, Oxford 1992.

DWORKIN, Andrea, *Pornographie*, Köln 1987.

DYER, Richard, „Believing in Fairies: The Author and the Homosexual", in: Diana Fuss (Hg.), *Inside/Out*, a.a.O.

EHRENREICH, Barbara, et al., *Re-Making Love: The Feminisation of Sex*, London 1987.

ELLIS, Henry Havelock, *Studies in the Psychology of Sex*, Band 2: *Sexual Inversion*, Philadelphia 1913 (1903).

FADERMAN, Lillian, *Köstlicher als die Liebe der Männer. Romantische Freundschaft und Liebe zwischen Frauen von der Renaissance bis heute*, Zürich 1990.

dies., *Odd Girls and Twilight Lovers. A History of Lesbian Life in Twentieth Century America*, New York 1991.

FALUDI, Susan, *Die Männer schlagen zurück*, Reinbek 1993.

FARR, Susan, „The Art of Discipline: Creating Erotic Dramas of Play and Power", in: Samois (Hg.), *Coming to Power*, a.a.O.

FISH, „We're Not Knitting Doilies", in: *Wicked Women* 2, 4, 1992.

FITZROY, A. T., *Despised and Rejected*, London 1988 (1918).

FOUCAULT, Michel, *Sexualität und Wahrheit*, Frankfurt 1983 ff.

FRIEDMAN, Scarlet/Elizabeth Sarah (Hg.), *On the Problem of Men*, London 1982.

FRYE, Marilyn, *The Politics of Reality. Essays in Feminist Theory*, New York 1983.

dies., „Lesbian ‚Sex'", in: Jeffner Allen (Hg.), *Lesbian Philosophies and Ethics*, a.a.O.

FUSS, Diana (Hg.), *Inside/Out. Lesbian Theories, Gay Theories*, London/New York 1991.

dies., *Essentially Speaking. Feminism, Nature and Difference*, London/New York 1990.

GORNA, Robin, „Delightful Visions. From Anti-porn to Eroticizing Safer Sex", in: Lynn Segal/Mary McIntosh, *Sex Exposed*, a.a.O.

GUNEW, Sneja (Hg.), *A Reader in Feminist Knowledge*, London/New York 1991.

HALL, Radclyffe, *Quell der Einsamkeit*, Hamburg 1967 (1928).

HAMADOCK, Susan, „Lesbian Sexuality in the Framework of Psychotherapy", in: S.Gunew(Hg.), *A Reader in Feminist Knowledge*, a.a.O.

HART, Vada, „Lesbians and AIDS, in: *Gossip* 2, 1986.

HAWTHORNE, Susan, „In Defence of Separatism", in: Sneja Gunew (Hg.), *A Reader in Feminist Knowledge*, a.a.O.

dies., „What Do Lesbians Want? Towards a Feminist Sexual Ethics", in: *Journal of Australian Lesbian Feminist Studies* 1, 2, 1991.

HEGER, Heinz, *Die Männer mit dem rosa Winkel*, Vastorf 1989.

HOAGLAND, Sarah Lucia, *Die Revolution der Moral. Neue lesbisch-feministische Perspektiven*, Berlin 1991.

dies., „Desire and Political Perception", in: Judith Barrington (Hg.), *An Intimate Wilderness*, a.a.O.

HOLDSWORTH, Angela, *Out of the Doll's House*, London 1988.

HOOKS, Bell, *Black Looks: Race and Representation*, Boston 1992.

HUMPHREYS, Martin, „Gay Machismo", in: Andy Metcalf/Martin Humphreys (Hg.), *The Sexuality of Men*, a.a.O.

ISTAR, Arlene, „Femme-Dyke", in: Joan Nestle (Hg.), *The Persistent Desire*, a.a.O.

JAY, Karla, „The Lesbian Bar as Metaphor", in: *Resources for Feminist Research* 12, 1, 1986.

dies./Joanne Glasgow (Hg.), *Lesbian Texts and Contexts. Radical revisions*, New York 1990.

dies./Allen Young (Hg.), *Lavender Culture*, New York 1978.

JEFFREYS, Sheila, *The Spinster and Her Enemies. Feminism and Sexuality 1880 – 1930*, London 1985.

dies., „Butch and Femme Now and Then", in: Lesbian History Group (Hg.), *Not a Passing Phase*, a.a.O.

dies., *Anticlimax. A Feminist Perspective on the Sexual Revolution*, London 1990.

JO, Bev/Linda Strega/Ruston, *Dykes-Loving-Dykes*, Oakland 1990.

JONEL, Marissa, „Letter from a Former Masochist", in: Robin Linden et al. (Hg.), *Against Sadomasochism*, a.a.O.

JUICY LUCY, „If I Ask You to Tie Me Up, Will You Still Want to Love Me", in: Samois (Hg.), *Coming to Power*, a.a.O.

KAUFMAN, Michael (Hg.), *Beyond Patriarchy. Essays by Men on Pleasure, Power and Change*, Toronto/New York 1987.

KENNEDY, Elizabeth Lapovsky/Madeline Davis, „‚They Was No One to Mess With': The Construction of the Butch Role in the Lesbian Community of the 1940s and 1950s", in: Joan Nestle (Hg.), *The Persistent Desire*, a.a.O.

KESSLER, Jo Marie, „When the Diagnosis is Vaginismus", in: Ellen Cole/Esther Rothblum (Hg.), *Women and Sex Therapy*, a.a.O.

KITZINGER, Celia, *The Social Construction of Lesbianism*, London 1987.

dies./Rachel Perkins, *Changing Our Minds: Lesbianism, Feminism and Psychology*, London 1993.

KLEINBERG, Seymour, „The New Masculinity of Gay Men and Beyond", in: Michael Kaufman (Hg.), *Beyond Patriarchy*, a.a.O.

KOERTGE, Noreta, „Butch Images 1956 – 1986", in: *Lesbian Ethics* 2, 2, 1986.

LEE, Anna, „For the Love of Separatism", in: Jeffner Allen (Hg.), *Lesbian Philosophies and Cultures*, a.a.O.

LEIDHOLDT, Dorchen, „Where Pornography Meets Fascism", in: *WIN*, März 1983.

dies./Janice G. Raymond (Hg.), *The Sexual Liberals and the Attack on Feminism*, New York 1990.

LEDERER, Laura (Hg.), *Take Back the Night*, New York 1980.

LESBIAN HISTORY GROUP (Hg.), *Not a Passing Phase. Reclaiming Lesbians in History 1840 – 1985*, London 1989.

LINDEN, Robin R./D. Pagano/D. Russell/S. L. Star (Hg.), *Against Sadomasochism. A Radical Feminist Analysis*, Palo Alto 1982.

LORDE, Audre, interviewt von Susan Leigh Star, in: Robin Linden et al. (Hg.), *Against Sadomasochism*, a.a.O.

dies., „Vom Nutzen der Erotik: Erotik als Macht", in: Dagmar Schultz (Hg.), *Macht und Sinnlichkeit. Ausgewählte Texte von Adrienne Rich und Audre Lord*, Berlin 1983.

LOULAN, JoAnn, *Lesbian Sex*, San Francisco 1984.

dies., *The Lesbian Erotic Dance*, San Francisco 1990.

MACCOWAN, Lydall, „Re-collecting History, Re-naming Lives: Femme Stigma and the Feminist Seventieth and Eighties", in: Joan Nestle (Hg.), *The Persistent Desire*, a.a.O.

MACKINNON, Catharine A., „Not a Moral Issue", in: *Yale Law and Policy Review* II, 2, 1984.

dies., *Feminism Unmodified*, Boston 1987.

dies., *Toward a Feminist Theory of the State*, Boston 1989.

dies., „Liberalism and the Death of Feminism", in: D. Leidholdt/J. Raymond (Hg.), *Sexual Liberals and the Attack on Feminism*, a.a.O.

MANNIX, Daniel P., *The History of Torture*, New York 1983.

MCINTOSH, Mary, „The Homosexual Role", in: *Social Problems* 16.

MCLEOD, Eileen, *Women Working: Prostitution Now*, London 1982.

MEESE, Elizabeth, „Theorizing Lesbian: Writing – A Love Letter", in: K. Jay/J. Glasgow (Hg.) *Lesbian Texts and Contexts*, a.a.O.

METCALF, Andy/Martin Humphreys (Hg.), *The Sexuality of Men*, London 1985.

MILLER, Isabel, *Patience und Sarah*, Reinbek 1979.

MORAGA, Cherrie/Gloria Anzaldua, *This Bridge Called My Back. Writings by Radical Women of Colour*, Watertown 1981.

MUSHROOM, Merrill, „Confessions of a Butch Dyke", in: *Common Lives, Lesbian Lives* 9, 1983.

NESTLE, Joan, *A Restricted Country*, Ithaca 1987.

dies. (Hg.), *The Persistent Desire*, Boston 1992.

NEWTON, Esther, „The Mythic Mannish Lesbian: Radclyffe Hall and the New Woman", in: Martin Duberman et al. (Hg.), *Hidden from History*, a.a.O.

NICHOLLS, Margaret, „Doing Sex Therapy with Lesbians: Bending a Heterosexuel Paradigm to Fit a Gay Life-Style", in: Boston Lesbian Psychology Collective (Hg.), *Lesbian Psychologies*, a.a.O.

dies., „Lesbian Sexuality: Issues and Developing Theory", ebd.

O'SULLIVAN, Sue, „An Interview with Cindy Patton. Mapping: Lesbianism, AIDS and Sexuality", in: *Feminist Review* 34, 1990.

PATEMAN, Carol, *The Sexual Contract*, Cambridge 1988.

dies., *The Disorder of Women*, Cambridge 1989.

PENELOPE, Julia, „Whose Past Are We Reclaiming?", in: *Common Lives, Lesbian Lives* 13, 1984.

dies., „The Illusion of Control: Sadomasochism and the Sexual Metaphors of Childhood", in: *Lesbian Ethics* 2, 3, 1984.

dies., „The Lesbian Perspective", in: Jeffner Allen (Hg.), *Lesbian Philosophies and Cultures*, a.a.O.

PLUMMER, Kenneth (Hg.), *The Making of the Modern Homosexual*, London 1981.

RAYMOND, Janice G., *The Transsexual Empire*, Boston 1979.

dies., *Frauenfreundschaft. Philosophie der Zuneigung*, München 1987.

dies., „Putting The Politics Back into Lesbianism", in: *Women's Studies International Forum* 12, 2, 1991.

dies., „Not a Sentimental Journey: Women's Friendships", in: Dorchen Leidholdt/Janice G. Raymond (Hg.), *The Sexual Liberals and the Attack on Feminism*, a.a.O.

RECHY, John, *The Sexual Outlaw*, London 1979.

RICH, Adrienne, „Zwangsheterosexualität und lesbische Existenz", in: Dagmar Schultz (Hg.), *Macht und Sinnlichkeit*, Berlin 1983.

ROWSE, A. L., *Homosexuals in History*, London 1977.

RUBIN, Gayle, „A Personal History of the Lesbian S/M Community in San Francisco", in: Samois (Hg.), *Coming to Power*, a.a.O.

dies., „Of Catamites and Kings: Reflections on Butch, Gender, and Boundaries", in: Joan Nestle, *The Persistent Desire*, a.a.O.

RUEHL, Sonja, „Sexual Theory and Practice: Another Double Standard", in: Sue Cartledge/Joanna Ryan, *Sex and Love*, a.a.O.

SAALFIELD, Catherine/Ray Navarro, „Shocking Pink Praxis: Race and Gender on the ACT UP Frontlines", in: Diana Fuss (Hg.), *Inside/Out*, a.a.O.

SAHLI, Nancy, „Smashing. Women's Relationships Before the Fall", in: *Chrysalis* 8, 1979.

SAMOIS (Hg.), *Coming to Power*, Boston 1982.

SCARLET WOMAN, „Roll Me Over and Make Me a Rose", in: Joan Nestle (Hg.), *The Persistent Desire*, a.a.O.

SCHULMAN, Sarah, *Ohne Dolores*, Hamburg 1992.

SEGAL, Lynne/Mary McIntosh, *Sex Exposed. Sexuality and the Pornography Debate*, London 1992.

SHEBA COLLECTIVE, *Serious Pleasure. Lesbian Erotic Stories and Poetry*, London 1989.

SMITH, Barbara, „Sappho was a Right-Off Woman", in: Gail Chester/ Julienne Dickey (Hg.), *Feminism and Censorship*, a.a.O.

SMITH-ROSENBERG, Caroll, „The New Woman 1870 – 1936", In: M. Duberman (Hg.), *Hidden from History*, a.a.O.

dies., „The Female World of Love and Ritual: Relations Between Women in Nineteenth-Century America", in: N. F. Cott/E. H. Pleck (Hg.), *A Heritage of Her Own*, a.a.O.

SMYTH, Cherry, *Lesbian Talk: Queer Notions*, London 1992.

SNITOW, Ann, et al. (Hg.), *The Politics of Sexuality*, N. Y. 1983.

SONTAG, Susan, *Against Interpretation*, New York 1977.

A SOUTHERN WOMEN'S WRITING COLLECTIVE, „Sex Resistance in Heterosexual Arrangements", in: D. Leidholdt/J. Raymond (Hg.), *The Sexual Liberals and the Attack on Feminism*, a.a.O.

STACK, Carolyn, „Lesbian Sexual Problems", in: *Bad Attitude*, Frühjahr 1985.

STANLEY, Liz, „Male Needs: The Problems of Working with Gay Men", in: S. Friedman/E. Sarah, *On the Problem of Men*, a.a.O.

STEINEM, Gloria, „Erotica and Pornography: A Clear and Present Difference", in: Laura Lederer (Hg.), *Take Back the Night*, a.a.O.

STOLTENBERG, John, *Refusing to Be a Man*, London 1990.

THOMSON, Denise, *Reading Between the Lines: A Lesbian Feminist Critique of Feminist Accounts of Sexuality*, Sydney 1991.

TRIPP, C. A., *The Homosexual Matrix*, New York 1975.

TYLER, Carol-Anne, „Boys Will Be Girls: The Politics of Gay Drag", in: Diana Fuss (Hg.), *Inside/Out*, a.a.O.

WAITE, Robert G. L., *The Psychopathic God*, New York 1977.

WALKER, Alice, „Ein Brief über die Zeiten, oder: Ist der Sadomasochismus noch zu retten?", in: dies., *Freu dich nicht zu früh. 14 radikale Geschichten*, München 1987.

WALTERS, Aubrey, *Come Together: Collected Writings from Gay Liberation in the UK*, London 1980.

WATNEY, Simon, *Policing Desire. Pornography, AIDS and the Media*, Minneapolis 1987.

ders., „Queerspeak. The Latest Word", in: *Outrage*, April 1982.

WEEDON, Chris, *Feminist Practice and Poststructuralist Theory*, Oxford 1987.

WEEKS, Jeffrey, *Coming Out. Homosexual Politics in Britain from the Nineteenth Century to the Present*, London 1977.

ders., *Sexuality and Its Discontents. Meanings, Myths and Modern Sexualities*, London 1985.

WHITBREAD, Helena (Hg.), *I Know My Own Heart. The Diaries of Ann Lister 1791 – 1840*, London 1988.

WHITE, Edmund, *States of desire: Travels in Gay America*, New York 1983.

WIERINGA, Saskia, „An Anthropological Critique of Costructionism: Berdaches and Butches", in: Dennis Altman et al. (Hg.), *Which Homoseuxality?*, a.a.O.

WITTIG, Monique, *The Straight Mind and Other Essays*, Boston 1992.

WOLF, Naomi, *Der Mythos Schönheit*, Reinbek 1991.

YOUNG, Jan, „Forum on Sadomasochism", in: Karla Jay/Allen Young (Hg.), *Lavender Culture*, a.a.O.

ZIMMERMAN, Bonnie, *The Safe Sea of Women. Lesbian Fiction 1969 – 1989*, Boston 1990.